国家出版基金项目
NATIONAL PUBLICATION FOUNDATION

中国近代中学科学教科书研究

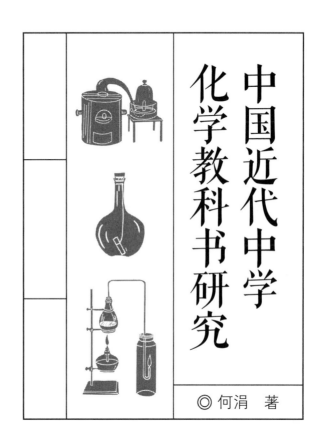

中国近代中学化学教科书研究

◎ 何涓 著

广西科学技术出版社

图书在版编目（CIP）数据

中国近代中学化学教科书研究/ 何涓著. —南宁：广西
科学技术出版社，2022.6
　　（中国近代中学科学教科书研究）
　　ISBN 978 - 7 - 5551 - 1915 - 9

Ⅰ. ①中… Ⅱ. ①何… Ⅲ. ①中学化学课—教材—研
究—中国—近代 Ⅳ. ①G633.82

中国版本图书馆CIP数据核字（2022）第 239910 号

中国近代中学科学教科书研究

中国近代中学化学教科书研究

何　涓　著

策　　划：黄敏娴　　　　　责任编辑：袁　虹　苏深灿　方振发
责任校对：吴书丽　　　　　责任印制：韦文印
装帧设计：梁　良

出 版 人：卢培钊
出版发行：广西科学技术出版社
社　　址：广西南宁市东葛路 66 号　　　邮政编码：530023
网　　址：http://www.gxkjs.com

印　　刷：广西壮族自治区地质印刷厂
地　　址：南宁市建政东路 88 号
邮政编码：530023
开　　本：787 mm×1092 mm　　1/16
字　　数：286 千字　　　　　　　印　　张：21.5
版　　次：2022 年 6 月第 1 版
印　　次：2022 年 6 月第 1 次印刷
书　　号：ISBN 978 - 7 - 5551 - 1915 - 9
定　　价：68.00 元

丛书序

16 世纪末，欧洲天主教传教士来华，开启了中国科学史上的"西学东渐"时代。当时所译的欧洲科学著作，从徐光启和利玛窦合译《几何原本》前六卷（1607），到《崇祯历书》《律历渊源》等明末清初的官译或御制著作，其中不乏数学和天文学教本。19 世纪中叶以后，科学教科书伴随着西方科学传入中国而被翻译过来。上海墨海书馆、京师同文馆、江南制造局翻译馆，以及基督教新教组织的益智书会（英文直译名是"学校教科书委员会"）等机构和组织都翻译或编译了不少科学教科书。但直至 20 世纪初，随着科举制度的废除和新教育制度的全面推行，科学教科书才最终确立其在中国中小学教育中的主科教材地位，彻底改变了中国青少年的知识结构，成为中国现代新知识、新文化的重要源头。

科学教科书的引入和发展，与近现代科学知识在清末民初的传播和中国近现代科学的发展有着密切的关系。科学教科书的编译、编撰，首先要解决名词术语的翻译和统一问题。我国的中小学科学教材，在 20 世纪前半叶，经历了从直接翻译日本和欧美国家教科书，到编译和自编教科书，再到最终实现教科书本土化的过程。

在"癸卯学制"实施的最初几年，各种翻译自日文的理科教科书占了中文教科书中的绝大多数。大量的留日学生成为教科书编译的主力军。他们将日本的教科书甚至自己所用的课堂讲义翻译成中文，并将之送回国内出版或直接在东京印刷后运送到国内销售。这些新的译书不仅采用了大量的日译术语，而且一律采用铅印洋装（数学教材和辅导用书开始采用横排），从内容、语言到形式都进行了更新，使得19世纪后半叶以口译笔述结合翻译的科学教科书迅速成为明日黄花。

1906年，清末学部设图书编译局，该局从事教科书的审定和编译工作。该局自行编译的教科书并不多，但经该局审定通过的教科书则有数百种之多。教科书的审定制度使直接编译的教科书逐步退出中小学和师范教育的主流市场，促进了普通教科书的本土化。至宣统年间，直接翻译的中小学教科书在官办中小学中已非常少见，取而代之的是国人自编或译编且经学部审定通过的教科书。

教科书的编撰者也从最初的教会学校出身的教师或归国留学生（如谢洪赉、伍光建等）和自学成才的教科书专业编者（如杜亚泉叔侄）等，过渡到以留日学生为主的编译者，直至五四运动前后，形成了以在欧美国家学成归国的留学生为主的教科书编撰者群体的局面。至20世纪30年代，商务印书馆、文明书局、中华书局、科学书局、世界书局、开明书店等出版机构相继成为各种教科书的重要供应商。

科学教科书本土化的主要表现为教科书语言词汇实现了本土化。19世纪后半叶，采用口译与笔述相结合的翻译方法，主要由于其中的中国笔述者多不懂外语，因而没有很好地解决绝大多数科学术语和科学名词的翻译问题，对教科书译本不得不做大量删节，或虽勉强翻译过来，但让人无法卒读、难以理解。20世纪初，由于日文与中文的特殊关系，留日学生大量借用日语中的汉字新词汇，解决了基本术语词汇的汉语翻译问题。19世纪末20世纪初，关注和从事科学术语翻译的主要是传教士等在华外国人。到了五四运动前后，由博医会组织的医学名词审查会发展成为科学名词审查会之后，归国留学生很快就取代外国人，成为名词术语审定和统一工作的主力军。1932年国立编译馆成立后，成为国民政府教育部官方的名词审定机构，各学科的著名科学家参加名词术语的翻译审定工作，各科名词术语相继正式颁布，为教科书的编撰和科学名词术语的本土化打下了坚实的基础。总之，在辛亥革命至抗日战争全面爆发前的约四分之一世纪内，中国的理科教科书基本完成了本土化，形成了有我国特色的现代中小学科学教科书体系。

教科书具有丰富的知识与文化内涵。对于中国近代科学教科书的研究，涉及具体知识的传播、语言与术语词汇的翻译转换、近现代中文科学语言的创制和学术语言的形成、中西文化交流，涉及各科知识系统的组织和结构、基本知识的表征（如核心概念、话语分析、科学方法、科学本质的有关表述等）和科学实验的方法与技能，以及教科书的使用情况和教学的具体问题，等等。近20多年来，教科书的研究日渐受到重视，成为近代科学史、翻译史、语言词汇史、学术史和中外文化交流史的重要研究对象。特别是随着网络技术的发展，大量近现代中外教科书及相关资源都不再难以获得，极大地推动了对中国近现代中小学科学教科书的研究，使其逐步成为中国近现代教育史、语言文化史和科技史等领域中的一个研究热点。

当此之时，广西科学技术出版社邀请几位中青年科技史才俊编著《中国近代中学科学教科书研究》丛书，是颇具远见卓识的。本丛书第一辑包括了数学、物理学、化学和生物学四个主要学科，几位作者以科学史的研究方法为主要切入点，结合教育史、课程史、知识文化史等视角，探究教科书的编撰和使用情况，尤其是对中国近代一些有代表性的科学教科书进行了深入剖析，探讨了对国外优秀教科书的借鉴、科学知识的发展与教科书更新的关系、知识单元的组织、科学术语和教科书的本土化经验、科学家参与教科书的编撰和审定、科技史知识在教科书中的运用、教科书所蕴含的科学观念等一系列问题。这些著作不仅是中国近现代教科书研究的重要收获，也是中国近现代科技史研究的重要成果，对当前我国的中小学科学教科书的编撰有较高的参考价值。

记得 30 多年前，我初读清末民初的理科教科书，就感到其内容及深度都超过我在初中和高中时使用的教材。1994 年，在上海辞书出版社图书馆书库里，我偶然见到中华书局之前收藏的种种清末和民国时期的教科书，堪称洋洋大观，进一步认识到教科书的研究不仅具有重要的学术价值，也很有现实意义。从那时候开始，我在不同的场合多次宣传教科书研究的意义。2010 年，我曾与郭金海、王广超和何涓等青年朋友组织过短期的"中国近现代教科书读书班"。转眼间 10 多年过去了，现在包括他们的研究成果在内的丛书即将问世，我很欣喜地写下自己的一些浅显的认识和感想。

是以为序。

2021 年 5 月

（王扬宗，中国科学院大学人文学院科技史系主任，教授，博士研究生导师，中国科学技术史学会常务理事。）

引　言

　　中学阶段是世界观、人生观和价值观形成的重要时期。"中国导弹之父"钱学森在70多岁高龄时曾写道："我之所以有今天，当然是由于党和人民的培养，但这与我在旧中国二十四年所受的教育，从幼儿园、小学，到初中、高中，到大学，也有很大关系。旧中国多难，人民处于水深火热的灾难中，但我这一段所受的教育却是一个小小局部现象，情况比较好，特别是中学。"[①] 钱学森就读的中学是当时在国内率先实行新学制的国立北平师范大学附属中学校（以下简称"北师大附中"）。新学制也称"壬戌学制""六三三学制"，修业年限为小学六年、初中三年、高中三年。新学制于1922年11月正式公布。而北师大附中走在新学制改革之前，于1922年2月议决试行"三三制"，7月拟订了"三三新学制"方案。新学制深受杜威的儿童中心理论和实用主义教育思想的影响，在科学教育方面特别强调科学精神、科学方法的培育。

　　钱学森于1923年9月至1929年7月在北师大附中度过了难忘的六年："中学时代的老师在知识、智力及能力方面都给我打下了良好的基础。我高中毕业时，理科课程已经学到我们现在大学的二年级了。我对师大附中很有感情，六年的师大附中学习对我的教育很深，对我的一生，对我的知识和人生观起了很大的作用。这是我一辈子忘不了

[①]钱学森主编《关于思维科学》，上海人民出版社，1986，第452页。

的六年。"① 北师大附中当时的课程设置非常丰富，选修课程有 70 多门。钱学森回忆当年的学习情况："我在理工部学习，正课和选修课有大代数、解析几何、微积分、非欧几何；物理学用美国当时的大学一年级课本；还有无机化学、有机化学、工业化学；有些课用英文讲，到了高二要学第二外语，设有德语、法语。"②

很难想象当年的中学课业如此繁重，但钱学森说："这样多的课程，一点没有受不了的感觉。"③ "当时这个学校的教学特点是考试制度，或说学生对考试形成的风气：学生临考是不作准备的，从不因为明天要考什么而加班背诵课本。大家都重在理解不在记忆。考试结果，一般学生都是七十多分，优秀学生八十多分。对于这样的学生，不论什么时候考试，怎么考试，都能得七八十分。"④ 由于北师大附中率先实行新学制，没有现成的配套教材，教师或直接使用英文教材，或使用自编教材。

钱学森晚年亲笔写下一份珍贵手稿，列举了在一生中给予他深刻影响的 17 个人。其中，中学老师有 7 位，足见北师大附中六年学习生涯对其影响深远。7 位中学老师中，有一位是化学老师王鹤清。王鹤清（1892—1962），浙江乐清人，国立北京高等师范学校化学研究科理学学士。钱学森回忆王鹤清的化学课很"现代化"，"在 20 年代就讲化学键是由原子外壳层电子形成的，八个电子成闭壳，等等"⑤。

"当时师大附中很穷，但是化学实验做得很多，化学实验室对学生随时开放。"⑥ 著名经济学家于光远 1930 年在北师大附中高中阶段学

①奚启新：《钱学森画传》，上海交通大学出版社，2021，第 16 页。
②梁原草主编《科技托起中国梦：钱学森从这里走来》，科学普及出版社，2014，第 22 页。
③同②，第 23 页。
④钱学森主编《关于思维科学》，第 452 页。
⑤同④，第 452 页。
⑥同②，第 39 页。

习，也高度评价了其化学老师王鹤清："化学是北师大化学教授王鹤清讲的，讲得非常之好……毕竟是大学教授教中学，水平高，效果很好。他们用的都是自己编写的讲义或教科书。"①

王鹤清在北师大附中教书时，自编的化学教科书有《高级中学化学实验》（1925 年 9 月初版，至 1934 年 6 月已发行至修订第 7 版）、《高级中学化学教科书》（王鹤清、阎玉振合编，1926 年 9 月初版）、《初级中学化学教科书》（1930 年 5 月初版）等。

如钱学森所说，他所受的教育是"一个小小局部现象，情况比较好，特别是中学"。虽然"当时师大附中很穷"，但举国上下，能像北师大附中那样有条件进行一些简单实验的中学，"已经算是非常先进了"。

学校教学的成果，跟生源质量、学校和教师的教学理念及方法、师资、教学设备等多种因素有关。就钱学森所在的北师大附中来说，学生资质聪颖，师资力量雄厚，是否具有合适的本土教科书可能并不是一个重要因素。毕竟，这所中学所教授的知识内容之深度远超出普通中学生的接受程度。

但是从中国当时的一般情况论，许多学校"对于实验方面非常忽略"，"有实验室的学校很少，即使有实验室的，而设备都不完全"，因此，教学依赖教科书的现象是非常普遍的。对于普通学校而言，"中国的理化教授，除了用讲义教科书以外，没有旁的方法"②。而使用教科书的，多数教师是照本宣科。"凡教师能在讲台上鼓其三寸之舌，将讲义从头至尾说得天花乱坠，好像当大众演说一般，大家就公认他为顶好的教师。若在讲台上讲得半吞半吐，若断若续，大家就公认他为劣

① 于光远：《我的故事》，大众文艺出版社，2000，第 365 页。于光远：《我的编年故事：1915—1935（20 岁以前）》，河南教育出版社，1996，第 20 页。
② 郑贞文：《理化教授的根本改革》，《江苏省立第二师范学校校刊》1922 年第 17 期。

等的教师。"① 讲义"背诵""演说"得好,便称得上是"顶好的教师"。由此可见,对近代中国的科学教育来说,教科书的重要性不言而喻。

中国近代化学教科书源起于 19 世纪中后期,《化学入门》(1868)、《化学初阶》(1871)、《化学鉴原》(1871)、《化学指南》(1873) 等译自欧美的化学著作都属于教科书。"癸卯学制"之后,中学化学教科书多译自日本。进入民国以后,随着"壬子·癸丑学制"的颁布,国人自主编撰的中学化学教科书日渐增多。1922 年"壬戌学制"问世,中学化学教科书的编写开始更多地考虑学生的认知水平和心理特征,并且注重教学方法。

1932 年 8 月,教育部在南京召开了化学讨论会。会上讨论了国防化学、化学课程标准和化学译名 3 个重要议题,并成立了中国化学会。同年 11 月,教育部颁布了《初级中学化学课程标准》《高级中学化学课程标准》和《化学命名原则》。中文化学教科书的编制进入规范化时期,教科书中的化学名词也变得整齐划一。

从 19 世纪中叶到 1932 年,我国中学化学教科书经历了从翻译引进到自主编写的漫长探索过程,其成效如何呢?1933 年,任鸿隽在《科学》杂志上发表了《一个关于理科教科书的调查》一文,"调查的目的,是要知道目下大学一年级和高中二三年级(等于从前的大学预科)理科课程中,究竟有若干科目是用中国课本讲授。我们不涉及初中,因为我们晓得以初中的程度,中国的教本出版的已经不少,似乎决无取材他国的必要"②。结论显示,高中化学中使用英文课本的学校占 64%,使用中文课本的占 36%。"高中的八种学科之中,除了生物学一科外,无有一科外国教本不占百分之五十以外。这个现象,不能

①王绍松:《化学教授法之商榷》,《理化杂志》1922 年第 2 期。
②任鸿隽:《一个关于理科教科书的调查》,《科学》1933 年第 12 期。

说是偶然的，是无关宏旨的。它的至少的意义，是证明我们这十几年来，尽管大吹大擂地提倡科学，而学校里面这一点最小限度的科学教育工具，还不曾有相当的努力。它是证明我们在大学高中教课的先生们，对于课材，只知辗转负贩，坐享成功，绝不曾自己打定主意，做出几本适合国情的教科书，为各种科学树一个独立的基础。它是证明我们学校组织的不完善，使我们的许多科学家，把他们所有的时间精力，都消磨在课堂教室口讲指画之中，绝不让有多余的时间来从事著述的工作。它是证明我们多少的教育家，宁愿把他们的闲暇时间，消磨在马将电影里面，绝不会把科学教学的工作，当作一件重大的教育事业。无论它的原因是哪一样，可是事实总是在这里的。我们除非有法子改变事实，再也想不出一个方法来替原因辩护。"①

这一调查结果并不令人满意，但是"存在即合理"。化学是自然科学中的重要基础学科之一。本书希冀对从清末颇有善本之誉的《化学鉴原》时代至1932年期间的中学化学教科书作整体的考察后，选取几种有代表性的教科书进行剖析，尽量展现当时国人编写教科书的实况和种种努力，从而对在科学举步维艰的特殊时代中国知识分子借编译教科书来实现教育救国梦想之作为给予更多的理解。

---

① 任鸿隽：《一个关于理科教科书的调查》。

目　录

第一章
绪　论

第一节　学制变迁

中国近代新式教科书的编制与演变，与学制的更替密切相关。学制中关于教育宗旨、修业年限、授课时数及授课内容等规定是影响教科书编写的重要因素。中国近代第一个由国家正式颁布的全国性学制系统，是1902年清政府颁布的《钦定学堂章程》，史称"壬寅学制"。该学制以日本学制为蓝本，虽正式颁布，但并没有施行。关于中等教育，《钦定中学堂章程》设中学堂4年，并规定在中学第三、第四学年开设化学课，每周授课3学时，"中学堂学生以十六岁为入学之年"①。中学生学习化学的年龄为18岁。

1904年1月，仍承袭日本学制的《奏定学堂章程》颁布，对学校系统、课程设置、学校管理等都作了具体规定，并在全国得到实施，史称"癸卯学制"。

《奏定初等小学堂章程》规定初等小学的修业年限为5年，"设初等小学堂，令凡国民七岁以上者入焉，以启其人生应有之知识，立其明伦理、爱国家之根基，并调护儿童身体，令其发育为宗旨；以识字之民日多为成效。"②"格致"为授课科目之一，每年均设置，每周授

①璩鑫圭、唐良炎编《中国近代教育史资料汇编：学制演变》，上海教育出版社，1991，第267页。
②同①，第291页。

课 1 学时，"其要义在使知动物、植物、矿物等类之大略形象、质性，并各物与人之关系，以备有益日用生计之用。惟幼龄儿童，宜由近而远，当先以乡土格致。先就教室中器具、学校用品，及庭园中动物、植物、矿物（金、石、煤炭等物为矿物），渐次及于附近山林、川泽之动物、植物、矿物，为之解说其生活变化作用，以动其博识多闻之慕念。"① 在第一、第二学年，格致科授课内容为"讲乡土之动物、植物、矿物，凡关于日用所必需者，使知其作用及名称"；在第三、第四学年，"讲重要动物、植物、矿物之形象，使观察其生活、发育之情状"；在第五学年，"讲人身生理及卫生之大略"。可见，初等小学堂的格致课并没有专门讲授化学。

《奏定高等小学堂章程》规定高等小学的修业年限为 4 年，"设高等小学，令凡已习初等小学毕业者入焉，以培养国民之善性，扩充国民之知识，强壮国民之气体为宗旨；以童年皆知作人之正理，皆有谋生之计虑为成效……高等小学堂为初等小学毕业生升入肄业之阶，但其愿升入与否，应由该学生自审志向执业，应归何途，可听其便。"② "格致"为授课科目之一，"其要义在使知动物、植物、矿物等类之形象质性，并使知物与物之关系，及物与人相对之关系，可适于日用生计及各项实业之用；尤当于农业、工业所关重要动、植、矿等物详为解说，以精密其观物察理之念。"③ 在入学第二、第三学年，学生的年龄分别为 13 岁和 14 岁时，格致课讲授涉及化学，内容分别为"授寻常物理、化学之形象"及"原质及化合物，简易器具之构造作用"，每周授课 2 学时。

《奏定中学堂章程》规定设立中学堂的宗旨："设普通中学堂，令高等小学毕业者入焉，以施较深之普通教育，俾毕业后不仕者从事于

---

①璩鑫圭、唐良炎编《中国近代教育史资料汇编：学制演变》，第 296 页。
②同①，第 306 - 307 页。
③同①，第 310 页。

各项实业,进取者升入各高等专门学堂均有根柢为宗旨,以实业日多,国力增长,即不习专门者亦不至暗陋偏谬为成效。"[1] 中学修业年限延长至 5 年,在第四学年讲授物理,第五学年(学生年龄为 20 岁左右)讲授化学。物理和化学每周授课 4 学时,并要求"讲理化之义,在使知物质自然之形象并其运用变化之法则,及与人生之关系,以备他日讲求农、工、商实业及理财之源……化学当先讲无机化学中重要之诸元质及其化合物,再进则讲有机化学之初步,及有关实用重要之有机物。凡教理化者,在本诸实验,得真确之知识,使适于日用生计及实业之用"[2]。

1909 年,清政府核准《变通中学堂课程分为文科实科折》,学校课程由模仿日本转而效法德国,将普通中学的课程分为文科和实科(类似于现在的理科),中学教育宗旨又有了明显的变化。中学文实分科得到批准后,1909 年 7 月,学部通咨各省提学使,限 3 个月内将筹定通省中学文实分科办理的详细情形上报学部,但各省由于师资、经费的问题,并没有立即策划实施。文实分科政策在实践中并没有得到切实推行。

1912 年 1 月,中华民国成立,新政府于 1 月 19 日颁布了《普通教育暂行办法》和《普通教育暂行课程标准》;同年 10 月 12 日颁布了《学校系统令》;1913 年 3 月 19 日,教育部公布中学校课程标准;是为"壬子·癸丑学制"。"壬子·癸丑学制"仍然以模仿日本为主,规定初等小学修业年限为 4 年,高等小学修业年限为 3 年。在高等小学时期讲授理科,其要旨为"在使儿童略知天然物及自然现象,领悟其中相互关系及对于人生之关系,兼使练习观察,养成爱自然之心"。在高等小学第一和第二学年,理科讲授"植物、动物、矿物及自然现象";在第三学

---

① 璩鑫圭、唐良炎编《中国近代教育史资料汇编:学制演变》,第 317 页。
② 同①,第 322 页。

年，授课内容为"通常物理化学上之现象、元素与化合物，简易器械之构造作用，人身生理卫生之大要"①。每个学年理科的教授时数均为每周 2 学时，授课使用的教材是综合的理科读本，化学知识常与物理知识混在一起讲授，也可见于矿物学中，并没有独立的化学教材。

"壬子·癸丑学制"规定中学修业年限为 4 年，在第四学年讲授化学（学生的年龄大概为 16 岁），每周授课 4 学时，"物理、化学要旨，在习得自然现象之知识，领悟其中法则及对于人生之关系。物理、化学宜授以重要现象及定律，并器械之构造作用，元素与化合物之性质，兼课实验"②，"中学校教科用图书，由校长就教育部审定图书内择用之"③。1912 年 5 月教育部颁布《审定教科书暂行章程》，同年 9 月修订公布正式的《审定教科书规程》共 14 条，规定凡教科书可任人编辑，但必须经教育部审定后，各地才能选用。1913 年，教育部公布的《中学校课程标准》中，把化学课的教学内容非常简略地规定为"无机化学"与"有机化学大要"。"壬子·癸丑学制"主导时期的化学教科书开始走上探索自编的道路。

1922 年 10 月，第八届全国教育联合会在济南召开，议决新学制系统草案，史称"壬戌学制"。"壬戌学制"又称"新学制"，仿效美国学制而拟，规定中学修业年限为 6 年，分初级和高级两种。初级中学和高级中学的修业年限均为 3 年。初中入学年龄约为 12 岁。"但依设科性质，得定为初级四年，高级二年，或初级二年，高级四年"，"中等教育得用选科制"。为保证新学制的实施，全国教育联合会于 1923 年 6 月颁布《新学制课程标准纲要》，对中小学的课程设置作了规定。其中，初级中学课程分为社会、言文、算学、自然、艺术、体育等六门学科。自然科包括动植物、矿物、理化学、天文、气象、地质等，

①璩鑫圭、唐良炎编《中国近代教育史资料汇编：学制演变》，第 696 页。

②同①，第 670 页。

③同①，第 673 页。

采用混合法教授。授课采用学分制，上课 1 小时获得 1 学分。初级中学须修满 180 学分才能毕业，其中 164 学分为必修科，其余学分可以选修其他科目或补习必修科目。

高级中学课程设置比较复杂，采用综合中学制和选科制、学分制。高级中学依各地情形，分设普通科和职业科。普通科又分为两组，第一组注重文学和社会科学，第二组注重数学和自然科学。课程分公共必修科目、分科专修科目（有必修、选修两种）、纯选修科目。两组的公共必修科目相同，有国语、外国语、人生哲学、社会问题、文化史、科学概论、体育，共 64 学分。第二组必修科目有三角、高中几何、高中代数、解析几何大意、用器画、物理/化学/生物（三项中选两项），共 34 学分。高级中学修满 150 学分才能毕业。

《初级中学自然课程纲要》由胡刚复起草，课程目标包括以下五个方面：①使知自然界的现象及其相互关系，以培养基本的科学知识；②使知自然界与人生的关系；③使知主要的自然律；④使知利用自然的方法；⑤养成研究科学的兴趣[1]。

《科学概论课程纲要》由任鸿隽起草，每周讲授 3 小时，一学年授课完成，占 6 学分。课程目标包括以下四个方面：①注重科学精神及方法，以矫正吾国自来为学弊病；②少作论理上言谈，以期合于高中学生程度；③多叙科学发达史，以补学生科学智识之缺乏；④略阐科学上重要概念，以引起学生研究趣味[2]。

从上述两门课程的纲要中可以看出，"壬戌学制"的课程标准较以往学制细致，在承继以往学制中掌握知识及与"人生的关系"的目标基础上，特别注重培养科学精神、科学方法、科学兴趣，且重视科学史的讲授。"壬戌学制"时期自编化学教科书逐步定型。

---

[1] 全国教育联合会新学制课程标准起草委员会：《新学制课程标准纲要》，商务印书馆，1925，第 63 页。

[2] 同①，第 100－101 页。

　　1927 年，南京国民政府成立后，出于推行三民主义教育的需要，提议修订学制系统。1928 年 5 月，中华民国大学院在南京举行第一次全国教育会议，以"壬戌学制"为基础并略加修改，重新制定了《中华民国学校系统》。1929 年，教育部颁布《中小学课程暂行标准》。对于初级中学自然科，"兼订混合制与分科制两种标准，得由各校自行采用"①。《初级中学自然科暂行课程标准（混合的）》的教材大纲中专门涉及化学的内容不多，仅在第二学年第一学期关于空气和水的知识中讲述"燃烧之现象""空气之成分""氯气""氰气""二氯化炭气""水之成分""轻气""酸与碱"等②。课程目标包括以下五个方面：①使知自然界与人生的关系；②考察自然界的普通现象和互相的关系，使有紧要的科学常识；③使知自然界的简单法则及科学方法之利用；④诱掖爱好自然的情感及接近自然的兴趣；⑤养成观察、考查及实验的能力与习惯③。这与"壬戌学制"的课程标准一样，强调了掌握科学常识、"与人生的关系"、科学方法、兴趣。第五条重视科学能力的培养和科学习惯的养成，也是与"壬戌学制"的精神契合的。

　　《初级中学理化暂行课程标准（分科的，其三）》是专门为物理和化学（附矿物学）学科拟订的课程标准，其教学大纲非常丰富，化学（附矿物学）部分包括空气、水、盐酸、铁、硫黄、食盐、石膏、炭酸气、火药、燐、贵金属和合金、石英、人体的营养、原素④的概要和分类共 14 章内容，每章列有详细的知识点。课程目标包括以下五个方

---

① 教育部中小学课程暂行标准起草委员会编订《中小学课程暂行标准　第 2 册　初级中学之部》，卿云图书公司，1929，第 3 页。

② "氯""氰""轻气"分别为现在的"氧""氮""氢气"。"碱"字在近代中文化学书籍及报刊中使用的繁体字大概有"鹼"和"鹻"两种，本书在引用原文时一律使用"碱"字，并不加以区分。此外，本书在涉及化学译名时，常常使用简体字，比如第 242 页的译名"铼"，原文使用的是"鎦"，特此说明。

③ 《初级中学自然科暂行课程标准（混合的）》，《河南教育》1930 年第 16 期。

④ 本教学大纲中的"炭酸气""燐""原素"分别为现在的"二氧化碳""磷""元素"。

面：①使由寻常习见习知的事物和现象中，能自动发现彼此间的关系和因果律；②使明瞭科学的基本材料，就是有组织的常识以养成研究科学的兴趣；③养成随时随地能注意自然现象与事物的良好习惯；④使知利用自然的方法；⑤使受自然科学的陶冶，能领悟精勤、诚实、敏捷、组织等诸美德，是成功事业的基础①。

对于高级中学，1929 年暂行课程标准对"壬戌学制"有所修改，不再分为文理两科："高中学生允宜涉猎各科，累窥门径，以为升学后专攻深造之准备，不宜立文理两科之名而强为区分。"②《高级中学普通科化学暂行课程标准》强调教材要"与初中自然科相衔接"，"以实验入手，并用作中心"，"必要时，酌量参加理论上材料"，如"气体定律""原子分子论""液体的电离论""周期律""方程式的习题""反应的速度变化"等。课程目标包括以下五个方面：①培养化学理论的常识；②培养应用化学的常识（与农、工、商、矿、医等有关系者）；③使知化学定律的应用及问题的计算；④鼓励化学实验的兴趣；⑤养成参考化学书报的习惯。高中化学教学突出了实验的地位，并培养阅读习惯以"启发学生的自动研究"③。

1932 年 8 月 1—5 日，教育部在南京召开了中国化学界的首次全国范围内的讨论会，会上发起成立了中国化学会，标志着中国现代化学共同体的形成。会议召开的主要原因是九一八事变后，政府深感发展国防事业之紧迫④。会上讨论了国防化学、化学课程标准和化学译名三个重要议题。郑贞文等人提出了中学化学课程标准讨论案和译名

---

① 教育部中小学课程暂行标准起草委员会编订《中小学课程暂行标准　第 2 册　初级中学之部》，第 79 - 102 页。
② 教育部中小学课程暂行标准起草委员会编订《中小学课程暂行标准　第 3 册　高级中学之部》，卿云图书公司，1930，第 3 页。
③《专载：高级中学普通科化学暂行课程标准》，《湖南教育》1930 年第 16 期。
④ 袁振东：《1932 年教育部化学讨论会：中国现代化学共同体形成的标志》，《自然科学史研究》2005 年第 3 期。

案。同年 11 月，教育部颁布了《初级中学化学课程标准》《高级中学
化学课程标准》《化学命名原则》，三者都是在郑贞文的提案基础之上
拟订的。从此，中文化学教科书的编制进入规范化时期，教科书中的
化学名词也变得规范起来。

1932 年正式课程标准彻底取消了学分制、选科制、文理组，对初
中自然科进行分科，包括植物、动物、物理、化学四科。《初级中学化
学课程标准》的课程目标包括以下五个方面：①使明瞭寻常事物与自
然现象中相互之关系，而有普通的科学常识；②使知自然与人生之关
系与利用自然之方法；③养成随时随地能注意自然现象与事物之良好
习惯；④训练观察、考察与思想之能力；⑤使受科学之陶冶，能领会
精勤、诚实、敏捷、组织等诸美德为成功事业之基础。[①] 这与 1929 年
《初级中学理化暂行课程标准（分科的，其三）》的课程目标差别不大。

《高级中学化学课程标准》的课程目标包括以下五个方面：①使学
生得知化学之根本知识；②阐明化学与国防、工业、农业、医药、卫
生、家庭等之关系；③引起学生对于化学有明确之观念及浓厚的兴趣；
④养成学生敏捷之观察能力与准确之思考力[②]。

1932 年之后，教育部又分别在 1936 年、1941 年、1948 年对中学
化学课程标准进行修订，但基本上以 1932 年课程标准为基础，变动不
大[③]。考虑到中国近代化学教科书的编译和编撰，首先要解决名词术
语的翻译和统一问题，以及 1932 年中国化学会的成立是中国现代化学
事业的一个转折点，此后出版的化学教科书中的化学名词大多以 1932
年颁布的《化学命名原则》为依据，不复有 1932 年前的混乱，本书考
察的时间下限为 1932 年。

---

①《初级中学化学课程标准》，《安徽教育行政周刊》1932 年第 47 期。
②《高级中学化学课程标准》，《安徽教育行政周刊》1932 年第 49 期。
③ 赵庆明：《南京国民政府时期中等化学教育研究（1927—1949）》，硕士学位论
　文，山东师范大学，2019，第 92 页。

第二节 研究现状

传统上，教科书给人的印象是枯燥、教条和保守，长久以来它们并不是科学史家关注的主题。著名科学史家、科学哲学家托马斯·库恩（Thomas S. Kuhn）在其名著《科学革命的结构》（1962）一书中，开篇就抨击了我们对科学的传统认知、对科学事业的不恰当认识，本质上是来源于科学教科书的误导。在库恩看来，教科书通常"专注于写书时科学共同体所承诺的那套特定范式"，"旨在传达当代科学语言的词汇和语法"，"教科书是使常规科学得以延续下去的教学工具，每当常规科学的语言、问题结构或标准改变时，教科书就得全部或部分重写"；教科书"在每次科学革命以后都必须重写。而且一旦重写，它们不可避免地会隐瞒革命的作用，甚至隐瞒产生了它们的这一次革命的存在"①。

倘若教科书仅仅反映常规科学时期的科学情况，不能揭示甚至掩饰科学知识的生产过程，那么它们对科学史家的吸引力始终是有限的。然而，受库恩思想启发，对科学社会史的研究开始从科学建制社会学转向科学知识社会学（SSK）。20世纪70年代兴起的SSK学派以其一系列丰富的案例研究和新颖结论大大拓宽了科学史的研究题材，加深了人们对科学本质及科学实践过程的理解。在这种思潮的影响下，20世纪末至21世纪初，一些科学史家开始把目光投向教科书领域，他们质疑库恩的教科书观点，并揭示了教科书在重审科学革命、优先权之争、学科形成等方面的诸多意义，教科书研究逐渐成为科学史领域中的热点之一。

---

① 托马斯·库恩：《科学革命的结构》，金吾伦、胡新和译，北京大学出版社，2003，第123-124页。

法国女化学史家伯纳黛特·邦索德-樊尚（Bernadette Bensaude-Vincent，1949—）教授在教科书研究方面有诸多贡献。她曾于1997年因化学语言方面的研究而获得德克斯特化学史奖（Dexter Award），与伊莎贝尔·司汤热（Isabelle Stengers，1949—）合著的《化学史》（*Histoire de la chimie*，1993）是用社会建构论视角撰写的第一部完整的学科史[1]。早在1986年，邦索德-樊尚就对门捷列夫（1834—1907）《化学原理》的各个版本进行了细致考察，并对门捷列夫发现元素周期律的过程做出了不同于传统的解释。元素周期律的发现不是天才人物灵光一闪的结果，在出于教学原因编写《化学原理》时，门捷列夫思考如何对化学知识进行综合、如何排列章节目录、如何分类元素等问题促成了元素周期律的提出。其中，门捷列夫关于元素不可分的哲学信念是关键因素，它使门捷列夫能大胆校订原子量、成功预言元素的发现，也让他错误地用以太漩涡来解释放射性[2]。1990年，她考察了3位反燃素论化学家拉瓦锡（Antoine-Laurent de Lavoisier，1743—1794）、安东尼·弗朗索瓦·德·富克罗伊（Antoine François de Fourcroy，1755—1809）和让-安托万·沙普塔（Jean-Antoine Chaptal，1756—1832）于1780—1800年出版的化学教科书，它们在结构和内容上大有差异，不同版次的教科书变动也不少。这显示了反燃素论化学家并没有共享相同的研究纲领，因此对库恩所说的科学革命后科学家改宗并在同一个范式下工作的说法提出挑战[3]。

2000年，邦索德-樊尚与安德斯·隆格伦（Anders Lundgren）合

---

[1] 陈天嘉：《学科认同与变迁：论邦索德-樊尚和司汤热的化学史图景》，《科学文化评论》2010年第3期。

[2] Bernadette Bensaude-Vincent，"Mendeleev's Periodic System of Chemical Elements," *The British Journal for the History of Science*（1986）：3-17.

[3] Bernadette Bensaude-Vincent，"A View of the Chemical Revolution through Contemporary Textbooks：Lavoisier，Fourcroy and Chaptal," *The British Journal for the History of Science*（1990）：435-460.

编了《传播化学：教科书及其受众》（*Communicating Chemistry*：*Textbooks and Their Audiences*，1789—1939）一书。该书是在欧洲科学基金赞助下于 1996 年 2 月在乌普萨拉举行的研讨会的产物，收录了 17 篇论文，外加 1 篇评述各论文的导言；绝大多数论文聚焦于 18 世纪末至 19 世纪上半叶，少数论文考察的时间延伸到 20 世纪 30 年代。书中关注的问题，包括教科书与其他类型的化学文献如何区分，它们在什么情况下被确立为一种类型，教科书是否逐渐发展出特定的修辞技巧，教科书的受众是如何帮助形成了化学的形象，等等。研究指出，在 19 世纪中期，一种新类型的化学文献，即具有现代科学教科书类似特征的教科书开始出现。其研究主题丰富多样，包括化学教科书中的理论和实践、物理教科书中的化学、化学教科书中的实验语言、关于染色技术的教科书、化学教科书与辞典中的原子论、贝采尼乌斯（Jöns Jakob Berzelius，1779—1848）的教科书、门捷列夫的《化学原理》与元素周期律、日常生活化学、教科书在构建量子化学新学科中的作用等内容，涉及英国、法国、德国、西班牙、瑞典、匈牙利、俄国等欧洲国家。在该书中，邦索德-樊尚考察了法国巴黎综合理工学院（École Polytechnique）教学中演讲笔记和教科书之间的关系。她指出，约瑟夫·路易·盖-吕萨克（Joseph Louis Gay-Lussac，1778—1850）的《化学课程》（*Cours de Chimie*，1828）就是演讲笔记变成教科书的案例，不过教科书出版时略去了他在演讲中使用的教学辅助[1]。

2006 年 11 月，《科学与教育》（*Science & Education*）杂志第 7—8 期发表了《科学边缘的教科书》（*Textbooks in the Scientific Periphery*）专刊，共辑 12 篇论文，均来自欧洲边缘的科学与技术（STEP）研究

---

[1]John Hedley Brooke，"Introduction：The Study of Chemical Textbooks"，in Anders Lundgren，Bernadette Bensaude-Vincent（eds）. *Communicating Chemistry*：*Textbooks and Their Audiences*，1789～1939（Conton：Science History Publications，2000），pp. 1 - 18.

团队于 2002 年在希腊埃伊纳岛举办的会议上提交的部分论文。专刊的 4 位主编有 3 位是《传播化学：教科书及其受众》的撰稿人。STEP 于 1999 年 5 月在西班牙巴塞罗那成立，组员来自比利时、丹麦、希腊、匈牙利、意大利、葡萄牙、俄罗斯、西班牙、瑞典、土耳其，旨在研究 16—20 世纪欧洲中心国家与边缘国家之间科学与技术知识传播的过程和模式。邦索德-樊尚在《科学研究地图上的教科书》（*Textbooks on the Map of Science Studies*）一文中，概述了专刊各论文聚焦于研究边缘国家的教科书的意义。如边缘国家的教科书编译者并非直接照搬或翻译在中心国家生产的知识，他们通常在不同地方旅行，有选择性地挑出那些适合其本国需要的知识，并会从不同地方获取素材来构建教科书的知识框架。这就否定了传统上把知识传播视为从中心国家到边缘国家、从科学知识的生产者到接受者的单向过程的观点[①]。专刊的论文亦围绕 STEP 的总目标而展开。如隆格伦的《化学知识的转移：以化学技术及其教科书为例》（*The Transfer of Chemical Knowledge：The Case of Chemical Technology and its Textbooks*）一文研究 19 世纪工业化时期瑞典的化学技术教科书。他指出，虽然关于技术教育的教学越来越多地以科学为基础，但是化学技术教科书却很少如此。其原因是发展化学工业所需的知识具有意会性和本土性，而以科学为目标的教科书传播这种知识是困难的。在瑞典，教科书在技术知识的传播和传授中所起作用并不重要[②]。

2012 年 3 月，*Isis* 杂志第一期刊登了《科学中的教科书》专刊，共辑 5 篇论文，考察对象涉及不同学科、不同地点、不同时期、不同教育层次的教科书。马加·维切多（Marga Vicedo）在《导言：教科

①Bernadette Bensaude-Vincent, "Textbooks on the Map of Science Studies," *Science & Education* 15（2006）：667-670.

②Anders Lungdgren, "The Transfer of Chemical Knowledge：The Case of Chemical Technology and its Textbooks," *Science & Education* 15（2006）：761-778.

书的神秘生命》（*Introduction：The Secret Lives of Textbooks*）一文中指出，这些研究共同揭示了教科书作为一种文献类型，通常被赋予一些界限，而教科书又具有挣脱这些界限的能力，它们在科学发展中所起的作用是多元的、杂糅的[①]。如维切多以 1958—1975 年的心理学入门教科书为研究对象，在考察它们是否抹除了哈利·哈洛（Harry Harlow）猕猴实验的研究过程、是否没有含糊其辞地介绍其研究结果、是否对其研究工作及成果做了一致的描述之后，发现这些教科书几乎都描述了实验装置及程序，只是在细节程度上有别；所有教科书把实验数据都报道为事实，但对哈洛不同实验的结论做出了多种多样的诠释。因此，这些教科书并不仅仅是接收知识的被动容器，它们也发挥着类似元分析（meta-analysis）论文和文献评论的功能[②]。再如迈克尔·戈丁（Michael D. Gordin）对拜尔斯坦（Freidrich Beilstein，1838—1906）、布特列洛夫（A. M. Butlerov，1828—1886）和门捷列夫这 3 位俄国化学家的案例研究表明，在 19 世纪中叶，这 3 位教科书作者都是其学术领域的带头人。对德裔俄国化学家拜尔斯坦来说，他因不满以往分析化学教科书内容的陈旧而编撰新的教科书。借助德裔身份，他同时编写了俄文版和德文版的《定性分析化学手册》（1867）。由于德语语言的优势，该书的德文版在欧洲国家十分畅销。加上拜尔斯坦是明显的德国人姓氏，以至于莱姆塞在 1873 年的英文版序言中，完全将德文版视为原版，忘掉了该书是拜尔斯坦为了教授俄国学生而编撰的教科书。拜尔斯坦本人也没有为此做出辩解。与拜尔斯坦不同的是，布特列洛夫和门捷列夫都有意识地利用教科书为他们的理论优先权辩护，而把教科书译成欧洲中心国家的语言德语，对于争夺优先

[①]Marga Vicedo，"Introduction：The Secret Lives of Textbooks," *Isis* 103，no. 1（March 2012）：83 - 87.

[②]Marga Vicedo，"Playing the Game：Psychology Textbooks Speak Out about Love," *Isis* 103，no. 1（March 2012）：111 - 125.

权是至关重要的①。

在我国，较早论述教科书历史的通论性著作是 1996 年王建军所著的《中国近代教科书发展研究》一书。该书是全国哲学社会科学"八五"规划重点项目《中国教育近代化研究丛书》7 册中的一册，丛书作者均来自教育学领域。该书从清末西方教科书的传入、清末自编教科书的发展、民国初期（1912—1922 年前后）自编教科书的进步 3 个方面考察了近代教科书的演变状况，并在此基础上，尝试对这一演变的社会背景和文化意义，以及教科书近代化的内在动因做出解释②。

另外一部通论性著作是 2008 年汪家熔的《民族魂——教科书变迁》。汪先生从事印刷、发行、出版工作 51 年，晚年致力清末和民国出版史史料发掘和研究，坚守"研究出版史个案，必须见到书（实物和文献史料）"的治学原则。该书是他 79 岁高龄时的积淀之作，从出版史的角度对清末和民国时期的教科书变迁进行了梳理，内容涉及国文、修身、常识等方面，兼有对王云五等人物的个案研究，史料翔实，不乏新颖之论③。

历史学出身的毕苑所著《建造常识：教科书与近代中国文化转型》（2010）一书是在其 2004 年北京师范大学的博士论文基础上修改扩充而成。该书从传教士对教科书的引介、洋务运动时期翻译欧美教科书和戊戌维新运动后翻译日本教科书的两次热潮、汉译日本教科书给中国近代新教育带来的影响、文明书局及商务印书馆等各大书局对教科书发展的贡献、清末和民国时期的教科书编审制度等方面集中论述了中国近代教科书的诞生和发展历程，并以具体的教科书为例探讨了中国人对"理想国民"、政体、进化论等的认识，展现了教科书"建造常

---

①Michael D. Gordin, "Translating Textbooks: Russian, German, and the Language of Chemistry," *Isis* 103, no. 1 (March 2012): 88-98.
②王建军：《中国近代教科书发展研究》，广东教育出版社，1996。
③汪家熔：《民族魂——教科书变迁》，商务印书馆，2008。

识"的过程与近代社会文化变迁的关联①。

石鸥教授及其研究团队对教科书研究的推动功不可没。2007—2008 年，他在湖南师范大学领衔的团队在《湖南师范大学教育科学学报》以专题形式连续刊载了 20 余篇文章。石鸥教授撰文《最不该忽视的研究——关于教科书研究的几点思考》（2007），呼吁学界同仁重视教科书的研究，在国内引起较大反响。他从教育学角度指出教科书研究的四点意义：一是印证并创新教育理论，二是改进教科书编写，三是进一步认清教育发展尤其是课程和教学内容发展的基本轨迹，四是更好地处理"教教材"和"用教材教"的关系及帮助我们有效地教学②。其中，第三点涉及教科书的历史研究。

石鸥教授指导的研究生，早期侧重从社会学角度来研究教科书，如林洁的硕士学位论文《科学教科书话语微探》（2007）从知识社会学角度探讨了科学教科书中话语与权力隐蔽渗透的关系，李祖祥的博士学位论文《控制与教化——小学思品教科书研究》（2007）集中探讨了小学思品教科书的内容和形式如何体现了社会控制；后期则注重对不同学科、不同历史时段的各类教科书进行研究，如吴小鸥的博士学位论文《清末民初教科书的启蒙诉求》（2009）与方成智的博士学位论文《艰难的规整——新中国十七年（1949—1966）中小学教科书研究》（2010）侧重于不同的历史时段，前者以《中国近代教科书的启蒙价值》为名于 2011 年出版，后者于 2013 年以原题名出版。如刘斌的博士学位论文《从体操到体育——清末民国中小学体育教科书研究》（2011）、吴驰的博士学位论文《由"文"到"语"——清末民国中小学英语教科书研究》（2012）侧重不同学科，二者均于 2014 年分别以

---

① 毕苑：《建造常识：教科书与近代中国文化转型》，福建教育出版社，2010。
② 石鸥：《最不该忽视的研究——关于教科书研究的几点思考》，《湖南师范大学教育科学学报》2007 年第 5 期。

《清末民国中小学体育教科书研究》《清末民国中小学英语教科书研究》为名出版。如刘景超的博士学位论文《清末民初女子教科书文化传承与创新之研究》（2014）、李新的博士学位论文《固守与革新：百年中国乡土教材研究》（2014）、崔珂琰的博士学位论文《中国百年少数民族教科书政策研究》分别研究了女子教科书、乡土教材、少数民族教科书，前二者分别以《清末民初女子教科书的文化特性》与《百年中国乡土教材研究》为名于 2015 年出版，后者以《中国近现代少数民族教科书政策研究》为名于 2017 年出版。

石鸥教授在教科书方面的主要著作有《百年中国教科书图说：1897—1949》（2009，与吴小鸥联合编著）、《百年中国教科书图说：1949—2009》（2009，与吴小鸥联合编著）、《中国近现代教科书史》（2012，分上下两册，上册与吴小鸥合著，下册与方成智合著）、《百年中国教科书论》（2013）、《百年中国教科书忆》（2015）、《简明中国教科书史》（2015，与吴小鸥合著）、《新中国中小学教科书图文史》（2015，石鸥主编，共 6 卷，分别为语文，数学，外语，思想政治、历史、地理，自然常识、物理、化学、生物学，音乐、美术、体育）、《民国中小学教科书研究》（2018）、《弦诵之声——百年中国教科书的文化使命》（2019）、《教科书的记忆：1978—2018，难忘的故事》（2019）、《教科书的记忆：1978—2018，辉煌的历程》（2019）。

自 2007 年发文呼吁重视教科书研究以来，石鸥教授及其团队持续不断地在教科书研究领域砥砺深耕，并取得了丰硕的研究成果。时隔 12 年，经过多年研究的积累，石鸥教授发文《被低估的创新——试论教科书研制的主体性特征》，从理论高度指出"编撰教科书本质上是一种创新行为"。这种创新表现在很多方面，从内容的选择和确定、内容的结构化，到内容的精致化修饰、导读系统的引导，无一不体现出研制者的主体性和创新性。石鸥教授呼吁："教科书编撰者就是教科书的研究者、创作者，绝不是剪刀加糨糊式的编辑。必须纠正和扭转这一见解。这不是对某种工作的评价问题，这是对这一庄严而复杂的事业的评价。教科书不是被动的二手文本集。教科书不满足于仅仅是知识和主题的选择者、排列组合者，它也是主题的制造者，知识的创造者。教科书研制者应该充满自信地行动起来，为孩子们打造高质量的精神食粮。"[①]

石鸥教授把教科书的编写视为"研制"出"某种文本或作品的有新意的智力活动"，这更进一步提升了教科书研究的意义。石鸥教授的团队中似乎并无科学史训练出身的学者，然而其文可启发教科书研究对于科学史家的巨大意义，因为科学史家以往对教科书鲜有关注，很大程度上基于对教科书文本多缺乏创新性的漠视。

近代中国科学是从西方移植而来的。近代中文科学教科书的编撰看起来更像是毫无新意的"剪刀加糨糊式的编辑"活动。本书部分章节考察了民国初年王季烈、王兼善所编化学教科书，揭示了其中的创新之处，也是对石鸥教授论点的一种佐证。

除上述研究以外，人民教育出版社在教科书研究方面的工作也不容忽视。作为编写和出版基础教育教材的国家级出版机构，人民教育出版社对教科书的研究从未间断。2010 年，人民教育出版社成立 60周年，课程教材研究所推出了《新中国中小学教材建设史（1949—2000）研究丛书》共 18 卷，包括总论、政治、小学语文、中学语文、英语、俄语、日语、历史、地理、数学、物理、化学、生物、自然·社会、体育、音乐、美术和出版管理。该丛书依据翔实可靠的史料及人民教育出版社编审亲身经历的历史事件，回顾了中华人民共和国成立 50 多年来教材改革发展历程，梳理了人民教育出版社自身各套教材的编写概况，可信度很高。

人民教育出版社在教科书研究方面最引人注目的成果要数在国家

①石鸥、张美静：《被低估的创新——试论教科书研制的主体性特征》，《课程·教材·教法》2019 年第 11 期。

社会科学基金重大项目"中国百年教科书整理与研究"推动下所做的工作。该课题于 2010 年 12 月立项，2015 年 12 月结题。人民教育出版社原总编辑徐岩出任首席专家，参与的研究人员近 550 人，他们来自人民教育出版社、高等院校、教育教学研究机构、图书馆等在内的 77 家单位。其中，社外参与人员近 400 人，他们由大学教师、教研机构骨干、教材编写者、图书馆专业人员和优秀中小学教师组成。项目最终形成的研究成果包括 5 大系列 48 卷、约 4000 万字，涵盖中小学教学的 12 个学科。其中，《中国百年中小学教科书综录》3 卷、《中国百年中小学教科书珍本图鉴》4 卷、《中国百年中小学教科书变迁脉络研究》19 卷、《中国百年中小学教科书变迁专题研究》19 卷、《中国百年中小学教科书已发表成果》3 卷。此外，还创立了第一个"中国百年中小学教科书全文图像库"，收录教科书 5 万多册，图片 700 多万张[1]。

　　"中国百年教科书整理与研究"的项目成果，第一系列以《中国百年中小学教科书综录：1897—2010》为名于 2020 年出版了 8 卷本，比结题时的成果增加了 5 本。第二系列《中国百年教科书珍本图鉴》，分为 1897—1912 年、1912—1949 年、1949—1976 年、1976—2010 年 4 卷，待出版。第三系列更名为《中国百年教科书史》，共 19 卷，包括总论卷、小学德育课程卷、中学德育课程卷、小学语文卷、中学语文卷、小学数学卷、中学数学卷（2021）、英语卷、日语卷（2020）、俄语卷、历史卷、地理卷（2022）、物理卷（2021）、化学卷（2020）、生物学卷（2020）、小学科学卷（2021）、体育卷（2020）、音乐卷、美术卷，自 2020 年起陆续出版。各卷均分为概述、清朝末年的教科书、民国时期的教科书、中华人民共和国成立后的教科书、结论等五编。第

---

[1] 中国百年教科书整理与研究课题组：《知古鉴今，放眼未来——"中国百年教科书整理与研究"课题结项》，《出版人》2016 年第 1 期。

四系列更名为《中国百年教科书专题研究》，共 18 卷（与第三系列对应，除去总论卷），已出版中学数学卷（2021）、物理卷（2022）、生物学卷（2021）、化学卷（2022）、美术卷（2021）。其中，化学卷讨论了百年中学化学教科书中重要概念、"物质结构"、"化学反应原理"、"元素化合物"、"有机化合物"、化学实验、习题、栏目设置、插图的变迁研究，基本上是在已发表成果和研究专题上的进一步扩充，下文将评述。第五系列为散论，包括《中国教科书百年递嬗与建构》《中国教科书思想百年调适与更生》《教科书往事——漫谈百年中小学教科书》等，待出版。

在百年时间跨度下审视多学科的教科书历史变迁后，"中国百年教科书整理与研究"课题组对教科书历史发展的动力，即"为什么"的问题，做出了唯物史观的回答，发人深思。中小学教科书的发展自有其内在理路，不能简单地把它们当作社会变迁的映像、学科发展的缩影或教育理论的注脚。百余年来，中小学教科书的改革走过了一条曲折的发展道路，但教科书的本质规律依然是推动教科书发展与变迁的原动力。编写出符合并促进学生的发展、切合教学实际的教科书始终是每个时代、每个学科的教材编写者不变的初心与不懈的追求①。

可以看出，2010 年前后，我国的教科书研究在石鸥教授及其团队与人民教育出版社的推动下掀起了一股热潮。其中，自然科学教科书的历史研究远比人文社科的少。就中文化学教科书的研究来说，关于当代化学教科书的研究不少，研究主题多从课程论视角切入，并受到 2001 年启动的第八次课程改革的影响。新课程改革全面推进素质教育，强调教师要"引导学生质疑、调查、探究，在实践中学习"，因而激发了对教材编写特点的探讨。如考察建构主义理论在化学教科书中

①徐岩：《中国百年教科书专题研究·化学卷前言》，载王晶主编《中国百年教科书专题研究·化学卷》，人民教育出版社，2022，第 3-5 页。

的体现①，教科书中化学史内容的选择及呈现方式②，科学本质、科学素养目标在化学教科书中的呈现③，不同版本化学教科书中存在的性别偏见及原因④，化学教科书中能量观的建构⑤，插图中的隐性知识⑥、插图的呈现形式⑦与设计⑧及编排策略⑨，等等。

我国当代化学教科书研究成果丰富，主题多样，可为教科书的历史研究提供启示。其不足之处在于，考察的教科书样本通常以当代通行的少数几本教科书为主，数量极为有限，不能显示出历史维度方面的演变。

对于化学教科书的历史研究，学界对从教科书引入的清末时期直至当代的百余年时间跨度皆有关注。具体到个人来讲，关注时段因人

① 李鹏鸽：《基于建构主义理论的化学教科书设计——以鲁科版〈化学 1〉中"物质的量浓度"一节内容为例》，《化学教育》2010 年第 11 期。张学星：《基于建构主义理论的高中化学教科书编制研究》，硕士学位论文，山东师范大学，2007。

② 关婷婷：《中学化学教学与教材中化学史的研究》，硕士学位论文，广州大学，2006。李艳梅、郑长龙、李德才：《义务教育化学教科书中化学史教育内容的选择与呈现》，《化学教育》2007 年第 5 期。孙青：《科学本质视域中我国高中化学教科书化学史内容呈现分析》，硕士学位论文，东北师范大学，2009。

③ 张永双：《科学本质在化学教科书中的呈现特点与教学对策研究》，《新课程（中学）》2014 年第 3 期。宗宇萍：《科学素养目标在初中化学教科书中的呈现研究》，硕士学位论文，东北师范大学，2011。

④ 宗国庆：《高中化学教科书性别偏见比较研究》，硕士学位论文，西南大学，2017。

⑤ 姚远远、陈凯：《初中化学教科书中能量观的建构》，《化学教育》2013 年第 5 期。

⑥ 王后雄、孙建明：《中学化学教科书插图中的隐性知识研究》，《化学教育》2013 年第 6 期。

⑦ 裴波、胡艳燕、季春阳：《基于心理学的化学教科书插图呈现形式研究》，《化学教育》2013 年第 3 期。

⑧ 温姣：《高中化学教科书插图设计研究》，硕士学位论文，宁波大学，2012。

⑨ 李鑫：《高中化学教科书插图编排的策略》，硕士学位论文，哈尔滨师范大学，2013。

而异。以下分改革开放以来、中华人民共和国成立以来、清末以来及清末民国时期四个方面进行论述。

关于改革开放以来中学化学教科书的研究以赣南师范学院化学化工学院的张世勇为代表。其研究方向为课程与教学论、科学教育研究，研究内容涉及插图的演变①、习题的演变②、化学史的演变③、物质结构内容的演变④、STS 的演变⑤、化学实验的演变⑥、中学化学教科书的发展特点⑦、教科书讨论栏目的演变⑧、溶液内容的演变⑨、阅读材料的演变⑩与"酸、碱、盐"内容的演变⑪等。考察对象主要为改革开放以来人教版 6 个版本（1978 年版、1982 年版、1987 年版、1995 年版、2001 年版、2012 年版）的初中化学教科书，有时兼论人教版的高

①张世勇：《改革开放以来我国初中化学教科书插图的演变研究》，《内蒙古师范大学学报》（教育科学版）2012 年第 6 期。

②张世勇：《改革开放以来我国高中化学教科书习题的变化与评析》，《教育测量与评价》（理论版）2013 年第 5 期。张世勇：《改革开放以来我国初中化学教科书习题的演变研究》，《教育理论与实践》2012 年第 3 期。

③张世勇、李永红：《我国初中化学教科书中化学史的演变研究》，《教育理论与实践》2013 年第 17 期。

④张世勇、何燕：《改革开放以来我国初中化学教科书中物质结构内容的演变研究》，《现代中小学教育》2014 年第 1 期。

⑤张世勇：《我国初中化学教科书中 STS 的演变研究》，《化学教学》2014 年第 1 期。

⑥张世勇、李永红：《科学素养理念下我国初中化学教科书中化学实验的演变研究》，《教育理论与实践》2014 年第 8 期。

⑦张世勇、闫淑惠：《改革开放以来我国中学化学教科书发展特点》，《教育学术月刊》2014 年第 2 期。

⑧张世勇、李永红：《改革开放以来我国初中化学教科书"讨论"栏目的演变研究》，《教学与管理》2015 年第 1 期。

⑨张世勇、陈琪、李勋：《改革开放以来我国初中化学教科书中溶液内容的演变研究》，《化学教育》2015 年第 9 期。

⑩张世勇、谭育雷、谢丽萍：《改革开放以来初中化学教材中阅读材料的演变》，《教学与管理》2015 年第 31 期。

⑪张世勇、余丽林、彭雪丽、蔡小娟：《六版人教版初中化学教科书中"酸、碱、盐"内容的演变研究》，《化学教学》2020 年第 9 期。

中化学教科书。研究方法主要采用数据统计法，如对插图的研究，张世勇对 1978—2001 年人教版 5 个版本的初中化学教科书中的插图总体数量、类型、内容、形式、组合方式、STS 类插图进行了统计，得出插图数量显著增加、质量显著提高、内容更加充实、形式更加多样、功能更加完善等结论。

关于中华人民共和国成立以来中学化学教科书的研究，人民教育出版社化学室李俊考察了中华人民共和国成立以来化学教科书编写指导思想的发展变化、体系结构构建思路的发展变化、呈现方式的发展变化①。上面提及的人民教育出版社《新中国中小学教材建设史（1949—2000）研究丛书·化学卷》（2010）对 1949—2000 年中学化学教科书的发展脉络做了细致梳理。湖南师范大学教育科学学院的段发明等讨论了中华人民共和国成立以来化学教科书的编写特点②，其文也是石鸥教授团队的集体成果。湛江师范学院化学科学与技术学院刘一兵指出，中华人民共和国成立以来我国中学化学教科书发展的主要问题包括社会政治、意识形态与化学教科书发展关系的问题，理论联系实际的问题，用先进化学知识充实化学教科书内容的问题，元素化合物和基础理论的编排关系问题，学科知识结构与学生认识结构的匹配问题，学习国外教科书编写的问题③。四川师范大学化学与材料科学学院伏兴的硕士学位论文探讨了中华人民共和国成立以来中学化学教科书中的实验变迁④。人民教育出版社化学室冷燕平和李田田考察

①李俊：《新中国化学教科书发展简述》，《中学化学教学参考》2005 年第 7 期。
②段发明、许玲：《新中国化学教科书 60 年之演进》，《湖南师范大学教育科学学报》2011 年第 2 期。
③刘一兵：《新中国成立以来我国中学化学教科书发展中的问题审视》，《化学教育》2013 年第 1 期。
④伏兴：《我国中学化学教科书实验六十年变迁的研究》，硕士学位论文，四川师范大学，2014。

了"文化大革命"这一特殊时期化学教科书的编写特点与变化①。人民教育出版社化学室郭震和钟晓媛梳理了中华人民共和国成立以来中学化学教科书中优秀传统文化和国情教育的内容与呈现方式②。

　　人民教育出版社是我国中学化学教科书历史研究的主要力量。早期，人民教育出版社化学室主任梁英豪（1926—2010）编审对1949年以前、1949—1952年、1953—1957年、1958—1966年、1967—1976年、1977—1989年的中学化学教材的编写特点进行了深入剖析③。在与郭保章、徐振亚合著的《中国化学教育史话》（1993）中，他对清末以来的中学化学教育史皆有论述，包括清末民国时期及1949年后的中学化学课程设置，这些时期内的一些代表性中学化学课本等④。梁英豪1953年底入职人民教育出版社，编写过中学化学教材，并参与过中学化学教学大纲的编订工作，紧跟国外中学化学教育动态及化学教材的发展，对中华人民共和国成立以来中学化学教育、中学化学教学大纲的演变及发展中的经验教训有深刻论述⑤。如他提出，编写教材时，教育及教学法专家和心理学专家、化学学科专家、优秀的中学化学教师、前编订或编写专业人员、行政工作人员这五类专家需相互协作、

---

①冷燕平、李田田：《"文革"时期化学教科书的编写特点与变化》，《中学化学教学参考》2015年第1-2期。

②郭震、钟晓媛：《化学教科书中的传统文化和国情教育变迁研究》，《天津师范大学学报》（基础教育版）2018年第4期。

③梁英豪：《总结经验　继续前进——中学化学教材史略》（上），《课程·教材·教法》1988年第12期。梁英豪：《总结经验　继续前进——中学化学教材史略》（下），《课程·教材·教法》1989年第1期。许国培、梁英豪：《我国中学化学教材三十年》，《课程·教材·教法》1981年第2期。

④郭保章、梁英豪、徐振亚：《中国化学教育史话》，江西教育出版社，1993。

⑤梁英豪：《建国以来我国中学化学教育的回顾》，《化学教育》1982年第4期。梁英豪：《建国以来我国中学化学教育的回顾》，《化学教育》1989年第4期。梁英豪：《我国近半个世纪中学化学教学大纲的回顾》（上），《化学教育》2010年第7期。梁英豪：《我国近半个世纪中学化学教学大纲的回顾》（下），《化学教育》2010年第8期。

相互尊重、发挥所长。梁英豪特别提到，对于化学专家，由于其本职工作较忙，要尽量争取他们的空闲时间进行教材编写工作，避免仅仅挂名或匆忙审阅；对于中学教师，要重视他们的意见，排除他们与专家共事时易产生的自卑感①。关于 1949 年后国内外中学化学教育的重要文字论述，他曾结集成《化学教育留影》一书，并于 2001 年出版②。梁英豪为我们研究中国近代，尤其是中华人民共和国成立以后的中学化学教科书史奠定了很好的基础。

继后，在"中国百年教科书整理与研究"课题的带动下，人民教育出版社化学室成员把清末以来的中学化学教科书史研究更推进一步。如郭震考察了清末以来中学化学教科书中的化学与爱国③、有机化合物的命名情况④、化学实验的变迁⑤、栏目设置的变迁⑥、有机化学内容的变迁⑦、中华优秀传统文化的变迁⑧、"醇类"内容的变迁⑨等。冷燕平论述了清末以来中学化学教科书中化学平衡内容的变迁⑩。王

---

① 梁英豪：《我国近半个世纪中学化学教学大纲的回顾》（下）。

② 梁英豪：《化学教育留影》，人民教育出版社，2002。

③ 郭震：《化学与爱国——从近代化学教科书中看国情与爱国教育》，《教师博览》2012 年第 8 期。郭震：《化学与爱国——从近代化学教科书中看国情与爱国教育》，《中华读书报》2012 年 4 月 25 日第 8 版。

④ 郭震：《教科书中的有机化合物命名》，《化学教学》2015 年第 6 期。

⑤ 郭震：《我国中学化学教科书中化学实验的变迁研究》，《教育理论与实践》2016 年第 17 期。

⑥ 郭震：《我国高中化学教科书中栏目设置的变迁研究》，《教学研究》2017 年第 1 期。

⑦ 郭震：《百年来我国中学化学教科书中有机化学内容的变迁》，《教育理论与实践》2017 年第 17 期。

⑧ 钟晓媛、郭震：《中华优秀传统文化在中学化学教科书中的百年变迁研究》，《课程·教材·教法》2019 年第 12 期。

⑨ 郭震：《中学化学教科书中"醇类"内容的百年变迁》，《教学与管理》2021 年第 5 期。

⑩ 冷燕平：《我国中学化学教科书中化学平衡内容的变迁》，《中学化学教学参考》2015 年第 11 期。

晶梳理了清末以来中学化学教科书中元素周期律与原子结构、元素化合物知识的呈现关系①。李俊分析了清末以来中学化学教科书中元素化合物知识的变迁②及元素化合物知识编排结构的变迁③。钟晓媛研究了清末以来中学化学教科书中习题④及核心概念的变迁⑤。这些研究多从现代的教学内容或教学问题出发，选取其中的一个主题，追溯其百年历程，为当前的教材编写或教学服务。由于百年的时间跨度较大，论文容量有限，这些研究只能给出一个概括性的结论，在具体细节方面还有很大的提升和商榷空间。如对于清末民国时期化学教科书中有机化合物命名的情况，以"化学课程标准对有机化合物命名没有进行明确要求"为由，仅以《复兴高级中学教科书·化学》（1934）举例做了简略叙述⑥。再如，在论及清末民国时期化学教科书中元素化合物知识的编排方式时，仅以王季烈《共和国教科书·化学》（1916）为例，就推论说"这时期的教科书在介绍元素及其化合物知识时，无论是非金属元素还是金属元素，都是以元素族的方式进行介绍"⑦。事实上，王季烈早期的译著《改订近世化学教科书》（1908）就没有明显的"元素族"的编排思想，如他把钠与钾作为章的名称，放在不同章中讲解。该书中类似的反例还有很多，本书也将对此做深入探讨。

_____

①王晶：《百年中学化学教科书中"元素周期律"的呈现》，《中学化学教学参考》2015 年第 12 期。

②李俊：《百年中学化学教科书中元素化合物知识的变迁》，《中学化学教学参考》2016 年第 10 期。

③李俊：《百年中学化学教科书中元素化合物知识编排结构的变迁》，《中学化学教学参考》2017 年第 5 期。

④钟晓媛：《百年中学化学教科书中的"学而时习之"》，《中华读书报》2016 年 11 月 9 日第 14 版。钟晓媛：《我国高中化学教科书中习题的变迁》，《化学教育》（中英文）2019 年第 17 期。

⑤钟晓媛：《我国中学化学教科书中核心概念的百年变化特点》，《课程·教材·教法》2017 年第 7 期。

⑥郭震：《教科书中的有机化合物命名》。

⑦同③。

关于清末民国时期中学化学教科书的研究，王扬宗对清末译自欧美国家和日本的化学书概况进行了评析，并整理了初版于 1902—1911 年的 104 种清末化学书籍的出版信息①。何涓对 1901—1932 年 32 本化学教科书中 83 种元素的汉译名使用情况进行了统计分析②。钟晓媛的硕士学位论文把清末民国时期中学化学教科书的编译分为五个时段：1904—1911 年为"直译外国教科书的时代"，1912—1921 年为"探索自编教科书的时代"，1922—1931 年为"形成分阶教科书的时代"，1932—1940 年为"课标规范教科书的时代"，1941—1949 年为"细微调整教科书的时代"③。她整理了各个时段的中学化学教科书书目，在各时段中选取一两个教科书样本进行讨论，详略不一。如第三个时段讨论了王鹤清《初中化学教科书》（1930）和阎玉振、王鹤清《高级中学化学教科书》（1931），对这两本书中具体物质内容、概念原理内容及其他内容的选取进行了统计分析，还讨论了章节安排、呈现方式等。而第二个时段以王季烈《共和国教科书·化学》为例，仅仅对其作了简单的概况介绍和对书中具体物质内容的选取作了统计分析。该书于1913 年初版，她的书单中并未对初版年代进行注明，而只是录入出版时间为 1919 年。清末民初的许多教科书不断再版，跨越很多年，如果不考虑初版时间，教科书样本划入的历史时段就会失之偏颇。如王兼善《民国新教科书·化学》也于 1913 年初版，属于第二个时段的教科书，但她将之划入第三个时段"1922—1931 年可参阅的中学化学教科书书单"中，录入出版时间是 1926 年。这显然是不妥的。

---

①王扬宗：《近代化学的传入》，载赵匡华主编《中国化学史·近现代卷》，广西教育出版社，2003，第 65－73 页。

②何涓：《清末民初化学教科书中元素译名的演变——化学元素译名的确立之研究（一）》，《自然科学史研究》2005 年第 2 期。

③钟晓媛：《清末及民国我国中学化学教科书的变迁研究》，硕士学位论文，北京师范大学，2013。

钟晓媛还对 1922 年"壬戌学制"颁布到 1949 年间初中化学教科书的演变特点进行了概述，她以若干教科书实例说明了这一演变经历了从无到有、从照搬到整合、从粗简到精细、从个人出版到机构出版、从内容差距较大到有课标进行规范的过程①。郭震以王有朋主编的《中国近代中小学教科书总目》（2010）中收录的 1903—1949 年出版的 134 种化学教科书为研究对象，从出版数量与出版时间、教科书原著者的国籍分布、出版地等方面进行了统计分析，并总结了该时期教科书的内容具有知识面宽、联系生活和生产、注重国情和爱国主义的特点②。他对韦镜权、柳大纲《复兴初级中学教科书·化学》（1933）和郑贞文《复兴高级中学教科书·化学》（1934）的出版背景、内容编排、编写特点及局限和影响进行了考察③，概述了清末至 1949 年化学教科书发展的历史过程和变迁特点④。

  尹静的硕士学位论文《清末中国初等化学教科书概念构成及特征研究》选取了清末 15 本中学化学教科书为研究对象，考察书中物质及其组成、物质结构、物质性质、物质变化、化学量、化学用语、化学实验等 7 类概念的使用情况，对每本书中概念总数目、概念种类的数目、每类概念的数目、概念不同呈现方式的数目进行了统计，并对元素、单体、原子、发火点、燃烧、原子量等具体概念在书中的描述情况进行了分析⑤。该文在样本的选择上，在统计概念数目与时间关系时，以书籍重印时间为准，而未考虑初版时间，有失公允。如时间上

① 钟晓媛：《民国的初中化学教科书》，《中华读书报》2014 年 9 月 17 日第 14 版。
② 郭震：《近代中国化学教科书的出版与内容特点分析》，《课程·教材·教法》2014 年第 2 期。
③ 郭震：《民国时期"复兴"初高中化学教科书述评》，《化学教育》2015 年第 19 期。
④ 郭震：《变革时代中的科学启蒙——近代中国化学教科书的历史沿革》，《科普研究》2017 年第 1 期。
⑤ 尹静：《清末中国初等化学教科书概念构成及特征研究》，硕士学位论文，华东师范大学，2015。

排序 14 号的样本为 1912 年 5 月第 5 版由大幸勇吉著、王季烈译的《改订近世化学教科书》，初版于 1908 年；排序 15 号的样本为高松丰吉（1852—1937）原著、彭树滋等译的《最新实验化学新教科书》，采用版本为 1914 年 7 月重编新版，初版于 1905 年。若以 1914 年为准，应将该书时间顺序排在最后，但这个年份已属于民国时期，与论文题目界定的"清末"时段相抵牾。

综上所述，关于我国教科书（包括化学教科书）的历史研究，多从教育学、课程论视角出发。关于中文化学教科书的历史研究，虽然学界对从清末至今的不同历史时段都有关注，然而对清末民国时期的研究仍相对薄弱。相比中华人民共和国成立以后教科书的发展情况，清末民国时期中学化学教科书的数量巨大、版本不一，其研究难度也相应增加。已有研究虽然在考察此时期教科书的特点、内容选择、组织及呈现方式等方面都有了初步的成果，但据以立论的教科书样本往往数量不多，论述也较笼统，细致深入的研究还很欠缺。尤其要指出的是，对这些中学化学教科书之间的承袭关系及其与西方和日本化学教科书的渊源关系，基本上尚未有专门研究。本书意图从科学史的视角在该方面做一些初步探讨。

第三节　研究问题及内容

被誉为第一部近代化学教科书的《化学基础论》（1789）是拉瓦锡化学革命的重要成果之一。著名科学史家道格拉斯·麦凯（Douglas McKie）认为，"它就像牛顿的《自然科学之数学原理》在一个世纪前奠定了现代物理学的基础一样，奠定了现代化学的基础"[①]。作为建立

①拉瓦锡：《化学基础论》，任定成译，北京大学出版社，2008，汉译者前言第 3 页。

近代化学研究范式的经典之作，该书构建了一种全新的知识体系，"采用了与业已出版的其他化学著作全然不同的排列顺序"①，是"以一种新的系统秩序容纳了一切现代发现的化学基础论"。

传统化学论著的"通常次序"，"总是假定基本的科学原理是已知的"，"几乎在所有情况下""都是由论述物质的元素和解释亲和力表开始的"，"竟不会料想到学生或读者们并不懂得这些原理"。《化学基础论》在"安排证据和思想时"，"除了从已知到未知之外，决不任意前进，并将此作为一条定律；除了由观察和实验必然引出的直接结果外，决不形成任何结论；并且始终整理事实以及由这些事实引出的结论，以这样一种秩序最易于使它们为开始从事化学研究的人们所完全理解"②。新秩序亦与"自然的秩序较为一致"。

遵循新秩序的结果之一，就是传统著作中"论述物质的组成或基本部分的专章"在《化学基础论》中消失不见了。因为在拉瓦锡看来，传统上"关于元素的数目和性质所能说的一切，全都限于一种形而上学性质的讨论"，"如果我们所说的元素（elements）这个术语所表达的是组成物质的简单的不可分的原子的话，那么我们对它们可能一无所知"③。与新秩序相对应，拉瓦锡把元素的概念重新定义为："如果我们用元素或者物体的要素（principles of bodies）这一术语来表达分析所能达到的终点这一观念，那么我们就必须承认，我们用任何手段分解物体所得到的物质都是元素。"④ 据此，拉瓦锡制成了含33种元素的第一张化学元素表，即简单物质表。它们可划分为弹性流体（包括光、热素、氧、氮和氢）、非金属、金属和土质四类。这一元素分类完全不同于此前的"四元素说"或"三元素说"。

---

① 拉瓦锡：《化学基础论》，序第 3 页。
② 同①，序第 4 页。
③ 同①，序第 5 页。
④ 同①，序第 5 页。

19世纪初，借助于当时新发明的伏打电堆，英国化学家戴维孜孜以求电解分析所能达到的终点，发现了钾、钠、钙等一系列元素。新发现的元素越来越多，记忆化学知识的负担越来越重。拉瓦锡的简单物质表不敷应用。如何对元素进行恰当分类并把与之相关的化合物知识更好地呈现给初学者，成为化学教科书编撰者非常关心的问题。在元素周期律发现之前，化学家尝试从多种角度将元素分类。例如，在19世纪20年代的法国化学教科书中，元素对氧的亲和性是标准的分类依据，如路易斯·贾奎斯·瑟纳德（Louis Jacques Thénard）的《理论与实用化学基础》（*Traité de Chimie Élémentaire*，*Théorique et Pratique*，1824）一书①。在19世纪的德国化学教科书中，通常依惯例根据元素的性质进行分类，后来则按化合价分类②。化学从业者在探寻元素分类方法的同时，也用他们觉得便利的顺序构建教科书的知识体系。元素周期律就是门捷列夫在编写无机化学教科书《化学原理》（共2个部分5卷，陆续于1868—1871年初版）的过程中发现的。

可以说，自《化学基础论》出版以来，化学教科书知识体系的构建就与元素分类问题密切相关。然而，有意思的是，尽管在19世纪90年代西方国家已普遍接受了元素周期律，但在19世纪下半叶和20世纪初，元素周期律的分类方法并没有对大多数西方国家化学教科书的体系结构产生重大影响，教科书讲述元素的分类方式依然各式各样。研究表明，造成这样的局面，这些国家固有的强大的化学教育传统是重要原因之一③。

对并无近代意义上的化学教育传统的中国来说，编出适合国情的

---

① Bertomeu-Sánchez J.，Garcia-Belmar A.，Bensaude-Vincent B，"Looking for an Order of Things：Textbooks and Chemical Classifications in Nineteenth Century France，" *Ambix* 49，Part 3（2002）：227 - 250.

② Kaji M.，Kragh H.，Palló G.（eds.），*Early Responses to the Periodic System*（New York：Oxford University Press，2015）.

③ 同②。

教科书并不容易。中华民国成立之前，中学化学教科书基本上以译著为主，编译者尚不用为全书知识体系的架构设置、材料的选择等劳心费神，他们需要重点解决的是翻译问题，其中化学物质名词及术语的翻译是重中之重。进入民国时期以后，国人逐渐具备了初步的自主编写教科书的能力，并开始尝试自创自编中学化学教科书。此时中文化学译名尚未统一，名词翻译问题依然有待解决，不过，更重要的问题是，教科书作者不得不考虑如何在书中建构起一整套化学知识体系、如何安排材料的先后顺序等问题。那么，中国的化学教科书编译者是否关注元素分类问题？他们在讲述元素知识时采用了什么原则？为什么采用这些原则？元素周期律在教科书的知识体系建构中起着什么作用？不同时期、不同人物编写的中学化学教科书有何差异？在对1932年以前出版的32本中文化学教科书作初步的考察之后，本书将结合一些重要的中学教科书案例，从教科书知识体系建构的角度对上述问题进行回答。还需要指出的是，近代中学化学教科书中涉及的内容通常包括无机化学与有机化学两部分。本书主要讨论无机化学知识体系的建构，其中尤为关注元素及其化合物知识是以何种方式组织论述的。

在1932年以前出版的众多中学化学书中，那些知名度高、销量大的中学化学教科书成为本书的主要研究对象。经考察，虞和钦（1879—1944）的《中学化学教科书》（1906年初版）、王季烈（1873—1952）的《共和国教科书·化学》（1913年初版）、王兼善（1882—1921或1922）的《民国新教科书·化学》（1913年初版）、郑贞文（1891—1969）的《现代初中教科书·化学》（1923年初版）是合适的案例。《中学化学教科书》在1908年学部颁布的《审定中学暂用书目表》的6本化学类书籍中名列榜首，它译自日本化学家龟高德平的《普通教育化学教科书》，其出版时间对应于甲午战争之后、中华民国成立之前中国转向日本学习科学的时期，也是"癸卯学制"时期。《共和国教科书·化学》和《民国新教科书·化学》二书自初版问世以来，到20世纪 20 年代已发行 20 多版，对应于"壬子·癸丑学制"时期。《现代初中教科书·化学》在不到 7 年的时间内已印刷了 105 版，对应于"壬戌学制"时期。通过对以上 4 本书的研究，可以点带面地管窥同时期中学化学教科书的大致情况。其中，虞和钦在民国时期也撰写了有一定知名度的另一本中学化学教科书《新制化学教本》（1917 年初版）①，因此本书也将其放在虞和钦的章节中一并论述。

这 4 位教科书作者也各有特色。《中学化学教科书》1906 年 8 月初版时，虞和钦尚在日本东京帝国大学理科学习化学（1905 年考入），不过此前他自办科学仪器馆、创建《科学世界》杂志、译介化学元素周期律等，"创造多项中国之最"，是中国早期科学事业的开路先锋。王季烈是苏州莫厘王氏士绅望族的后代，不曾有过留洋经历，通过自学积极译介西方学术著作，尔后主要参照日文化学书自主编写了畅销一时的中学化学课本《共和国教科书·化学》。不同于虞和钦和王季烈主要通过日语途径学习西学，王兼善留学英国，是爱丁堡大学的格致科学士和文艺科硕士，通过分析其编撰的《民国新教科书·化学》之特色，可追溯中文化学教科书创作中直接来自西方的影响因素。郑贞文 15 岁时就赴日本求学，是 1918 年日本东北帝国大学理科化学系的优秀毕业生（学士），回国后在上海商务印书馆任职 14 年之久，具有深厚的化学专业知识、科学素养和丰富的编译经验，为我国化学名词的创制及统一、科学普及事业做出了巨大贡献。因此，在本书第四、第五、第六、第七章中顺次对这 4 位人物的代表性化学教科书进行分析。

由于这 4 位作者编译的教科书与西方和日本化学教科书颇有关联，为了厘清其中的渊源关系，第二章第一节、第二节分别对近代西方和日本的化学教科书概况，尤其是一些有特色的化学教科书进行介绍，

---

①考虑到《新制化学教本》（1917）主要是在虞和钦的早期译著《中学化学教科书》（1906）基础上修订而成，为了论述简洁，本书在论述中将《新制化学教本》（1917）列为虞和钦著作，省略合编者华襄治姓名。

那些目录中显示出不同元素分类方法的教科书将被特别关注。第三章重点对本书所考察的 32 本教科书作一个整体分析，内容涉及教科书编译者籍贯、留学背景等信息的统计，教科书中译名的使用情况及知识体系整体架构的特点等，以便接下来几章的案例分析可以有一个比较好的历史定位。结语部分将在此前各章论述的基础之上，讨论我国近代中学化学教科书编写中的创新性等问题。

第二章
西方和日本近代化学教科书概况

中国近代化学是从西方移植而来的。中华民国成立前，中文化学教科书基本以翻译为主，以甲午战争为界，甲午战争前的教科书多译自欧美，甲午战争后的教科书多译自日本。中华民国成立以后，国人开始自主编写教科书。无论是翻译或自编，都依赖于西方和日本的化学教科书，甚至以它们为基础进行一些加工和创作。因此，在论述中文化学教科书之前，有必要先简述一下西方和日本近代化学教科书的历史概况。

第一节　西方近代化学教科书概况

自18世纪末化学革命之后，化学开始迅速发展起来，法国成为化学研究的中心。这个时期的化学教育主要集中于高等教育机构。1794年创建的巴黎综合理工学院在开展化学教育方面发挥了重大作用。巴黎综合理工学院是新政府为巩固法国大革命成果、培养国家急需的科技专门人才而设立的一所完全新型的学校，也是法国创立的第一所近代高等学校，它是公立、免费的学校，且不开设宗教课程。授课的化学教师均是杰出的化学家，富克罗伊讲授基础化学理论与酸碱盐化学[1]，贝托莱（C. L. Berthollet，1748—1822）讲授有机化学，德·

---

①张家治、张培富、张三虎、张镇：《化学教育史》，广西教育出版社，1996，第114页。

莫维（L. B. G. de Morveau，1737—1816）讲授矿物质化学，沙普塔
讲授植物化学①。此时化学处于燃素说与氧理论更迭之际，教科书的
结构呈现多元化。如拉瓦锡的代表作《化学基础论》是对传统教科书
的彻底革命，完全不论述亲和力化学，全书由序、三个部分及附录组
成。第一部分为"论气态流体的形成与分解，论简单物体的燃烧以及
酸的形成"，第二部分为"论酸与成盐基的化合，论中性盐的形成"，
第三部分为"化学仪器与操作说明"。沙普塔的《化学基础》
（Élémens de Chymie，1790）则在结构上延续了旧有的教科书传统，
分为五个部分：第一部分为化学原理（des principes chimiques），其中
化学亲和力作为最基本的概念最先论述；第二部分为岩石学（de la
lithologie ou des substances pierreuses）；第三部分为金属（des sub-
stances métalliques）；第四部分为植物质（des substances végétables）；
第五部分为动物质（des substances animales）。

　　巴黎综合理工学院早期著名的校友中有鼎鼎大名的化学家盖-吕萨
克。他是贝托莱的学生，也是一位优秀的教师，有数千名学生，但能在
他的私人实验室接受其直接指导的并不多。法国的杜马（Jean-Baptiste
André Dumas，1800—1884）和德国的李比希（Justus Von Liebig，
1803—1873）是其中的两位，他们分别创建了化学研究中颇有影响力
的杜马学派和李比希学派，为化学学科的发展做出了巨大贡献。

　　两个学派都注重实验室教学和研究，但杜马的私人实验室一直都
是自筹经费，经费来源不稳定，后来不得不关闭。法国科学家的私人
实验室规模不大，且受国家体制的影响，不能得到很好的保障②。在
盖-吕萨克时期，法国尚是科学研究的中心，吸引了李比希等学子前来
留学。与此同时，瑞典的贝采尼乌斯是19世纪上半叶的化学权威，在

① 张家治、张培富、张三虎、张镇：《化学教育史》，第 76 - 77 页。
② 李三虎：《"热带丛林"苦旅——李比希学派》，武汉出版社，2002，第 202 - 203
　　页。

他的私人实验室工作过的学生中有 24 位瑞典人和 21 位外国人①。以人工合成尿素闻名于世的德国化学家弗里德里希·维勒（Friedrich Wöhler，1800—1882）就是他的学生。维勒在贝采尼乌斯的指导下研究氰酸银（AgCNO），李比希在盖-吕萨克的实验室制得雷酸银（AgONC）。在当时的化学家看来，化学物质的组成相同，性质应该相同，但维勒和李比希制得的两种无机物的组成相同，性质却大异。二人都相互怀疑过对方的结论，双方经过协商，同意分别再进行一次实验，结果两人都没有错误②。两位化学家也因此不打不相识，成为终生挚友。

到 19 世纪 40—60 年代，法国逐渐失去了世界科学中心的地位，取而代之的是德国。德国科学的兴起，大大得益于李比希创建的集教学与研究于一体的吉森实验室模式在全国范围内的推广。吉森实验室继承了法国私人实验室中的教学传统，以大学为依托，突破了师徒制规模的局限性，在经费来源上亦有保障，迅速培养了一大批化学人才。哥廷根大学的维勒、海德堡大学的罗伯特·本生（Robert Bunsen，1811—1899）等都采纳了吉森实验室的教学模式。前来德国留学的外国学子回到各自的祖国后，都把吉森精神发扬光大。

维勒的学生中有以有机化学中的武兹-菲蒂希反应（Wurtz-Fittig reaction）而著称的德国化学家威廉·鲁道夫·菲蒂希（Wilhelm Rudolph Fittig，1835—1910）。该反应中的武兹即阿道夫·武兹（Adolphe Wurtz，1817—1884），是李比希和杜马的学生。他全盘照搬了吉森实验室模式，创建了武兹学派。他的学生中有第一位诺贝尔化学奖得主、碳四面体构型学说提出者、有机立体化学和物理化学创始人雅

①Charles Coulston Gillispie (eds.)，*Dictionary of Scientific Biography*，*Volume 2*（New York：Charles Scribner's Sons，1981），p. 96.

②山冈望：《化学史传——化学史与化学家传》，廖正衡、陈耀亭、赵世良译，商务印书馆，1995，第 190 页。

各布斯·亨里克斯·范霍夫（Jacobus Henricus van't Hoff，1852—1911）。而美国约翰霍普金斯大学第二任校长艾拉·雷姆森（Ira Remsen，1846—1927）则是菲蒂希的学生。雷姆森于 1867 年前往彼时已在慕尼黑大学任职的李比希那里求学，然而李比希当时只上课而不指导学生，于是他在李比希的学生雅各布·福尔哈德（Jacob Volhard，1834—1910）的实验室下学习了 1 年，同时也听取了李比希的课程。1868 年秋，雷姆森转入哥廷根大学在菲蒂希的指导下学习，并于 1870 年获得博士学位，随后两年他又在图宾根大学做菲蒂希的助理。约翰霍普金斯大学于 1876 年创立，雷姆森也于同年被聘为该校第一任化学教授。他依据德国模型创制了美国的化学研究生教育，开辟了美国高等教育的新局面，世界科学中心由此从德国转入美国。本杰明·哈罗（Benjamin Harrow）在其《当代杰出的化学家》（*Eminent Chemists of Our Time*，1920）一书中对雷姆森作出了高度评价："作为教师、研究工作者和作者，他很可能比在世的其他任何人更直接地主导了美国科学引人注目的发展。"[①] 日本第一代化学家通常到英国、德国、美国留学，久原躬弦（1855—1919）就是其中一位。他于 1879—1882 年在约翰霍普金斯大学雷姆森的指导下获得博士学位。

雷姆森撰写了颇为畅销的化学教科书，如《理论化学原理》（*Principles of Theoretical Chemistry*，1877）、《化学学习入门》（*An Introduction to the Study of Chemistry*，1886）、《化学基础：给初学者的教科书》（*The Elements of Chemistry：A Text-Book for Beginners*，1886）、《无机化学》（*Inorganic Chemistry*，1889）、《碳化合物学习导论或有机化学》（*An Introduction to the Study of the Compounds of Carbon*，or，*Organic Chemistry*，1894）、《大学化学教科

①Benjamin Harrow，*Eminent Chemists of Our Time*（New York：D. Van Nostrand Company，1920），pp. 197-198.

书》（*A College Text-Book of Chemistry*，1901）等。这些化学教科书后来均再版多次，并被翻译成多国文字。其中，《化学基础：给初学者的教科书》的日译本有吉冈哲太郎与植田丰橘合译的《化学书·上》（1888）与《化学书·下》（1889），久原躬弦和织田显次郎译述的《小化学书》（1889）。《化学书·上》与《化学书·下》在书末有每章习题，《小化学书》在书末没有每章习题，而原著1887年版在书末有每章习题。《化学学习入门》的日译本有平野一贯翻译、久原躬弦与下山顺一郎校阅的《中化学无机编·上》（1893）与《中化学无机编·下》（1894），不过该书日译本是从雷姆森的德译本翻译而来。我国化学家曾昭抡曾讨论曾宗巩译的《质学课本》（1906）中的化学名词，猜测该书是译自雷姆森，但未考证译自哪本。然而根据曾昭抡所说，《质学课本》"书中标明为'英国伊那楞木孙原本'"，那么该书为雷姆森所著无疑。至于把雷姆森当成英国人，正如曾昭抡所言，是"译者之误认"。笔者未曾见到《质学课本》原文，但据该书书名及中国人当时掌握的化学知识程度来看，该书应该译自《化学基础：给初学者的教科书》。该书的中译本还有马君武的《中等化学教科书》（1911年初版，1913年再版）。比对马君武的1913年译本与1887年雷姆森的原著版本，马君武没有翻译原著书末的每章习题，但是中译本在书末多了"附周期律"知识，原著则没有。

除对美国教育产生重大影响外，德国也深深影响了英国的化学教育。在德国科学兴盛之时，英国科学基本上还是一种业余活动，没有成为社会职业。直到19世纪中叶，英国几乎没有培训科学家的机构，英国大学也没有像法国或德国那样具有改革科学和学术制度的明确概念。为了改变这种状况，英国开始进行科学与教育制度的改革。在李比希的提议下，1845年10月，英国成立化学学院。李比希推荐他的学生奥古斯特·威廉·霍夫曼（August Wilhelm von Hofmann，1818—1892）为首任化学教授。霍夫曼完全采用了吉森实验室模式。

学院最初是一个依靠私人赞助的教育机构，在霍夫曼的领导下成绩斐然，于 1853 年赢得了英国皇家的特许和赞助，成为皇家化学学院（Royal College of Chemistry）。1865 年，霍夫曼到柏林大学任化学教授，接替霍夫曼在皇家化学学院化学教授职位的是本生和李比希的学生爱德华·弗兰克兰（Edward Frankland，1825—1899）。此前，弗兰克兰曾于 1851—1857 年在 1851 年建立的曼彻斯特欧文学院担任首任化学教授。

　　与皇家化学学院不同，曼彻斯特欧文学院一直是一所私人赞助、培养未来科技专家和企业家的新式综合性的非宗教学院。1857 年，接替弗兰克兰在曼彻斯特欧文学院职位的是阿历山大·威廉·威廉姆森（Alexander William Williamson，1824—1904）及本生的学生亨利·罗斯科（Henry Roscoe，1833—1915），当时学院只有 34 名学生，其中 15 人在化学实验室工作。在罗斯科的努力下，到 1863 年，走读生已达 110 人，其中 38 人在化学实验室工作[1]。罗斯科还以编撰初等、中等、大学各个教育层次的教科书而闻名[2]。如初等教科书《化学（科学启蒙）》［*Chemistry（Science Primer）*，1872］，中等教科书《基础化学课程：无机与有机》（*Lessons in Elementary Chemistry：Inorganic and Organic*，1868），大学教科书《化学论》（*A Treatise on Chemistry*，1878，与肖莱马合著）。这些书都很畅销，再版多次，并被译为多国文字。如金子精一译的《化学之始》（1875）、市川盛三郎译的《小学化学书》（1889）均译自罗斯科的《化学（科学启蒙）》。杉浦重刚、宫崎道正合译的《罗斯珂氏化学》（上卷，1888 年；下卷，

---

[1] Charles Coulston Gillispie（eds.），*Dictionary of Scientific Biography*，*Volume* 11（New York：Charles Scribner's Sons，1981），pp. 536 – 537.

[2] William Pitt Palmer，"A Study of Teaching and Learninng about the Paradoxical Concept of Physical and Chemical Change"（PhD diss.，Curtin University of Technology，2003）.

1889 年）译自罗斯科的《基础化学课程：无机与有机》。林乐知口译、郑昌棪笔述的《格致启蒙·化学》（1880）[①]、艾约瑟译《化学启蒙》（1886）、孙筠信译《化学导源》（1903）[②] 等书皆译自罗斯科原著。皇家化学学院和曼彻斯特欧文学院都受到李比希学派的强烈影响，在很长时间内成为英国培养职业化学家的摇篮，在英国科学教育历史上占有重要地位。

日本应用化学家高松丰吉在 1879 年留学曼彻斯特欧文学院，跟随著名化学家罗斯科及卡尔·肖莱马（Carl Schorlemmer，1834—1892）学习化学；1881 年赴德国柏林大学，从霍夫曼学习染料化学，1882 年回国在东京大学任教。他撰写的《化学教科书》（第 1 编第 1 卷 1890 年初版，第 1 编第 2 卷 1891 年初版）曾多次再版，并被译为中文。

弗兰克兰的学生罗伯特·威廉·阿特金森（Robert William Atkinson，1850—1929）于 1874 年 9 月 9 日至 1878 年 9 月 8 日和 1879 年 2 月 3 日至 1881 年 7 月 4 日在东京大学任教。日本化学家高松丰吉、久原躬弦、樱井锭二（1858—1939）、吉田彦六郎（1859—1929）等都是他的学生。其中，樱井锭二于 1876—1881 年在英国伦敦大学学院（UCL）留学，其导师正是罗斯科和阿特金森的导师威廉姆森。而威廉姆森是李比希的学生。樱井锭二于 1881 年回国后，接替了阿特金森在东京大学的化学教授职位，樱井锭二的学生中有发明味精、在莱比锡大学师从著名物理化学家弗里德里希·威廉·奥斯特瓦尔德（Friedrich Wilhelm Ostwald，1853—1932）的池田菊苗（1864—1936），在莱比锡大学师从奥斯特瓦尔德和在哥廷根大学师从沃尔特·赫尔曼·能斯特（Walther Hermann Nernst，1864—1941）的大幸勇吉（1867—1950），我国著名的化学教育家、教科书编撰者郑贞文在东

---

① 王扬宗：《江南制造局翻译书目新考》，《中国科技史料》1995 年第 2 期。
② 王扬宗：《近代化学的传入》，载赵匡华主编《中国化学史·近现代卷》，广西教育出版社，2003，第 65 页。

北帝国大学留学时的老师片山正夫（1877—1961）等。其中，池田菊苗撰写了《化学教科书》（1894）、《新编中学化学书》（1898）、《中学化学教科书》（1903）、《近世化学教科书》（1903）等教科书，上海科学仪器馆出版、虞和寅译的《近世化学教科书》（1907）是其中译本。大幸勇吉的《近世化学教科书》（1897）再版多次，其不同版本都被译成中文，在清末广泛流行，民国初年仍有中译本出版。吉田彦六郎也编写了多种化学教科书，并被译成中文。何燏时《中等最新化学教科书》（1904）、杜亚泉《化学新教科书》（1905）、钟衡臧《新撰化学教科书》（1908）都是吉田彦六郎教科书的中译本。

威廉姆森撰写了一本化学教科书《学生化学》（*Chemistry for Students*），于 1865 年初版，后来在 1873 年增订至第 3 版。初版共 58 章，其中无机化学 33 章，有机化学 25 章。作者在序言中声称该书适用于化学初学者，以及想要大致了解无机化学和有机化学的主要事实和理论的其他科学学科的学生。他还宣称其书阐述的方法与其他大多数化学书不同，即先描述和比较个体事实，然后把读者的思维引向一般原则，而不是先陈述一般原则，再用细节诠释。这是一种归纳法的呈现方式[1]。但从该书目录来看，其专业程度并不适合化学初学者。如图 2 - 1 所示，各章没有总标题。全书以节编号，共 349 节。无机化学部分基本上是每章论述一到几个元素。每章首节都列有所讲元素的原子量，这对初学者来说是很陌生的知识。

威廉姆森从小身体残疾，左臂半瘫痪，右眼几乎没有视力，左眼近视严重。他原本在海德堡大学学医，但是被利奥波德·葛美林（Leopold Gmelin，1788—1853）的演讲吸引而投身于化学[2]。他以发

---

[1] Yoshiyuki Kikuchi，*Anglo-American Connections in Japanese Chemistry*：*The Lab As Contact Zone*（New York：Palgrave Macmillan，2013），p. 65.

[2] Alwyn G. Davies，"Alexander Williamson and the Modernisation of Japan，"*Science Progress* 98，no. 3（2015）：276 - 290.

现有机化学中的威廉姆森反应为人们所铭记，虽然生理疾患限制了他在实验方面的成就，但他的理论思辨能力却因此而得以增强①。

CHAP.	SECT.
I. Preparation of Oxygen, O^2; $O = 16$	1
Oxygen made from Air	2
Combustion in Oxygen	3
Combustions are Combinations	4
Density of Oxygen at Various Temperatures	5
Effect of Pressure on Oxygen	6
Relations of Oxygen to Animals and Plants	7
Ozone	8
II. Preparation of Hydrogen, H^2; $H = 1$	9
Purification of Hydrogen	10
Properties of Hydrogen	11
Diffusion of Hydrogen	12
Formation of Water, H^2O	13
Combining Volumes of Oxygen and Hydrogen	14
Heat evolved on formation of Water	15
Various Impurities in Water	16
Purification of Water	17
Decomposition of Water	18
Compounds of Water	19
Expansion of Water	20

图 2-1 《学生化学》（1873）第一章和第二章目录

从上面的叙述中，我们大致可以了解从化学革命以来，化学教育的发展如何从法国转向德国，然后影响了英国和美国，并且对日本的化学及教科书产生影响，同时经由日本而对中国的化学教科书产生影响。在这个过程中，欧洲化学家在传授化学知识时，常常撰写化学教科书，其专业程度一般较高，知识性强，内容丰富，并且包含当时社会最新的和个人的研究成果，很少注重教学方法。19世纪中叶以前，化学教育在西方中学中并不普遍，即使有，其比重也远低于希腊文、拉丁文、修辞文法等古典学科的讲授。这时期的化学教科书通常也不注明适用于哪个教育层次。有些书注明适用于"Schools and Colleges"，

①Charles Coulston Gillispie（eds.），*Dictionary of Scientific Biography*，*Volume 14*（New York：Charles Scribner's Sons，1981），p. 394.

反而增加了辨认难度。也正是在 19 世纪中期，类似于现代科学教科书的一种特殊的文献类型被确立。

相比之下，美国在 19 世纪初期经历了从英国引入，从德国、法国等国家翻译教科书的阶段之后，开始自主探索和编写更适于本国教学的中学教科书。美国的化学教科书作者非常努力地设法让教科书变得更具可读性，更适于学习和教学。他们降低专业知识和理论知识的难度，强调实用价值，增设问题，采用不同的字体，改进插图，在教科书的编写上做出了许多创新①。表 2-1 是 19 世纪和 20 世纪初欧美的一些化学教科书书目信息。

表 2-1 19 世纪和 20 世纪初欧美部分化学教科书书目信息

书名	作者信息	出版概况
《理论与实用化学体系》（*System of Theoretical and Practical Chemistry*，1803）	［英］弗雷德里克·阿克姆（Fredrick Accum，1769—1838）	London：Printed on paper made of straw，共 2 卷
《化学谈话》（*Conversations on Chemistry*，1809）	［英］简·马舍特（Jane Marcet，1769—1858）	New Haven：From Sidney's Press for Increase Cooke & Co. 该书 1806 年在英国初版，在作者生前有 16 个英国版本，至少 23 个美国版本，还有法文、德文和意大利文版本。这里收录的是美国版本

①John A. Nietz, *The Evolution of American Secondary School Textbooks* (First Edition) (Rutland, Vermont：Charles E. Tuttle Company, Inc., 1966), pp. 149 - 150.

续表

书名	作者信息	出版概况
《化学手册》（*A Manual of Chemistry*，1821）	［英］威廉·托马斯·布兰德（William Thomas Brande，1788—1866）	该书副标题为"包含了科学的主要事实，按照它们在英国皇家学院讲座中讨论和说明的顺序排列（containing the principal facts of the science, arranged in the order in which they are discussed and illustrated in the lectures at the Royal Institution of Great Britain）"，第 2 版，共 3 卷
《化学基础：按照耶鲁大学讲课的顺序》（*Elements of Chemistry, in the Order of the Lectures Given in Yale College*，1830、1831）	［美］本杰明·西利曼（Benjamin Silliman，1779—1864）	New Haven：Hezekiah Howe. 第 1 卷 1830 年出版，第 2 卷 1831 年出版
《化学基础》（*Elements of Chemistry*，1831）	［美］约翰·李·康斯托克（John Lee Comstock，1789—1858）	Hartford：D. F. Robinson & Co.
《化学基础：学校和学院用》（*Elements of Chemistry, for the Use of Schools and Academies*，1835）	［美］莱纳德·盖尔（Leonard D. Gale，1800—1883）	New York：M'Elrath & Bangs
《基础化学手册：理论和实践》（*A Manual of Elementary Chemistry：Theoretical and Practical*，1844）	［英］乔治·福恩斯（George Fownes，1815—1849）	London：John Churchill. 该书分为物理学、非金属元素化学、金属化学、有机化学 4 个部分

续表

书名	作者信息	出版概况
《基础化学：理论与实践》（*Elementary Chemistry：Theoretical and Practical*，1845）	［英］乔治·福恩斯（George Fownes），［美］罗伯特·布里奇斯（Robert Bridges，1806—1882）编译	Philadelphia：Lea & Blanchard. 此书是 *A Manual of Elementary Chemistry：Theoretical and Practical*（1844）一书的美国版本，分为物理学、非金属元素化学、金属化学、有机化学4个部分
《大专院校用化学第一原理》（*First Principles of Chemistry，for the Use of Colleges and Schools*，1847）	［美］小本杰明·西利曼（Benjamin Silliman Junior，1816—1885）	Philadelphia：Loomis & Peck；Boston：Crocker & Brewster；New Haven：Durrie & Peck
《初级化学入门》（*Rudimentary Chemistry，for the Use of Beginners*，1848）	［英］乔治·福恩斯（George Fownes）	London：John Weale
《化学课本》（*A Class-Book of Chemistry*，1851）	［美］爱德华·利文斯顿·尤曼斯（Edward Livingston Youmans，1821—1887）	New York：D. Appleton & Company
《化学》（*Chemistry*，1863）	［英］威廉·托马斯·布兰德（William Thomas Brande）、［英］阿尔弗雷德·斯温·泰勒（Alfred Swaine Taylor，1806—1880）	Philadelphia，Blanchard and Lea
《基础化学课程》（*Lessons in Elementary Chemistry*，1866）	［英］亨利·罗斯科（Henry Roscoe，1833—1915）	London：Macmillan and Co.

续表

书名	作者信息	出版概况
《基础化学课程：无机与有机》（*Lessons in Elementary Chemistry：Inorganic and Organic*，1867）	［英］亨利·罗斯科（Henry Roscoe）	New York：WM. Wood & Co.，M. D. Publishers
《化学哲学第一原理》（*First Principles of Chemical Philosophy*，1868）	［美］约西亚·帕林斯·库克（Josiah Parsons Cooke，1827—1894）	Cambridge：Welch，Bigelow，and Company
《14周化学教程》（*A Fourteen Weeks Course in Chemistry*，1868）	［美］乔尔·多曼·史砥尔（Joel Dorman Steele，1836—1886）	New York：A. S. Barnes & Co.
《化学教材：对这门科学的基本原理的一种现代系统解释，适用于高中和学院》（*A Text Book of Chemistry，a Modern and Systematic Explanation of the Elementary Principles of the Science，Adapted to Use in High Schools and Academies*，1869）	［美］勒·罗伊·库利（Le Roy C. Cooley，1833—1916）	New York：Charles. Scribner & Company
《近代化学导论》（*Einleitung in Die Moderne Chemie*，1871）	［德］奥古斯特·威廉·霍夫曼（August Wilhelm von Hofmann，1818—1892）	Braunschweig：Druck und Verlag von Friedrich Vieweg und Sohn，1866年初版
《化学（科学启蒙）》［*Chemistry（Science Primer）*，1872］	［英］亨利·罗斯科（Henry Roscoe）	New York：D. Appleton and Company

续表

书名	作者信息	出版概况
《中学化学基础》（*Elements of Chemistry: For Common and High Schools*，1873）	［美］勒·罗伊·库利（Le Roy C. Cooley）	New York：Scribner，Armstrong & Company
《化学14周》（*Fourteen Weeks in Chemistry*，1873）	［美］乔尔·多曼·史砥尔（Joel Dorman Steele）	New York and Chicago：A. S. Barnes and Company
《家校通用化学手册》［*Handbook of Chemistry（for School and Home Use）*，1874］	［美］威廉·詹姆斯·罗尔夫（William James Rolfe，1827—1910）、［美］约瑟夫·安东尼·吉列特（Joseph Anthony Gillet，1837—1908）	New York and Chicago：Woolworth，Ainsworth & Co.
《化学基础》（*The Elements of Chemistry*，1878）	［美］西德尼·奥古斯都·诺顿（Sidney Augustus Norton，1835—1918）	Cincinnati and New York：Van Antwerp，Bragg &Co.
《新化学》（*The New Chemistry*，1878）	［美］约西亚·帕林斯·库克（Josiah Parsons Cooke	New York：D. Appleton and Company
《化学论》（*A Treatise on Chemistry*，1878、1879、1880、1882、1884、1887、1888、1889、1892）	［英］亨利·罗斯科（Henry Roscoe）、［德］卡尔·肖莱马（Carl Schorlemmer）	New York：D. Appleton and Company，第1卷论述非金属元素，1878年出版。第2卷第1部分论述金属，1879年出版。第2卷第2部分继续论述金属，1880年出版。第3卷第1部分1882年出版，第3卷第2部分1884年出版，第3卷第3部分1887年出版，第3卷第4部分1888年出版，第3卷第5部分1889年出版，第3卷第6部分1892年出版

续表

书名	作者信息	出版概况
《高中和专科学校用化学新教材》（*The New Text-Book of Chemistry*, *for Use in High Schools and Academies*，1881）	［美］勒·罗伊·库利（Le Roy C. Cooley）	New York, Cincinnati, Chicago：American Book Company. 1869 年初版
《化学——大众科学初级读本》（*Chemistry*, *Science Primers for the People*，1883）	［英］威廉·奥德林（William Odling, 1829—1921）	London and New York：Ward，Lock，and Co.
《化学基础》（*The Elements of Chemistry*，1884）	［美］弗兰克·威格尔斯沃斯·克拉克（Frank Wigglesworth Clarke, 1847—1931）	New York：D. Appleton and Company
《无机化学》（*Inorganic Chemistry*，1884）	［英］爱德华·弗兰克兰（Edward Frankland, 1825—1899）、［英］弗朗西斯·罗伯特·雅普（Francis Robert Japp, 1848—?）	London：J. & A. Churchill
《初级化学入门指南》（*A Guide to Elementary Chemistry for Beginners*，1886）	［美］勒·罗伊·库利（Le Roy C. Cooley）	New York, Cincinnati, Chicago：American Book Company
《化学学习入门》（*An Introduction to the Study of Chemistry*，1886）	［美］艾拉·雷姆森（Ira Remsen）	New York：Henry Holt and Company，*American Science Series*，*Briefer Course*
《化学基础：给初学者的教科书》（*The Elements of Chemistry：A Text-Book for Beginners*，1887）	［美］艾拉·雷姆森（Ira Remsen）	*American Science Series*，*Elementary Course*，1886 年初版

续表

书名	作者信息	出版概况
《基础化学》（*Elementary Chemistry*，1887）	［英］帕蒂森·穆尔（Pattison Muir，1848—1931）、［英］查尔斯·斯莱特（Charles Slater，1856—1940）	Cambridge：Cambridge University Press
《大众化学》（*A Popular Chemistry*，1887）	［美］乔尔·多曼·史砥尔（Joel Dorman Steele）	New York，Cincinnati，Chicago：American Book Company
《基础化学教科书》（*An Elementary Textbook of Chemistry*，1890）	［美］威廉·吉尔伯特·米克斯特（William Gilbert Mixter，1846—1936）	New York：John Wiley & Sons，第三次修订版
《化学科学导论》（*Introduction to Chemical Science*，1891）	［美］威廉姆斯·鲁弗斯·菲利普斯（Williams Rufus Phillips，1851—1911）	Boston，U. S. A.：Ginn & Company
《无机化学体系》（*A System of Inorganic Chemistry*，1891）	［英］威廉·莱姆塞（William Ramsay，1852—1916）	London：J. & A. Churchill
《无机化学教材》（*A Text-Book of Inorganic Chemistry*，1894）	［英］乔治·塞缪尔·纽斯（George Samuel Newth，（1851—1936）	London and New York：Longmans Green & Co.
《无机化学》（*Inorganic Chemistry*，1895）	［美］艾拉·雷姆森（Ira Remsen）	修订 4 版，New York：Henry Holt and Company，*American Science Series*（*Advanced Course*），1889 年初版
《化学课程：无机、有机和生物》（*Cours de Chimie：Minérale，Organique et Biologique*，1895、1896）	［法］阿曼德·戈蒂埃（Armand Gautier，1837—1920）	Paris：G. Masson，Éditeur，第 1 卷论述矿物化学，1895 年出版（第 2 版），第 2 卷论述有机化学，1896 年出版（第 2 版）

续表

书名	作者信息	出版概况
《大学化学教科书》（*A College Text-Book of Chemistry*，1903）	［美］艾拉·雷姆森（Ira Remsen）	New York：Henry Holt and Company，1901 年初版
《基础化学学习》（*An Elementary Study of Chemistry*，1905）	［美］威廉·麦克弗森（William McPherson，1864—1951）、［美］威廉·爱德华·亨德森（William Edwards Henderson，1870—?）	Columbus，Ohio：Chemical Laboratory of the Ohio State University，该书于 1906 年和 1917 年修订出版
《实用化学：现代生活的基本事实与应用》（*Practical Chemistry：Fundamental Facts and Applications to Modern Life*，1922）	［美］牛顿·亨利·布莱克（Newton Henry Black，1874—1961）、［美］詹姆斯·布顿恩特·科南特（James Bryant Conant，1893—1978）	New York：The Macmillan Company，1920 初版
《中学教科书·化学及其用途》（*Chemistry and Its Uses：A Textbook for Secondary Schools*，1923）	［美］威廉·麦克弗森（William McPherson）、［美］威廉·爱德华·亨德森（William Edwards Henderson	Boston，New York，Chicago，London，Atlanta，Dallas，Columbus，San Francisco：Ginn and company

下面从表 2-1 中挑选一些在元素分类或目录编排上有一定特色的化学教科书进行评介。

（1）罗斯科的《基础化学课程：无机与有机》（1867）。此书出版于元素周期律的发现之前，把金属元素分为 11 类，"类"的英文名称为 class。

第一类金属元素为碱金属，包括钾、钠、铯、铷、锂、铵离子。第二类为碱土金属，包括钙、锶、钡。第三类为土金属，包括铝、铍、锆、钛、钇、铒、铈、镧，钕镨化合物（Didymium）①。第四类为锌类（Zinc class），包括镁、锌、镉。第五类为铁类，包括锰、铁、钴、镍、铬、铀、铟。第六类为锡类，包括锡、钛、铌、钽。第七类为钨类，包括钼、钒、钨。第八类为砷类，包括砷、锑、铋。第九类为铅类，包括铅和铊。第十类为银类，包括铜、汞、银。第十一类为黄金类，包括金、铂、钯、铑、钌、铱、锇②。

（2）罗尔夫和吉列特合著的《家校通用化学手册》（1874）。本书的金属按用途分类。第一类为最有用的金属，包括铁、铅、铜、锡、锌。第二类为贵金属，包括汞、银、金、铂，它们之所以被称为贵金属，是因为它们不生锈，即不与空气中的氧在常温下化合。第三类为不那么有用的（less useful）金属，包括钠、镁、铝、锑、铋、镍，虽然它们的化合物有最大的重要性，但它们几乎不在金属态下被使用。第四类为不在自由态使用、但它们的盐类有价值的金属（metals not used in a free state，but valuable for their salts），包括钾、钙、锶、钡、锰、铬、钴。第五类为稀有金属，包括镉、铱、钨、铀③。

（3）诺顿的《化学基础》（1878）。本书的特别之处是按照化合价进行元素分类，完全没有提及元素周期律，也没有按照元素周期律分类。元素分类的对应英文词汇为 group，不同于罗斯科所使用的 class。书中部分目录见表 2-2。

----

①Didymium 是瑞典化学家卡尔·莫桑德（Carl Mosander，1797—1858）于 1841 年发现的一种新元素，但在 1885 年被奥地利化学家卡尔·奥尔·冯·威尔斯巴赫（Carl Auer von Welsbach，1858—1929）证明是一种伪元素，它实际上是钕和镨的混合物。

②Henry E. Roscoe, *Lessons in Elementary Chemistry：Inorganic and Organic*（London：Macmillan and Co.，1867），pp. 149 - 151.

③William James Rolfe, Joseph Anthony Gillet, *Handbook of Chemistry（for School and Home Use）*（New York and Chicago：Woolworth, Ainsworth, &. Co.，1874），p. 90.

表 2-2　诺顿《化学基础》(1878) 部分目录

目录原文	目录译文
Chapter Ⅴ　The Chlorine Group	第五章　氯族
Chapter Ⅵ　The Sulphur Group	第六章　硫族
Chapter Ⅶ　The Nitrogen Group	第七章　氮族
Chapter Ⅷ　Boron	第八章　硼
Chapter Ⅸ　The Carbon Group	第九章　碳族
Chapter Ⅺ　The Alkali Metals	第十一章　碱金属
Chapter Ⅻ　The Dyad Metals	第十二章　二价金属
Chapter ⅩⅢ　The Triad Metals	第十三章　三价金属
Chapter ⅩⅣ　The Tetrad Metals	第十四章　四价金属
Chapter ⅩⅤ　The Hexad Metals	第十五章　六价金属

(4) 克拉克的《化学基础》(1884)。虽然该书第十九章"金属导论"(Introductory to the Metals) 中提到了门捷列夫的元素周期律，但在第二十至第三十一章并未严格按照元素周期律分类来论述金属元素。元素分类的对应英文词汇也为 group。书中部分目录见表 2-3。

表 2-3　克拉克《化学基础》(1884) 部分目录

目录原文	目录译文
Chap.	
Ⅲ　Hydrogen	第三章　氢
Ⅳ　Oxygen	第四章　氧
Ⅴ　Water	第五章　水
Ⅵ　Nitrogen and the Atmosphere	第六章　氮与大气
Ⅸ　Carbon	第九章　碳
Ⅹ　Carbon (continued)	第十章　碳(续)
ⅩⅢ　The Chlorine Group	第十三章　氯族
ⅩⅣ　The Chlorine Group (continued)	第十四章　氯族(续)
ⅩⅤ　Sulphur	第十五章　硫
ⅩⅥ　Sulphur (continued)	第十六章　硫(续)
ⅩⅦ　Phosphorus	第十七章　磷

续表

目录原文	目录译文
XVIII　Arsenic，Boron，and Silicon	第十八章　砷、硼和硅
XIX　Introductory to the Metals	第十九章　金属导论
XX　The Metals of the Alkalies	第二十章　碱金属
XXI　Silver and Thallium	第二十一章　银和铊
XXII　Calcium，Strontium，and Barium	第二十二章　钙、锶和钡
XXIV　Glucinum，Magnesium，Zinc，Cadmium，and Mercury	第二十四章　铍、镁、锌、镉和汞
XXV　The Aluminum Group	第二十五章　铝族
XXVI　The Tetrad Metals	第二十六章　四价金属
XXVII　The Antimony Group	第二十七章　锑族
XXVIII　The Chromium Group	第二十八章　铬族
XXIX　Manganese and Iron	第二十九章　锰和铁
XXX　Nickel，Cobalt，and Copper	第三十章　镍、钴和铜
XXXI　Gold，and the Platinum Group	第三十一章　金和铂族

在第二十八章中，铬族包括铬、钼、钨、铀 4 种元素，它们在该书周期表中被列为第六族。第二十九章的标题虽然为"锰和铁"，但是该章起首就说"锰、铁、镍、钴是如此紧密相关以至于它们可以合理地被称作铁族金属。"① 不过锰在该书周期表中被列为第七族，铁、镍、钴属于第八族，因此铁族与周期表的分类不一致。对比罗斯科的《基础化学课程：无机与有机》（1868）中的分类，可以发现二书的分类颇不相同。如罗斯科的铁类涵盖了锰、铁、钴、镍、铬、铀、铟 7 种元素，既包括了克拉克的铁族元素，也包括了他的部分铬族元素铬和铀。

（5）雷姆森的《化学学习入门》（1886）。该书作者雷姆森为美国化学家，约翰霍普金斯大学首任化学教授、第二任校长，糖精的发明

①F. W. Clarke. *The Elements of Chemistry*（New York：D. Appleton and Company，1884），p. 263.

者之一；1870 年在德国哥廷根大学获博士学位，是 19 世纪下半叶多产的化学教科书作者之一。该书有很多版本。该书先论述氧、氢，再论述水；先论述氮，再论述空气。目录中使用的元素分类词汇为 family，不是 class，也不是 group。在该书最后一章第二十六章中，引入了门捷列夫的元素周期律，但全书并未严格按照元素周期律的分类来组织。书中部分目录见表 2-4。

表 2-4　雷姆森《化学学习入门》（1886）部分目录

目录原文	目录译文
Chapter Ⅱ　Chemical Phenomena Presented by Oxygen	第二章　氧呈现的化学现象
Chapter Ⅲ　Hydrogen	第二章　氢
Chapter Ⅳ　Combination of Hydrogen and Oxygen—Water	第四章　氢和氧的化合——水
Chapter Ⅴ　Chlorine and Its Compounds with Hydrogen and Oxygen	第五章　氯及其与氢和氧的化合物
Chapter Ⅶ　Nitrogen, Air	第七章　氮、空气
Chapter Ⅷ　Compounds of Nitrogen with Hydrogen and Oxygen	第八章　氮及其与氢和氧的化合物
Chapter Ⅸ　Carbon	第九章　碳
Chapter Ⅹ　Compounds of Carbon with Hydrogen, with Oxygen, and with Nitrogen	第十章　碳与氢、与氧及与氮的化合物
Chapter Ⅻ　Classification of the Elements	第十二章　元素分类
Chapter ⅩⅢ　The Chlorine Family：Chlorine, Bromine, Iodine, Fluorine	第十三章　氯族：氯、溴、碘、氟
Chapter ⅩⅣ　The Sulphur Family：Sulphur, Selenium, Tellurium	第十四章　硫族：硫、硒、碲
Chapter ⅩⅤ　The Nitrogen Family：Nitrogen, Phosphorus, Arsenic, and Antimony	第十五章　氮族：氮、磷、砷和锑

续表

目录原文	目录译文
Chapter ⅩⅥ The Carbon Family：Carbon and Silicon	第十六章　碳族：碳和硅
Chapter ⅩⅧ The Potassium Family：Lithium, Sodium, Potassium, Caesium, Rubidium（Ammonium）	第十八章　钾族：锂、钠、钾、铯、铷（铵）
Chapter ⅩⅨ The Calcium Family：Calcium, Barium, Strontium, Beryllium	第十九章　钙族：钙、钡、锶、铍
Chapter ⅩⅩ The Magnesium Family：Magnesium, Zinc, Cadmium	第二十章　镁族：镁、锌、镉
Chapter ⅩⅩⅠ The Copper Family：Copper, Mercury, Silver	第二十一章　铜族：铜、汞、银
Chapter ⅩⅩⅡ The Aluminium Family：Aluminium, Gallium, Indium, Thallium, Scandium, Yttrium, Lanthanum, and Ytterbium	第二十二章　铝族：铝、镓、铟、铊、钪、钇、镧和镱
Chapter ⅩⅩⅢ The Iron Family：Iron, Cobalt, Nickel	第二十三章　铁族：铁、钴、镍
Chapter ⅩⅩⅣ Manganese, Chromium, Uranium, Bismuth	第二十四章　锰、铬、铀、铋
Chapter ⅩⅩⅤ The Lead Family：Lead, Tin, Platinum, Gold	第二十五章　铅族：铅、锡、铂、金
Chapter ⅩⅩⅥ General Considerations, Natural Groups of Elements, Conclusion	第二十六章　概述、元素的自然分类、结论

　　（6）史砥尔的《大众化学》（1887）。该书作者史砥尔是 19 世纪末美国著名的教科书作家、教育家。该书是在史砥尔 1868 年初版的《14 周化学教程》基础上修改而成，分导言、无机化学、有机化学 3 个部分。无机化学部分先论述非金属，再论述金属。书中没有介绍元素周期律，关于元素的知识介绍大多是逐个论述的。无机化学部分目录见表 2 - 5。

表 2-5 史砥尔《大众化学》(1887) 无机化学部分目录

目录原文	目录译文
Ⅱ. Inorganic Chemistry	Ⅱ. 无机化学
1. The Non-metals	1. 非金属
Oxygen，Ozone	氧、臭氧
Weighing and Measuring Gases	称量和测量气体
Nitrogen，Nitric Acid，Nitrous Oxide，etc.	氮、硝酸、氧化亚氮等
Hydrogen，Water，etc.	氢、水等
Carbon，Carbon Dioxide，Coal-Gas，etc.	碳、二氧化碳、煤气等
Combustion	燃烧
The Atmosphere	大气
The Halogens，Chlorine，Hydrochloric Acid，Acids，Bases，Salts，Bromine，Iodine，Fluorine	卤素、氯、氢氯酸、酸、碱、盐、溴、碘、氟
Sulphur，Sulphuric Acid，etc.	硫、硫酸等
Valence	化合价
Phosphorus，Matches，etc.	磷、火柴等
Arsenic	砷
Boron	硼
Silicon，Glass，etc.	硅、玻璃等
2. The Metals	2. 金属
Potassium	钾
Sodium	钠
Ammonium	铵
Calcium	钙
Strontium and Barium	锶和钡
Magnesium	镁
Aluminium，Clay	铝、黏土
Spectrum Analysis	光谱分析
Iron，Steel，Bessemer's Process，etc.	铁、钢、贝塞麦工艺等
Zinc	锌
Tin	锡
Copper	铜
Lead	铅

续表

目录原文	目录译文
Gold	金
Silver，Photography，etc.	银、摄影术等
Platinum	铂
Mercury，Mirrors，etc.	水银、镜子等
The Alloys	合金
Review of the Properties of the Metals	金属性质评述

（7）穆尔与斯莱特合著的《基础化学》（1887）。该书第十八章论述"周期律"（The Periodic Law），第十九至第二十六章的标题都以元素周期律的分族为题命名，分别为"第二族元素"（The Elements of Group Ⅱ）、"第四族元素"（The Elements of Group Ⅳ）、"第五族元素"（The Elements of Group Ⅴ）、"第一族元素"（The Elements of Group Ⅰ）、"第七族元素"（The Elements of Group Ⅶ）、"第三族元素"（The Elements of Group Ⅲ）、"第六族元素"（The Elements of Group Ⅵ）、"第八族元素及周期律概述"（The Elements of Group Ⅷ，and Recapitulation of the Periodic Law）。这是比较早的严格按照元素周期律的分类来编写的教科书。

（8）米克斯特的《基础化学教科书》（1890）。该书先以 45 页的篇幅论述化学的物理学（Physics of Chemistry），紧接着从第 46 至第 447 页集中论述化学。化学部分完全按照元素周期律的分类来组织，元素周期律放在全书末尾引入，目录见表 2-6。

表 2-6　米克斯特《基础化学教科书》（1890）化学部分目录

目录原文	目录译文
Elements，Atoms，Classification	元素、原子、分类
Seventh Group	第七族
Valence	化合价

续表

目录原文	目录译文
First Group	第一族
Spectral Analysis	光谱分析
First Group（Continued）	第一族（续）
Sixth Group	第六族
Sixth Group（Continued）	第六族（续）
Bases，Acids，and Salts	碱、酸和盐
Sixth Group（Continued）	第六族（续）
Second Group	第二族
Fifth Group	第五族
Third Group	第三族
Fourth Group	第四族
Eighth Group	第八族
Atomic Theory	原子论
Periodic Law	周期律

（9）莱姆塞的《无机化学体系》（1891）。该书序言说道："自从纽兰兹、门捷列夫和迈耶发现元素的周期排列以来，将近 25 年过去了。尽管它提供并明显导向一个类似分类（笔者注：指有机化学家对碳化合物的分类），然而以元素周期排列为基础的系统教科书尚未用英文撰写出来。"① 莱姆塞认为造成这一现象的原因有三点：第一，恪守古老的对非金属与金属的武断划分；第二，过分强调酸性氢氧化物和碱性氢氧化物（酸和碱）的差别，忽视了它们本质上同属于一类化合物，即氢氧化物；第三，商业考虑，教科书通常提供对于商业有重要性的化合物的制备方法，而忽略从科学角度来看的重要方法。该书共 9 个部分，700 余页。第二部分专论元素，各章标题直接以 Group 1,

---

①William Ramsay, *A System of Inorganic Chemistry*（London：J. & A. Churchill，1891），Preface，p. v.

Group 2……Group 16 命名。但莱姆塞也称他没有严格遵守元素周期律的分类，比如他把铜、银、金、汞都放到 Group 16 讨论，因为他认为如果根据元素周期律进行分类，这些元素的相似性就被掩盖了。

与莱姆塞共同于 1898 年 7 月发现氙的英国化学家莫里斯·特拉维斯（Morris W. Travers，1872—1961）曾评价过元素周期律在英国的接受情况及用于教学的情况："周期律在 1894 年被普遍接受了。然而自纽兰兹最先提出八音律以来，已经 30 年过去了；自门捷列夫证实纽兰兹的猜想并对他们的元素分类体系进行更为细致的说明以来，已经 25 年过去了。元素分类体系的重要性绝没有被充分认识到。莱姆塞可能是本国第一个把演讲课程建立在元素周期分类基础上的教师，他认为这一分类是关于化学的最重要的概括。"[1]

事实上，上面提到的穆尔与斯莱特合著的《基础化学》（1887）比莱姆塞的《无机化学体系》更早采用元素周期律作为组织原则。

（10）纽斯的《无机化学教材》（1894）。该书序言中提到，在写一本以元素周期分类为主导的初等化学书时，立即遇到了困难。因此，从门捷列夫发现元素周期律以来，过去了 25 年，他的分类方法也没有被英文初等教科书广泛采纳。作者说，他企图消除这些困难，同时仍然将此书建立在周期体系的基础之上[2]。该书分为三部分。第一部分简要概述现代化学建立的基本原理和理论。第二部分探究 4 种典型元素氢、氧、氮和碳及其较为重要的化合物。在第三部分，元素根据周期分类被系统地加以研究。第三部分的标题为"基于周期分类的元素系统研究"（Part Ⅲ：The Systematic Study of the Elements, Based Upon the Periodic Classification）。第三部分的目录见表 2-7。

---

[1]Kaji M.，Kragh H.，Palló G.（eds.），*Early Responses to the Periodic System* (New York：Oxford University Press，2015)，p. 85.

[2]George Samuel Newth，*A Text-Book of Inorganic Chemistry* (London and New York：Longmans，Green & Co，1894)，Preface，p. v.

表2-7 纽斯《无机化学教材》（1894）第三部分目录

目录原文	目录译文
Ⅰ.Elements of Group Ⅶ. (Family B.) Fluorine—Chlorine—Bromine—Iodine	1. Ⅶ族元素（B属）：氟、氯、溴、碘
Ⅱ.Elements of Group Ⅵ. (Family B.) Sulphur—Selenium—Tellurium	2. Ⅵ族元素（B属）：硫、硒、碲
Ⅲ.Elements of Group Ⅴ. (Family B.) Phosphorus—Arsenic—Antimony—Bismuth	3. Ⅴ族元素（B属）：磷、砷、锑、铋
Ⅳ.Elements of Group Ⅰ. (Family A.) Potassium—Sodium—Lithium—Rubidium—Ammonium Salts	4. Ⅰ族元素（A属）：钾、钠、锂、铷、铵盐
Ⅴ.Elements of Group Ⅰ. (Family B.) Copper—Silver—Gold	5. Ⅰ族元素（B属）：铜、银、金
Ⅵ.Elements of Group Ⅱ. (Family A.) Beryllium—Magnesium—Calcium—Strontium—Barium	6. Ⅱ族元素（A属）：铍、镁、钙、锶、钡
Ⅶ.Elements of Group Ⅱ. (Family B.) Zinc—Cadmium—Mercury	7. Ⅱ族元素（B属）：锌、镉、汞
Ⅷ.Elements of Group Ⅲ. Family A.：Scandium—Yttrium—Lanthanum—Ytterbium. Family B.：Boron—Aluminium—Gallium—Indium—Thallium.	8. Ⅲ族元素 A属：钪、钇、镧、镱 B属：硼、铝、镓、铟、铊
Ⅸ.Elements of Group Ⅳ. Family A.：Titanium—Zirconium—Cerium—Thorium. Family B.：Silicon—Germanium—Tin—Lead.	9. Ⅳ族元素 A属：钛、锆、铈、钍 B属：硅、锗、锡、铅
Ⅹ.Elements of Group Ⅴ. (Family A.) Vanadium—Niobium—Tantalum	10. Ⅴ族元素（A属）：钒、铌、钽
ⅩⅠ.Elements of Group Ⅵ. (Family A.) Chromium—Molybdenum—Tungsten—Uranium	11. Ⅵ族元素（A属）：铬、钼、钨、铀

续表

目录原文	目录译文
XII. Elements of Group VII. (Family A.) Manganese	12. VII族元素（A属）：锰
XIII. Transitional Elements of the First Long Period. Iron—Cobalt—Nickel	13. 第一长周期过渡元素：铁、钴、镍
XIV. Transitional Elements of the Second and Fourth Long Period. Ruthenium—Rhodium—Palladium—Osmium—Iridium—Platinum	14. 第二和第四长周期过渡元素：钌、铑、钯、锇、铱、铂

　　（11）戈蒂埃的《化学课程：无机、有机和生物》（1895）。该书把非金属元素按照原子价进行分类，共分5族（图2-2）。第1族为一原子非金属元素，包括氟、氯、溴、碘。第2族为二原子非金属元素，包括氧、硫、硒、碲。第3族为三原子非金属元素，包括硼。第4族为三原子和五原子非金属元素，包括氮、磷、砷、锑、钒、铌、钽。第5族为四原子非金属元素，包括碳、硅、锗。

1ʳᵉ FAMILLE — Métalloïdes monatomiques généralement électro-négatifs (Chloroïdes)	2ᵉ FAMILLE — Métalloïdes diatomiques (Sulfoïdes)	3ᵉ FAMILLE — Métalloïde triatomique	4ᵉ FAMILLE — Métalloïdes triatomiques et pentatomiques (Phosphoïdes)	5ᵉ FAMILLE — Métalloïdes tétratomiques (Silicoïdes)
Fluor *Chlore* *Brome* *Iode*	*Oxygène* *Soufre* *Sélénium* *Tellure*	*Bore*	*Azote* *Phosphore* *Arsenic* *Antimoine* — *Vanadium* *Niobium* *Tantale*	*Carbone* *Silicium* *Germanium*

图2-2　非金属元素按照原子价进行分类①

————————

① Armand Gautier, *Cours de Chimie Minérale*, *Organique et Biologique*（Paris：G. Masson, Éditeur, 1895），p. 44.

综上所述，西方化学教科书目录中元素分类的方式多种多样，关于元素分类所使用的词汇有 class、group、family 等。在中文化学教科书中，它们被译成"类""族""属"等，易让人误会成元素周期律分类。譬如，雷姆森的《化学学习入门》（1886）中的第二十一章为"The Copper Family：Copper，Mercury，Silver"，译成中文则为"铜族：铜、汞、银"，而元素周期表中的铜族元素则为铜、银、金。后文将要讨论的许多中文化学教科书中的"铜族元素"所指并不一致，这与西方化学教科书本身在用语上不一致有关。

第二节　日本近代化学教科书概况

明治维新初期，许多流行的欧美化学教科书被译成日文。如金子精一翻译的《化学之始》（1875），原著作者为英国化学家亨利·罗斯科，吉冈哲太郎与植田丰橘合译的《化学书·上》（1888）与《化学书·下》（1889）、平野一贯翻译的《中化学无机编·上》（1893）与《中化学无机编·下》（1894），原著作者皆为美国化学家雷姆森。

19 世纪 90 年代，西方国家普遍接受了元素周期律。在这个时期前后，诞生了一批由日本化学家自主编写的日文化学教科书。代表性的教科书作者有高松丰吉、吉田彦六郎、池田菊苗、大幸勇吉、龟高德平等。他们早年毕业于东京大学，后来留学德国、英国等国家，也是日本早期的化学家。东京大学最早的化学教师如英国人阿特金森等都是日本政府花高薪从国外聘请，后来则由留学欧美的日本化学家担任。如 1881 年回国接替阿特金森教席职位的樱井锭二在英国 UCL 留学 5 年，其导师威廉姆森也是阿特金森曾经的导师，樱井锭二在东京大学求学时也是阿特金森的学生。当时，欧美各国之间学术交流十分常见，以至于如果想要追溯日本中学化学教科书知识体系之来源的话，英国、德国、法国、美国诸国的影响皆不可忽视，且在很多时候，这些影响错综复杂，难以辨认。

在日本，最早公开提及元素周期律的例子之一是阿特金森于1879年4月19日在东京化学会首届年会上发表的关于元素理论之历史的演讲。不过，他提到的不是门捷列夫，而是迈耶论述原子量和原子体积之间关系的论文。日本首次提及门捷列夫元素周期律者是留学美国哥伦比亚大学的松井直吉（1857—1911），他在1882年《东京化学会志》的一篇论文中把元素周期律解释为基于康尼扎罗新原子量的最新发现①。

当上述日本化学家在19世纪90年代开始用本国文字自主编写中学化学教科书时，门捷列夫的元素周期律在英国、美国等西方国家已被广泛接受，许多教科书中都提及元素周期律，虽然它们在建构知识体系时不一定以元素周期律的分类为准则。此时期的日文化学教科书大多也提及元素周期律，在目录的元素分类上，也呈现出跟西方国家类似的各行其是之态。同一作者编撰的不同中等化学教科书，讲述元素的顺序和方式也不一样。下面略举数例说明。

一、吉田彦六郎

吉田彦六郎（1859—1929），日本近代化学家，广岛人。1880年毕业于东京大学理学部化学科，导师是阿特金森。1881—1886年任职于农商务省地质调查所。1884年因研究漆化学而闻名。1878年日本化学会成立，出版了《日本化学会会志》，刊登了许多优秀论文，吉田彦六郎的《漆的化学研究》就是其中一篇。1886年任东京帝国大学科学

①Masanori Kaji，"Chemical Classification and the Response to the Periodic Law of Elements in Japan in the Nineteenth and Early Twentieth Centuries," in，Kaji M.，Kragh H.，Palló G.（eds.）*Early Responses to the Periodic System*（New York：Oxford University Press，2015），pp. 283 - 304.

院（College of Science）副教授。1891 年获理学博士学位。1892 年任学习院大学（一所贵族大学）教授。1896 年任第三高等学校（京都的三年制文理学院）教授。1898 年被派送德国深造 2 年。回国后任京都帝国大学教授，1913 年辞职。

吉田彦六郎出版过许多化学教科书，有 1893 年的《中等化学教科书》、1897 年的《新编化学教科书》、1902 年的《化学新教科书》等。这些书都再版多次，书名虽略有不同，但各书内容组织大相径庭。如《中等化学教科书》（1893）在讲述氧、氢、氯 3 种元素后引入元素周期律，后续章目录严格按照元素周期律的分类论述元素，且章目录直接以"第 n 属元素"命名，n 为一、二……八。如第二十七章标题为"第四属元素の二"，包括"硅素族"和"铅族"，"属"的分类等级比"族"高。《新编化学教科书》（1897）没有讲述元素周期律，在章标题上并不使用"属"或"族"字，不凸显元素的分类思想。《化学新教科书》（1902）在非金属之后、金属之前讲述元素周期律，并用不完全按照元素周期律的分类方式来编写全书，在章标题上则使用了"族"字，突出了元素分类思想。

《中等化学教科书》（1893）分上下两卷，共计 1000 多页。其中，上卷正文 540 页，附录包括各章问题集 28 页和索引 21 页，合计 589 页；下卷正文 562 页（第 562 页是空白），附录包括各章问题集 40 页和索引 29 页，合计 631 页。对于中学用书来说，这个分量实在惊人。因此，吉田彦六郎后来编写的教科书《化学新教科书》（1902）大大删减了篇幅，正文 394 页（第 394 页是空白），附录 16 页（第 16 页是空白），总计 410 页，比《中等化学教科书》（1893）篇幅的一半还少（表 2-8）。同时，吉田彦六郎在该书中还对教材的内容排列进行了反思，认为在书的开端即讲授理论知识有失妥当："然今日之普通教育涵养，足与斯学之进步相追随者，尚未遍行于世，骤以高尚之理论，注入学生之脑里，得无扞格不相容之患欤。初窥其门，惊异于未曾闻见之事实，眩惑于推理之奇异，苦于端绪之不可捕捉，必有渐生厌弃之念者。是著者之所忧也。"① 虽然如此，吉田彦六郎在该书中仍然在讲授空气之前，首先介绍了一些基本的化学概念，如物理变化、化学变化、燃烧、化合与分解、化合物与混合物等。不过紧接着，吉田彦六郎讲述燃烧，然后讲空气，再讲氧、水。将燃烧放在空气和水前面讲解，有别于其他化学书。

吉田彦六郎的《中等化学教科书》（1893）尚未见到中文译本，跟篇幅太大不无关系。《化学新教科书》（1902）的中译本有杜亚泉本与何燏时本。中译本的目录组织元素的方式也相应地与日文底本一致。

表 2 - 8 吉田彦六郎的《中等化学教科书》（1893）

及《化学新教科书》（1902）部分目录对比

《中等化学教科书》（1893）	《化学新教科书》（1902）
第一章 緒論	第一章 物質及えねるぎー 物質ノ変化 燃焼
第二章 物質の組成 元素 化合物	第二章 化合ト分解 化合物及混合物
第三章 混合物及ひ化合物	第三章 空氣
第六章 元素の記号 化合物の式 化学方程式	第四章 物質及えねるぎーノ不滅
第七章 酸素	第五章 酸素
第八章 水素	第六章 水 水ノ組成
第九章 水	第七章 炭素ノ酸化物 炭素ノ循環
第一二章 塩素 塩化水素	第八章 窒素 窒素ト水素及酸素トノ化合物
第一五章 元素の天然分類法 週期律	第九章 塩化水素酸 塩素 王水
第一六章 第七属元素	第十七章 はろげん元素及其化合物

①杜亚泉：《化学新教科书》，商务印书馆，1906，4 版，原序第 7 页。

续表

《中等化学教科书》（1893）	《化学新教科书》（1902）
第一七章　第六属元素の一	第十八章　硫黄族元素及其化合物
第一八章　硫黄族元素の酸化物及ひ水 　　　　　酸化物	第二十章　燐族元素　燐及其化合物 　　　　　砒素及あんちもん
第一九章　第五属元素の一	
第二〇章　アンモニア	第二十一章　炭素　燃料　発火点　焔
第二一章　窒素の酸化物及ひ水酸化物	第二十四章　硅素及其化合物　硼素及 　　　　　　其化合物
第二二章　第五属元素の二	第二十八章　あるかり金属及其化合物
第二三章　燐族元素の酸化物及ひ水酸 　　　　　化物	第二十九章　あるかり土金属及其化合 　　　　　　物　すぺくとる分析
第二四章　第四属元素の一	
第二五章　炭化水素及ひ其分岐体	第三十章　銅族元素及其化合物
第二六章　炭素の酸化物及ひ水酸化物	第三十一章　亜鉛族元素及其化合物
第二七章　第四属元素の二	
第二八章　金属　電気分解	
第二九章　第一属元素　ポタシユム族 　　　　　即ちアルカリ金属	第三十二章　あるみにうむ及其化合物
第三一章　第一属元素　銅族	第三十三章　錫　鉛　蒼鉛及其化合物 第三十四章　くろむ、まんがん及其化 　　　　　　合物
第三二章　第二属元素　カルシユム族	
第三三章　第二属元素　マグ子シユム族	第三十五章　鉄族元素及其化合物　白金
第三四章　第二属元素　亜鉛族	
第三五章　第三属元素　アルミニユム族	
第三六章　第四属元素　錫族	
第三七章　第六属元素　クロム族	
第三八章　第七属元素　マンガン	
第三九章　第八属元素　鉄族	
第四〇章　第八属元素　パラヂユム 　　　　　族　白金族	

从表 2-8 可看出，两本书在元素分类上的不同，以及分类用语上
的一些混乱。其实，这些混乱原本在西方化学教科书中就存在。比如
在《中等化学教科书》（1893）中，铍、镁、锌、镉、汞均被划为第二
属元素，但铍、镁被称为镁族（マグ子シユム族），而锌、镉、汞被称
为亚铅族。在《化学新教科书》（1902）目录中，无"属"字用语，同
类元素一般使用"族"字；被称为亚铅族的元素是镁、锌、汞。

二、大幸勇吉

大幸勇吉（1867—1950），精于物理化学及分析化学。1889—1892
年就读于东京帝国大学理学部化学科，是樱井锭二的学生。此后执教
于熊本第五高等中学及高等师范学校。1899—1902 年留学德国，先后
师从莱比锡大学的奥斯特瓦尔德研究触媒作用的反应速度和哥廷根大
学的能斯特进行电化学研究。1903 年获理学博士学位，同年任东京大
学农学部讲师。1904—1927 年任京都帝国大学化学教授，1916 年兼理
学部学长，1927 年退休，1933 年被选为帝国学士院院士。

大幸勇吉的《近世化学教科书》颇为有名。1897 年 12 月初版，
正文 207 页，索引 12 页。1898 年 8 月订正再版，1899 年 7 月订正 6
版，1902 年 12 月订正改版发行，1903 年 3 月订正发行，1903 年 10
月改订发行。1904 年 1 月改订再版发行，正文 267 页，索引 16 页，
总计 283 页。该书较吉田彦六郎的《化学新教科书》（1902）410 页的
篇幅缩减不少。

大幸勇吉的《近世化学教科书》的不同版本在编排次序上有所不
同，不过总体特点是在讲完非金属和金属元素之后引入元素周期律，
以及在论述元素的章标题时，通常把元素名称并置，没有很明显的
"属""族"等分类词汇。该书有樊炳清的《近世化学教科书》（1903）、
王季烈的《最新化学教科书》（1906）和《改订近世化学教科书》
（1908）、尤金镛的《订正近世化学教科书》（1911）等多个译本。本书

第五章在探讨王季烈编译的教科书时，将对大幸勇吉《近世化学教科书》的有关版本做相应介绍，在此暂不论述。

三、龟高德平

龟高德平（1872—1935）是以编辑中等化学教科书而闻名的日本化学家，1897 年毕业于东京帝国大学理科大学（理学部）化学专业，跟大幸勇吉一样也是樱井锭二的学生。1898 年 9 月任仙台第二高等学校教授，1899 年 5 月任东京高等师范学校教授，1902 年到德国、英国留学，学习有机化学，1911 年 2 月获得理学博士学位。他编著有《有机化学（百科全书）》（1901）、《普通教育化学教科书》（1902）、《普通教育化学讲义实验书》（1902）、《普通教育化学教科书备考》（1902）、《化学与人生》（1915）等书，大部分在 20 世纪初被译成中文，其中《普通教育化学教科书》的译本颇多。

《普通教育化学教科书》在日本非常流行，1902 年 1 月 5 日初版，1902 年 3 月 17 日修正再版，1903 年 1 月 5 日修正第 3 版，1903 年 3 月 27 日修正第 4 版，1903 年 10 月 24 日修正第 5 版，1903 年 12 月 6 日订正第 6 版，1905 年 11 月 1 日修正第 7 版，1905 年 12 月 20 日订正第 8 版，1911 年 11 月 5 日修正第 9 版，1912 年 1 月 25 日订正第 10 版。

龟高德平《普通教育化学教科书》（1902 年 1 月初版）正文 272 页，比吉田彦六郎《化学新教科书》（1902）410 页的篇幅缩减了不少，跟大幸勇吉的《近世化学教科书》（1904）正文 267 页的篇幅相当。该书在编排顺序上有以下四个特点：第一，注重从日常可见的物质入手，再引入未知物质。"自生徒日常亲炙之物质，而用及于未知之物质"，"先述空气、水及此等之组成成分，次述盐类，又必先以食盐为其标本，后及于他盐类"。① 如按照空气、氧气、燃烧、氮气、水、氢气的顺序讲解。空气是常见物质，先讲空气；氧气和氮气是未知物质，后讲氧气和氮气。水是常见物质，先讲水；氢气是未知物质，后讲氢气。第二，对于金属元素的讲述顺序，也是从日常可见的金属入手，把陌生的碱金属元素放在最后讲解。"至金属之部，则以生徒最易知之重金属为始，最后述碱金属。"② 这是该书与其他书的不同之处。把该书论述的常见金属元素从各章中抽离出来，会发现有如下顺序：铜银金（第一章）→铁（第二章）→汞（第三章）→锡铅（第四章）。第三，元素周期律是在讲述非金属和金属元素后再引入，强调了周期律是从元素知识中归纳得来。第四，在元素归类的讲述上，与元素有关的章标题表述方式为"酸素、硫黄及ビ此等ノ化合物""锡、铅、蒼铅及ビ此等ノ化合物"等。这种用语避免了"属""族"等带有鲜明元素分类思想的词汇，使得在讲述非金属和金属元素之后引出元素周期律时，讨论"族"的概念更容易为学生所接受。龟高德平《普通教育化学教科书》（1902 年 1 月初版）部分目录如下。

---

① 龟高德平：《中学化学教科书》，虞和钦译，文明书局，1910，4 版，原书绪言第 1 页。

② 同①。

第八章　鹽化水素及ビ鹽素

第九章　あむもにや及ビ鹽化あむもにうむ

第十章　氣體反應ノ定律

第十一章　分子量及ビ原子量

第十二章　化学記号

第十三章　原子説、分子説

第十四章　原子價、構造式

第十五章　はろげん及ビはろげん化物

第十六章　酸素、硫黄及ビ此等ノ化合物

第十七章　窒素、燐、砒素あんちもん及ビ此等ノ化合物

第十八章　炭素、硅素、硼素及ビ此等ノ化合物

第十九章　溶液

第二十章　電解及ビ電離

第二編　金属

第一章　金属ノ物理的性質及ビ合金

第二章　銅、銀、金、白金及ビ此等ノ化合物

第三章　くろむ、まんがん、鉄、にっける、こばると及ビ此等ノ化合物

第四章　まぐねしうむ、亜鉛、かどみうむ、水銀及ビ此等ノ化合物

第五章　錫、鉛、蒼鉛及ビ此等ノ化合物

第六章　あるみにうむ及ビ其化合物

第七章　かるしうむ、すとろんちうむ、ばりうむ及ビ此等ノ化合物

第八章　りちうむ、なとりうむ、かりうむ、るびぢうむ、せしうむ及ビ此等ノ化合物

第九章　金属ノ化学的性質及ビ週期律

第三章
中国近代中学化学教科书概况

  1862 年，中国近代第一所新式学堂京师同文馆创办；1867 年，增设算学馆。1871 年，法国人毕利干来到北京。不久，京师同文馆开设了化学课程。这是我国近代官办化学教育之肇始。此后创建的新式学堂都设有化学课程，其水平与现在的初中化学相当或略低①。京师同文馆化学教习毕利干使用的教材有《化学指南》（1873）和《化学阐原》（1882）。前者由毕利干与京师同文馆学生联振合作完成，译自法国化学家福斯蒂诺·马拉古蒂（Faustino Malaguti，1802—1878）的《化学基础教程》（*Leçons Élémentaires de Chimie*，1853）；后者由毕利干口译、其学生承霖和王钟祥笔述，大概是从德国分析化学家卡尔·富里西尼乌斯（Carl R. Fresenius，1818—1897）的《定性化学分析手册》（*Anleitung zur Qualitativen Chemischen Analyse*，1841）之法文译本翻译过来②。《化学指南》和《化学阐原》中的元素译名采用意译方法，许多意译名往往由两个或两个以上的汉字拼凑而成，笔画繁多，书写极为不便，且没有发音，故其使用范围有限。

  清末流传广泛的化学教材当属徐寿和英国人傅兰雅合译的《化学鉴原》（1871），它为上海格致书院、湖南时务学堂等多所学校采用③。该书译自美国大卫·艾姆·韦尔斯（David Ames Wells，1828—1898）

---

① 闫蒙钢：《中学化学课程改革概论》，安徽人民出版社，2006，第 31 页。
② 王扬宗：《近代化学的传入》，载赵匡华主编《中国化学史·近现代卷》，广西教育出版社，2003，第 33 页。
③ 黄麟凯、聂馥玲：《〈化学鉴原〉翻译中的结构调整与内容增删》，《自然科学史研究》2020 年第 3 期。

所著《韦尔斯的化学原理与应用》（*Wells's Principles and Applications of Chemistry*，1858）中的无机化学部分。由于底本出版于元素周期律的发现之前，因此对元素的分类并未采取元素周期律的分类方法。《化学鉴原》（1871）与底本的目录对于元素等知识的排列顺序见表3-1。

表3-1 《化学鉴原》（1871）与《韦尔斯的化学原理与应用》（1858）

部分目录对比

《化学鉴原》（1871）	《韦尔斯的化学原理与应用》（1858）
卷二	Chapter Ⅵ The Non-Metallic Elements
第三十节 非金类之质	Section Ⅰ Oxygen
第三十二节 养气根源	Section Ⅲ Hydrogen
第三十三节 养气取法	Section Ⅳ Nitrogen，or Azote
第四十三节 轻气根源	Section Ⅴ Chlorine
第五十节 水	Section Ⅵ Bromine
第七十三节 淡气根源	Section Ⅶ Fluorine
第九十四节 绿气根源	Section Ⅸ Sulphur
卷三	Section Ⅹ Selenium and Tellurium
第一百十六节 碘之根源	Section ⅩⅠ Phosphorus
第一百廿一节 溴之根源	Section ⅩⅡ Boron
第一百廿四节 弗之根源	Section ⅩⅢ Silicon，or Silicium
第一百廿七节 硫黄根源	Section ⅩⅣ Carbon
第一百四三节 硒	Chapter ⅩⅡ Combustion
卷四	Chapter Ⅷ The Metallic Elements
第二百二一节 金类根源	Chapter Ⅸ The Metals of the Alkalies
第二百二二节 金类形性	Section Ⅰ Potassium
第二百二三节 金类分属	Section Ⅱ Sodium
第二百廿四节 碱属之金	Section Ⅲ Lithium
第二百五六节 碱属性	Section Ⅳ Ammonium
第二百五七节 碱土属之金	Chapter Ⅹ Metals of the Alkaline Earths

续表

《化学鉴原》（1871）	《韦尔斯的化学原理与应用》（1858）
第二百七四节　碱土属总性	Section Ⅰ　Barium and Strontium
第二百七五节　土属之金	Section Ⅱ　Calcium
第二百九三节　土属总性	Section Ⅲ　Magnesium
卷五　上	Chapter ⅩⅠ　Metals of the Earths
第二百九四节　贱金	Section Ⅰ　Aluminum
卷六	Chapter ⅩⅢ　The Common, or Heavy Metals
第三百七六节　贵金	Section Ⅰ　Iron
	Section Ⅱ　Manganese and Chromium
	Section Ⅲ　Cobalt and Nickel
	Section Ⅳ　Zinc and Cadmium
	Section Ⅴ　Lead and Tin
	Section Ⅵ　Copper and Bismuth
	Section Ⅶ　Uranium, Vanadium, Tungsten, Columbium, Titanium, Molybdenum, Niobium, Pelopium, Ilmenium, etc.
	Section Ⅷ　Antimony and Arsenic
	Chapter Ⅸ　The Noble Metals
	Section Ⅰ　Mercury
	Section Ⅱ　Silver
	Section Ⅲ　Gold
	Section Ⅳ　Platinum, Palladium, Rhodium, Ruthenium, Osmium, Iridium

　　从表3-1可以看出，底本对于非金属元素几乎都是单个进行介绍。在正文第六章第五部分（Section Ⅴ）第三百四十九节（节的标题并不在目录中显现）关于氯的讲解中，虽然提到氯、碘、溴、氟被称为卤族，但在目录中并未把这4种元素放在同一个标题下讨论。相比之下，关于

金属元素的论述，目录中的分类思想明显得多。从章的标题中，可清楚看到金属被划分为碱金属、碱土金属、土金属、重金属、贵金属五大类，每类包含的元素种类从部分（Section）的标题中也一目了然。

译本目录的元素分类及讲述顺序与底本大体一致，不同之处主要在于，关于非金属元素，译本目录的分类观念有所减轻；关于金属元素，则有所增强。这是底本目录没有显示的节标题，被译本处理为每卷下面的主要标题所导致。举例来说，对于氧元素的论述，可以看到"养气根源""养气取法"等节标题并列出现于译本目录中，但不见于底本目录中；同时，底本中统领节标题的部分标题"氯"在译本中消失不见。译本目录中"第二百五六节　碱属性""第二百七四节　碱土属总性""第二百九三节　土属总性"标题是底本中的节标题，其存在使得底本目录更好地体现了不同类金属的特点。

甲午战争之前，中文化学教科书多从欧美翻译而来，所依据的底本一般在元素周期律发现之前出版，此时期的中译本保留了早期未受元素周期律分类影响的西方化学教科书中元素分类的多样性。

甲午战争之后，我国留学日本人数激增。1904 年"癸卯学制"颁布后，各级中小学堂等随即迅速兴办，对教科书的需求也与日俱增。不过，此时段的中学化学教科书大都是从日文翻译而来的。1908 年，学部编译图书局颁布《审定中学暂用书目表》所列教科书共计 56 种。其中，专论化学者有 6 本，全部译自日本，分别为虞和钦译的《中学化学教科书》（龟高德平原著）和《普通教育化学讲义实验书》（龟高德平原著），王季烈译的《最新化学教科书》（大幸勇吉原著），钟观光、钟观诰合译的《最新化学理论》（中谷平四郎原著，科学仪器馆本），虞辉祖译的《实验化学教科书》（大幸勇吉原著），吴传绂译的《最新化学理论解说》（池田清原著）。

以上 6 本中学化学教科书中有 2 本专论化学理论，属于中学参考书，有 2 本专论实验。王季烈译的《最新化学教科书》被清学部审定作中学参考书之用："是书于化学中理论与事实之关系解说甚详，惟于中学程度稍嫌其高，故审定为参考书。"① 虞和钦译的《中学化学教科书》是 6 本中学化学教科书中唯一通过学部审定的中学化学教科书："是书编辑完善，体例一新，凡化学名称融会新旧，参酌得宜，非他书所及，译笔亦条达，应审定作为中学教科书。"②

　　本章以下部分选取甲午战争之后至 1932 年的 32 本中学化学教科书为研究对象，对这些教科书的编译者、组成要素、中译名使用情况、内容组织等进行初步考察，以对中国近代中学化学教科书的概况有一个大致了解。教科书样本主要从王有朋主编的《中国近代中小学教科书总目》（2010）收录的书目中选取，优先选取版次多、流行广、有代表性、编译者知名度较高的教科书，也选取一些有特色的教科书，如曾贞的《中等化学教科书》（1907）是清末难得的参考多种外文化学书而编的教科书。另外，银凤阁编的《新体化学教科书》（1919）在王有朋主编的《中国近代中小学教科书总目》中并未被收录，但其通过教育部审定，因此也加以考虑。

　　这些教科书的出版时间可分为三个时段：第一时段为清末时期，第二时段为"壬子·癸丑学制"时期（1912—1922 年），第三时段为"壬戌学制"时期（1922—1932 年）。其中，清末的中学化学教科书选定了 13 本，对应"癸卯学制"主导时期，马君武的《中等化学教科书》虽然选用了 1913 年版本，但其初版年份在 1911 年，因此被划入清末时期。根据王有朋主编的《中国近代中小学教科书总目》，"壬子·癸丑学制"时期的中学化学教科书并不多，共收录了 9 种（表3-2），如果除去初版年份在 1911 年的《汉译麦费孙罕迭生化学》，只有 8 种。

---

①《学部审定中学教科书提要（续）》，《教育杂志》1909 年第 2 期。
②同①。

表 3-2　　"壬子·癸丑学制"时期的中学化学教科书

著者	出版（初版）时间	书名	出版商	版次
文明书局	1912 年 7 月	化学教科书	上海文明书局	1
［日］山田董原著，谢祜生译述	1912 年 10 月	定性分析化学	上海群益书社	2
［日］滨幸次郎、河野龄藏著，陈文祥译	1914 年	女子化学教科书	上海群益书社	1
钟衡臧编，沈煦参订	1916 年（1914 年）	中华中学化学教科书	上海中华书局	4
虞和钦、华襄治编辑，吴家煦校阅	1917 年	新制化学教本	上海中华书局	1
许传音编译，王兼善、陈学郢校订	1921 年（1911 年）	汉译麦费孙罕迭生化学	上海商务印书馆	9
王季烈	1921 年（1913 年）	共和国教科书·化学	上海商务印书馆	20
朱景梁①	1921 年（1920 年）	中等化学教科书	上海中华书局	2
王兼善	1922 年 9 月（1913 年 3 月）	民国新教科书·化学	上海商务印书馆	20

　　谢祜生译述的《定性分析化学》是专门的分析化学教科书，我们将之排除在外，增添了银凤阁的《新体化学教科书》，共计 8 本中学化学教科书作为"壬子·癸丑学制"时期的考察对象。1922—1932 年的中学化学教科书选定了 11 本，对应"壬戌学制"时期。本书考察的中国近代中学化学教科书样本见表 3-3。

————————

①朱景梁即朱昊飞，见本书第 83 页和第 270 页。

表3-3 本书考察的中国近代中学化学教科书样本

序号	时段	著者、编者、译者	书名	出版商	初版、再版年份及版次
1	清末时期	［美］史砥尔著，中西译社编译，谢洪赉订定	最新中学教科书·化学	上海商务印书馆	1903年、1906年第6版
2		［日］吉田彦六郎著，何燏时译	中等最新化学教科书	日本东京教科书译辑社	1904年、1907年第6版
3		［日］龟高德平著，长沙三益社编辑/编译	最近普通化学教科书	长沙三益社	1904年、1906年订正3版
4		［日］高松丰吉著，王荣树编译	中等化学教科书	湖北译书官局	1905年
5		［日］吉田彦六郎著，杜亚泉译订/纂译，杜就田参订	化学新教科书	上海商务印书馆	1905年、1906年第4版
6		［日］大幸勇吉著，王季烈译/译编	最新化学教科书	上海文明书局	1906年
7		［日］龟高德平著，虞和钦译著	中学化学教科书	上海文明书局	1906年、1910年第4版
8		曾贞编著	中等化学教科书	上海中国公学/东京中国留学生会馆	1907年
9		［日］龟高德平著，华文祺、华申祺编译/译补	新体普通化学教科书	上海文明书局	1908年
10		［日］大幸勇吉著，王季烈译编/编译	改订近世化学教科书	上海商务印书馆	1908年
11		［日］龟高德平著，陈家灿译述	最新化学教科书	上海群益书社	1908年、1909年第2版
12		吴传绂编辑	化学	上海中国图书公司	1910年
13		马君武译	中等化学教科书	上海科学会编译部	1911年、1913年第2版

续表

序号	时段	著者、编者、译者	书名	出版商	初版、再版年份及版次
14		文明书局编著	化学教科书	上海文明书局	1912 年
15		王兼善编/编辑/编纂	民国新教科书·化学	上海商务印书馆	1913 年、1922 年第 20 版
16		王季烈编纂	共和国教科书·化学	上海商务印书馆	1913 年、1921 年第 20 版
17	『壬子·癸丑学制』时期	[日]滨幸次郎、河野龄藏著，陈文祥译	女子化学教科书	上海群益书社	1914 年
18		钟衡藏编/编辑，沈煦参订，陆费逵、姚汉章、戴克敦校阅	中华中学化学教科书	上海中华书局	1914 年、1916 年第 4 版
19		虞和钦、华襄治编辑，吴家煦校阅	新制化学教本	上海中华书局	1917 年
20		银凤阁编/编纂	新体化学教科书	天津新华书局	1919 年
21		朱景梁编	中等化学教科书	上海中华书局	1920 年、1921 年第 2 版
22		阎玉振编纂	中学校教科书·化学	北京求知学社	1923 年
23	『壬戌学制』时期	郑贞文编辑	现代初中教科书·化学	上海商务印书馆	1923 年、1925 年第 40 版
24		贾丰臻、贾观仁编译	初等实用化学教科书	上海商务印书馆	1924 年
25		杜就田编纂	实用教科书·化学	上海商务印书馆	1924 年
26		钟衡藏编，华襄治校	新中学教科书·化学	上海中华书局	1925 年、1925 年第 3 版

续表

序号	时段	著者、编者、译者	书名	出版商	初版、再版年份及版次
27		郑贞文、郑尊法编辑	新撰初级中学教科书·化学	上海商务印书馆	1925年、1928年第27版
28		徐镜江编辑，下册方叔密、王鹤清校订	初级中学混合理化教科书	北平文化学社	上册1925年、1931年第5版；下册1930年第4版
29	『壬戌学制』时期	阎玉振、王鹤清合编/编辑	高级中学化学教科书	北平文化学社	1926年、1931年订正4版
30		郑贞文编/编纂	新时代高中教科书·化学	上海商务印书馆	1929年、1930年第3版
31		王鹤清编著	初级中学化学教科书	北平文化学社	1930年、1932年修订3版
32		吕冕南编，张乃燕校	北新化学	上海北新书局	1931年、1933年第4版

第一节　中国近代中学化学教科书编译者概览

教科书的编译者是教科书的灵魂。编译者的家庭和教育背景、工作经历、个人信仰、所处社会环境等因素，共同塑造出精神气质各异的编译者，进而影响到教科书文本的样态。在清末民初中学化学教科书的编译者群体中，有自幼接受中国传统私塾文化教育，后弃除科举，转习西学，但无留学经历的杜亚泉和王季烈；有出身基督教徒之家并成为基督徒的、精通英文的翻译家谢洪赉；有留学日本的虞和钦和郑贞文；有留学德国的朱昊飞；有留学日本和德国的马君武；有留学英国的王兼善；有中国本土培养的王鹤清、阎玉振和徐镜江；等等。他们在教科书历史上都曾活跃过，并为中国的近代化历程奉献过一己之力。下面先对 32 本教科书的编译者的生卒年代、籍贯、教育背景及工作经历等信息做初步考察（表 3-4）。

表 3-4　32 本教科书编译者的生卒年代、籍贯、教育背景及工作经历等

序号	编译者的生卒年代、籍贯、教育背景及工作经历等简介
1	谢洪赉（1873—1916），浙江山阴人。清末中国基督教徒，翻译家、著述家。1892—1895 年就读于苏州博习书院（后改名为东吴大学）。毕业后于上海中西学院任职
2	何燏时（1878—1961），浙江诸暨人，曾公费留学日本。1897 年考入杭州求是书院。1898 年入日华学堂学习。1899 年入东京第一高等学校学习，1902 年考进东京帝国大学工科采矿冶金系。1905 年 7 月获工科学士学位，是第一个在日本大学毕业的中国留学生。1906 年春，回国任浙江省矿务局技正，同年冬调到北京，任学部专门司主事兼京师大学堂教习。1913 年 1 月，任北京大学校长，同年 11 月辞职
3	长沙三益社，不详
4	王荣树（1877—?），湖北荆州府宜都县人，曾留学日本东京农科大学学习农学①。1899 年，湖北派王荣树赴日本学习实业。光绪三十二年九月（1906 年 10 月），赐农科举人

①李喜所：《清末的留学管理》，载张国刚主编《中国社会历史评论》第一卷，天津古籍出版社，1999，第 422-423 页。

续表

序号	编译者的生卒年代、籍贯、教育背景及工作经历等简介
5	杜亚泉（1873—1933），浙江山阴人，无留学背景，自学日语。1889 年中秀才。初学帖括、训诂，1895 年改学历算。1898 年应蔡元培之聘，任绍兴中西学堂算学教员。后自学日语、理化及动植矿物诸科。1900 年，创办亚泉学馆，出版《亚泉杂志》（后改名为《普通学报》）。1901 年，改亚泉学馆为普通学书室，编译发行教科书。1902 年，创办《中外算报》。1904 年被聘为商务印书馆编译所理化部主任，自此在商务印书馆任职 28 年之久。1911—1920 年担任《东方杂志》主编
6	王季烈（1873—1952），江苏苏州人，无留学背景，自学日语。1895—1896 年在浙江省兰溪作幕宾。1897—1898 年在上海任《蒙学报》助理编辑。1898—1900 年在上海江南制造局，参与译著工作。1900—1904 年到汉阳制造局，入张之洞幕府兼学校教习。1904 年赴京考中进士。在张之洞的保举下进入学部，1905—1911 年任专门司郎中，兼京师译学馆监督、商务印书馆理科教科书编辑，又任清末资政院钦选议员
7	虞和钦（1879—1944），浙江镇海人，曾留学日本。1899 年，与钟观光、虞辉祖在镇海创办"四明实学会"，学习研究理化博物知识。1900—1901 年，在上海东文学社和英文书馆学习日语、英语。1901 年，在上海开办科学仪器馆。1903 年，该馆创办综合性自然科学刊物《科学世界》，虞和钦任主编。1904 年就读于日本清华学校，1905 年入东京帝国大学理科学习化学。1908 年毕业回国。回国后曾任翰林院检讨、学部图书局理科总编纂，教育部主事、视学、编审员，山西省、热河省教育厅厅长等职
8	曾贞（1878—1937），江西吉水人，号干生。前清秀才。得友人谢平隆资助，1900 年赴日本留学，入东京药科学校学习。1907 年 7 月考入东京帝国大学药学选科深造，1909 年毕业回国，任江西高等学堂和江西医学专门学堂药物、化学教员。1911 年任江西工业学堂监督（校长）①

①《吉水县人物志》编纂委员会编《吉水县人物志》，2006，第 398 页。

续表

序号	编译者的生卒年代、籍贯、教育背景及工作经历等简介
9	华申祺（？—20世纪40年代后期），江苏无锡人，号硕甫（实甫），字实夫，举人，医生，曾留学日本。1895年在江苏省江阴县南菁书院学习。曾在杨绛母亲的恳求下，为不信中医的杨绛父亲杨荫杭开方，救其一命。① 华文祺（生卒年不详），江苏无锡人，号纯甫，秀才，曾留学日本。1919年，与刘素勤等发起组织无锡佛学研究会，任副会长，1927年辞职。参与编纂《辞海》，负责宗教（主要是佛学名词）、生理、卫生医药及部分动植物的条目②
10	王季烈，同序号6
11	陈家灿（生卒年不详），湖南善化人，曾留学日本。1905年夏，与曾鲲化等建立了中国第一个铁路学会——湖南铁路同学会。任《中国商业杂志》第2号（1910年4月24日）编辑及发行人，该杂志由上海群益书社发行。1916年7月任湖南省实业科科长
12	吴传绂（生卒年不详），江苏元和人。出版《最新化学理论解说》（池田清原著，1907年再版）、《简易理化教授参考书》（1907年初版）、《简易理化课本》（1907年初版）、《理化教材》（1910年初版）、《高等小学新理科教科书》（与吴家煦合编，1913年，共9册）、《理科》（与华襄治等合编，1921年，共6册）等书
13	马君武（1881—1940），广西桂林人，曾留学日本、德国。1899年，考入广西体用学堂，主修中学，旁及英文和算学。1900年秋至1901年春，先后入广州崇丕学院和上海震旦学院学习法语。1901年冬，在日本横滨大同学校学习日语。1903—1905年，在日本京都帝国大学学习化学。1906年夏，担任上海中国公学总教习并从事理化教学。1907年入德国柏林工业大学攻读冶金专业，1911年秋获学士学位。1914年春，入柏林农科大学从事农业化学研究，1915年夏获工学博士学位。1917年随孙中山南下广东护法。1921年，由孙中山任命为广西省省长。1928年创办广西大学，任广西大学校长
14	文明书局编辑部，不详

---

① 吴玲：《永不褪色的优雅：杨绛传》，青岛出版社，2016，第31-32页。
② 徐庆凯、秦振庭：《辞海论》，上海辞书出版社，2015，第37页。

续表

序号	编译者的生卒年代、籍贯、教育背景及工作经历等简介
15	王兼善（1882—1921 或 1922），上海人，曾留学英国，爱丁堡大学格致科学士、文艺科硕士。1909 年归国后，历任商部高等实业学堂教员，出洋考察政治大臣随员，天津造币总厂工务长，南京造币分厂厂长，天津造币总厂化验科科长，北京政府审计院协审官，财政部印刷局会办，国立北京大学理科讲师等职
16	王季烈，同序号 6
17	陈文祥（1893？—？），贵州人，曾公费留学日本，大阪高等预备学校毕业
18	钟衡臧（1874—1925），浙江镇海人。1901 年秋，考入南洋公学（上海交通大学前身）特班学习。1904 年初，与虞和钦、兄长钟观光等共同创办《警钟日报》。同年，与钟观光和虞和钦在科学仪器馆内设的理科传习所讲授理化、博物知识。1912 年南京临时政府成立后，任上海交通部名誉干事、农商部工商会议矿股审查长；同年 1 月初，在上海发起成立中国第一个实业团体——中华民国工业建设会。后担任过校长、所长、教员，任职于中华书局编辑所①
19	虞和钦，同序号 7。 华襄治（1886—？），江苏无锡人。1906 年 7 月至 1909 年 6 月，在南京两江师范学堂学习。入堂前为附生，优级师范毕业
20	银凤阁（生卒年不详），山东宁津人，亦名银瑞轩。保定高师毕业（约 1904 年前），曾执教于京兆第一中学校。著有《理化计算问答四百种》（1924）等
21	朱景梁（1892—1934），即朱昊飞②，浙江乐清人，曾留学德国。1917 年北京师范大学堂毕业，任教直隶第一女子师范学校（天津女子师范学校）。1922 年到德国柏林大学留学，4 年后获化工博士学位。回国后，历任北京大学、中山大学、武汉大学、浙江大学等大学理化教授
22	阎玉振（1895—1945），河北玉田人。1911 年考入遵化河北省立第五中学，中学毕业后考入北京高等师范学校（北京师范大学前身）。1919 年毕业于国立北京师范大学理化部，后又在该校化学研究科（相当于现在的研究院）攻读两年。曾任教于北京师范大学附属中学

①王细荣：《清末民初新型知识分子科学中国化实践研究——以虞和钦为中心》，博士学位论文，上海交通大学，2012，第 52－53 页。

②朱昊飞：《中等化学教科书之批评（书评）（续）》，《新教育评论》1927 年第 6 期。

续表

序号	编译者的生卒年代、籍贯、教育背景及工作经历等简介
23	郑贞文（1891—1969），福建长乐人。15 岁赴日本留学，先后就学于日本宏文学院普通科、东京第一高等学校预科及仙台第二高等学校本科。1915 年考取日本东北帝国大学理科攻读化学，1918 年获理学学士学位。1918 秋，入上海商务印书馆编译所任编辑。1919—1932 年任编译所理化部主任。1932 年 6 月，被聘为国立编译馆专任编审。1932 年底至 1943 年任福建省教育厅厅长
24	贾丰臻（1880—?），江苏人，曾公费留学日本。就读于日本宏文学院，毕业于东京大学专门部。1910 年任上海龙门师范学校监督，1912 年该校更名为江苏省立第二师范学校，任校长至 1927 年离职。 贾观仁（1893—1950），江苏奉贤人，1908 年赴日本留学，在东京高等师范学校学习。1914 年回国，先后执教于南京工业专科学校、暨南学校、上海龙门师范学校、上海务本女子中等学校，并任上海务本女子中等学校校长。1931 年任中华职业学校校长
25	杜就田（生卒年不详），浙江山阴人，杜亚泉的堂弟，曾任上海商务印书馆编辑。1925 年 9 月至 1930 年 6 月，任《妇女杂志》主编
26	钟衡臧，同序号 18
27	郑贞文，同序号 23。 郑尊法（1899—1970），浙江镇海人，曾留学日本。1917 年毕业于浙江省立第四中学，同年 9 月到日本留学，先入东京东亚预备学校学习日语，次年入东京高等工业学校攻读应用化学，1922 年 3 月毕业；1923 年 1 月回国，同年进入上海商务印书馆编译所任理化部编辑。1924 年在上海集资创办民生墨水厂并任厂长，为我国民族墨水工业开拓者
28	徐镜江（? —1926），浙江杭州人，北京师范大学毕业
29	阎玉振，同序号 22。 王鹤清（1892—1962），亦名王仲超①，浙江乐清县人。1916 年毕业于北京高等师范学校，留校任附属中学教务主任，并兼教课。1933 年秋，任广东勤勤大学教务长兼化学教授。1942 年秋，任贵州省桐梓第十技工学校校长。1945 年，任国立台湾编译馆编辑。1948 年，任台湾糖业公司总经理兼总工程师②

---

① 王鹤清、魏元雄、程廷熙：《初中算术教科书》上卷，傅种孙校订，算学丛刻社，1933，封面、编辑大意。

② 孔伯陶：《王仲超先生传略》，载中国人民政治协商会议乐清县委员会文史资料研究委员会编《乐清文史资料》（九），乐清印刷厂，1991，第 37 页。

续表

序号	编译者的生卒年代、籍贯、教育背景及工作经历等简介
30	郑贞文，同序号 23
31	王鹤清，同序号 29
32	吕冕南（1894—1971），江苏宜兴人，曾自费留学法国。1915 年考入北京大学化学系，1920 年毕业，留校任教。1927 年任江苏省南通中学校长。1930 年自费到法国留学，获南希大学分析化学博士学位。1933 年回国，任南京建设委员会矿业试验室主任，1937 年调任广西平桂矿务局总务处长兼化验室主任。1941 年任云南锡务公司厂矿管理处事务室主任兼化验室主任，1946 年升任协理

注：表中序号与表 3-3 序号所对应的教科书一一对应。

从表 3-4 可以看出，清末的中学化学教科书编译者大多出生于 19 世纪 70 年代，江浙籍居多，早期接受过中国的传统教育；留学日本的编译者较多，可查考的有何燏时、王荣树、虞和钦、曾贞、华申祺、华文祺、陈家灿、马君武。其中，公派留学的有何燏时，自费留学的有曾贞。也有小部分人是通过自学日语的途径来翻译日文书的，代表人物有杜亚泉和王季烈。他们翻译的书籍底本大多是当时日本颇有影响力的中学化学教科书。甲午战争之后至民国前的中学化学教科书，虽以译自日本为主，但也有一些译自欧美的化学教科书。如谢洪赉精通英文，其校订的《最新中学教科书·化学》一书底本取自美国著名教育家史砥尔的《大众化学》。前述曾宗巩《质学课本》（1906）和马君武《中等化学教科书》（1911 年初版，1913 年再版）译自美国著名化学家雷姆森为化学初学者编写的教科书《化学基础：给初学者的教科书》。清末化学教科书的编译者大多数在当时或后来都颇有建树和声望。

"壬子·癸丑学制"时期中学化学教科书的编译者出生于 19 世纪 70—90 年代，仍然以江浙籍居多；留学背景多样化，除留学日本的虞和钦与陈文祥外，还有留学英国的王兼善和留学德国的朱昊飞。王季烈与虞和钦在该时期仍然继续关注教科书的编纂。由于积累了较多编译经验，王季烈此时已能自主编写符合新学制且广受欢迎的教科书《共和国教科书·化学》（1913）。王兼善的《民国新教科书·化学》（1913）也是该时期颇为畅销的中学化学教科书，甚至在 1932 年后还有出版。这说明在该时期中国编写教科书开始逐渐摆脱对外文书的依赖，并收获了初步的成功。

"壬戌学制"时期，中学化学教科书的编译者大多出生于 19 世纪 90 年代，江浙籍依然占据很大比例。该时期有一个值得注意的现象是，本土培养的、无留学经历的大学毕业生如王鹤清、阎玉振、徐镜江等加入教科书的编写队伍。这表明，中国的科学教育在该时期较清末有了长足的进步。曾留学日本的教科书编译者仍然不少，如贾丰臻、郑尊法、郑贞文等，这意味着虽然"壬戌学制"是在欧美留学生的主导下拟订的，但是在化学教科书领域，日本对中国的影响仍然深远。其中，郑贞文依托其 1918—1932 年任职的商务印书馆编译所，大力传播了他所译的化学教科书，也加强了教科书中的日本影响因素。

第二节　中国近代中学化学教科书的组成要素及分析

众所周知，一般图书通常由封面、扉页、版权页（包括内容提要及版权）、前言、目录、正文、附录、参考文献、后记等部分构成。教科书作为图书的一种形式，在构成要素上具有一般图书的共性，就中国近代中学化学教科书而言，又有一些独有的个性。分析这些构成要素在各个时段的特点及其演变历史，能了解现今化学教科书文本规范化的进程。

一、组成要素的演变

下面把本书考察的中国近代中学化学教科书的组成要素列于表3-5，以便进一步分析。

表3-5　本书考察的中国近代中学化学教科书的组成要素

序号	时段	组成要素
1		中文封面、英文封面、序、译例、教授要言、目次（附卷：试验指南、问、中西名目表）、释名、原质简要表（准益智书会化学名目新表）、正文（习问）、化学勘误表、版权页、广告
2		中文封面、原叙、译例、目录、正文、元素周期律表、附录［日法度量衡之比较、原子价表、燃料ノ发热量、金属ノ比重及融点、金属ノ比热原子量及原子热、化学实验室应备药品之溶液（水之重量者即水与药品之重量相对之比也）］、化学原质名目异同表、化学器具及药品价目表、版权页
3		中文封面、例言、目次、正文、附录［中日法度量衡比较表（尺度表、容量表、重量表）］、版权页
4		中文封面、（李宝巽）序文、目录、正文、版权页
5	清末时期	中文封面、英文封面、序言、译例、原序、目次（附录：周期律表、高低价表、中法度量衡比较法、燃料之发热量、金类之比热及熔度、金类之比热原子量及原子热、化学实验室必备药品之溶液、本书中无机物名目释例、合质名目表）、正文、版权页、广告
6		卷上：中文封面、目次、卷上正误表、版权页、公文； 卷中、卷下：中文封面、目次、版权页、公文
7		中文封面、学部提要、示物质循环之图、译例、原书绪言、目次、正文、无机名称改易对照表、有机名称改易对照表、版权页、公文、广告
8		上卷：中文封面、物质循环图解、物质循环摸写图、（傅寿康）序、例言、目录、正文、版权页、上卷正误表； 下卷：中文封面、苏伯古特鲁 Spectrum、目录、正文、化学器械及药品定价表、配制试验药品法、版权页、下卷正误表
9		中文封面、例言、目次（附录：分子原子说、分子量、原子量，化学记号，元素之名称符号及原子量）、正文、版权页、广告

续表

序号	时段	组成要素
10	清末时期	中文封面、目次、正文、版权页（含广告）、广告
11		中文封面、示物质循环状态之图（彩图）、原序、目次、正文、版权页、广告
12		中文封面、正文、版权页、广告
13		中文封面、目录、正文、版权页、广告
14		中文封面、凡例、新旧名对照表、目次、正文、版权页
15		中文封面、（唐文治）序、修改大意、编辑大意、总目录（附录：原质名称符号及原子量一览表、科学中通用之紧要度量衡表、本书中试验应用之器具单、本书中试验应用之药品单、中西名词索引）、版权页（含教育部审定批语）、广告
16	『壬子·癸丑学制』时期	中文封面、序言、编辑大意、目次、正文、版权页（含教育部审定批语）、广告
17		中文封面、版权页、广告、目次、正文
18		中文封面、编辑大意、目录（附录）、正文、版权页
19		中文封面、编辑大意、目录、示物质循环之图（含详细解释）、万国原子量表（1915）、正文（含"备考""问题""杂问"）、化学工业品一览表、煤之利用表、附录（中西名词对照表）、版权页
20		中文封面、（李鸿春）序一、（董光照）序二、（王元白）序三、（银凤阁）序四、编辑大意、目录、本书所用衡制　长度　量制、正文、附有机化学名词对照表、勘误表、版权页
21		中文封面、编辑大意、目录、正文、版权页
22	『壬戌学制』时期	中文封面、（陈宝泉）序、编辑大意、目录（附录：原质之火焰识别法、周期表缺点之讨论、科学中通用之紧要度量衡表、本书中西名词一览、本书试验应用之器具单、本书试验应用之药品单、两名以上原质名称表、两名以上化合物名称表）、正文（含"习题""杂题"）、版权页、广告
23		中文封面、万国原子量表（1925）、编辑大意、目录、三幅彩图（焰色的反应、水溶液的色、硼砂球的反应）、正文（含"问题"）、周期表、化学工业品一览表、英汉译名对照表、索引、版权页（含广告）、广告
24		中文封面、目次、正文、附录（第一　分子原子说　分子量　原子量　第二　化学记号　第三　原素之名称　符号及原子量）、版权页（含广告）、广告

续表

序号	时段	组成要素
25		中文封面、版权页（含广告）、编辑大意、目次、正文
26		中文封面、彩图（溶液之色）、彩图（有色之结晶）、编辑大意、目次、正文、版权页（含广告）、广告
27		中文封面、万国原子量表（1925）、编辑大意、目次、正文（含"问"）、英汉译名对照表、索引、版权页、广告
28	「壬戌学制」时期	中文封面、编辑大意、目次、正文（含"习题"）、版权页（含广告）、广告
29		中文封面、编辑大意、目次、正文（含"纲要""习题"）、附图、英文附录、广告、版权页
30		中文封面、原子量表、再版序、编辑大意、目次、正文、计算问题集、索引、译名对照表、版权页、广告
31		中文封面、修订三版编辑大意、目次、正文（含"习题""总复习题"）、版权页、广告
32		中文封面、吴敬恒题字、编辑大意、（张乃燕）序、目次、正文（含"本章提要""问题"）、版权页

注：表中序号与表 3-3 序号所对应的教科书一一对应。

二、从编译到编纂

出版书籍时，署名者在名字之后的称谓是"编""辑""述""译""纂"还是"著"等，能够反映出署名者的创造性程度。从表 3-3 和表 3-5 可以看出，清末的中学化学教科书以译著为主，但编译者不是对原著所有内容进行完全翻译，往往加入了原著中不曾有的内容，这就带有"编"的意味。以杜亚泉和何燏时的译著为例，二者均依据同一底本——吉田彦六郎的《中学化学教科书》。在表 3-5 中，5 号教科书杜亚泉《化学新教科书》（1906）在目次前有序言、译例、原序 3 种组成成分，既翻译了原著者著书之思想（原序），也交代了编译者本人的编译思想（序言、译例）。杜亚泉称："此书大旨，虽悉从原书，而间有增补改窜之处。诚恐学识不逮，转不免失原书之精意。阅者当

取何君燏时所译之中等最新化学教科书以参考之。何君所译，其原本
与此书相同，于原书之序次文义，处处吻合，相互印证，则可知原书
之本意矣。"①

2号教科书何燏时《中等最新化学教科书》（1907）在目录之前有
原叙和译例，既呈现了原著者的编写思想（原叙），又交代了译者的思
想（译例）。何燏时称："卷末附载陈石麟先生化学原质名目异同表，
考据详明，可为阅此书之一助，因附笔志谢。"这都是日文原著中不曾
有的内容。因此，2号教科书虽然与原书"处处吻合"，但也注入了不
少原书中没有的内容。

兼有译例和原书绪言的还有7号教科书虞和钦《中学化学教科书》
（1910）。1号教科书中西译社《最新中学教科书·化学》（1906）既有
编译者序，也有译例，教授要言则一部分译自原书，一部分加入了自
己的见解。3号教科书长沙三益社《最近普通化学教科书》（1906）、9
号教科书华文祺和华申祺《新体普通化学教科书》（1908）仅有例言。
与同是译自龟高德平的译著3号、7号和11号教科书陈家灿《最新化
学教科书》（1909）相比，9号教科书的版权页在署名后称"译补"，
表明该书增添了不少原著中没有的成分。8号教科书曾贞《中等化学
教科书》（1907）由于参考的不是一个底本，因此没有原序，但有傅寿
康作序和例言。8号教科书最特别的是在作者名字之后标有"编著"
二字，这也显示了曾贞认为该书颇有创造性的成分。同标有"著"字
的是7号教科书，不过虞和钦使用的称谓是"译著"而不是"编著"。
11号教科书有原序，4号教科书王树荣《中等化学教科书》（1905）仅
有李宝巽序文。另外，6号教科书王季烈《最新化学教科书》（1906）、
10号教科书王季烈《改订近世化学教科书》（1908）、12号教科书吴传
绂《化学》（1910）、13号教科书马君武《中学化学教科书》（1913）

①杜亚泉：《化学新教科书》，商务印书馆，1906，4版，译例第5页。

均无任何交代原著和译者编写思想的原序或译例。总体看来，清末中学化学教科书中有译例或例言的占多数，能窥察出编译者的个人思想。

　　从表3-3还可以看出，清末时期中学化学教科书中普遍标注的"编译"二字，在"壬子·癸丑学制"时期已基本被"编辑/编/编纂"所替代。14号教科书文明书局《化学教科书》（1912）则标注"编著"二字，这说明该时期的中学化学教科书已进入以自主编写为主导的阶段。在"壬戌学制"时期，教科书作者与"壬子·癸丑学制"时期一样，常常使用"编辑/编/编纂"用语，31号教科书王鹤清《初级中学化学教科书》（1932）则使用了"编著"二字。"著"字的出现在此时仍不普遍，这表明中国人编写的教科书中"写"的成分还有待加强。17号教科书陈文祥《女子化学教科书》（1914）为"壬子·癸丑学制"时期的译著，"壬戌学制"时期的24号教科书贾丰臻、贾观仁《初等实用化学教科书》（1924）标注"编译"二字，这意味着在"壬子·癸丑学制"和"壬戌学制"时期，在教科书领域译书虽已较清末时期大为减少，但是仍有市场。

三、从"译例""例言"到"编辑大意"

　　从表3-5可以看出，清末时期的中学化学教科书大多含有（原）序，或译例，或例言，或兼有。"壬子·癸丑学制"时期的中学化学教科书均含有编辑大意或序言，或两者兼有。从编辑大意或序言中，可很好地体察教科书作者的编写思想。序言有请他人作序和自己作序两种。从清末的"译例""例言"，到"壬子·癸丑学制"时期的"编辑大意"，这一用语的变化，也表明中学化学教科书在该时期进入以自主编写为主的阶段。"壬戌学制"时期，24号教科书为编译之书，无凡例和编辑大意，除此之外，其余教科书都有编辑大意，自序或请他人作序的现象大为减少。教科书正文中大多设有问题、习题，这在该时期特别常见。

第三节　中国近代中学化学教科书中的译名

近代中国学习西方化学，首先要解决名词术语的翻译统一问题。早期的中文化学书籍，如《化学入门》（1868）、《化学初阶》（1871）、《化学鉴原》（1871）和《化学指南》（1873）等对元素的中文译名提出了多种方案，对无机物和有机物命名则没有好的解决办法。其中，《化学鉴原》首次提出将西文元素名称的首音或次音以一个汉字译出的元素译名原则，并拟定了 64 种元素名称，其多半部分为《化学初阶》所借用，虽然后者稍早于前者出版①。《化学初阶》与《化学鉴原》对无机物的命名大都采取直译分子式的方法。前者的译名如"锰养$_=$"（MnO_2）、"鉹绿养$_\equiv$"（$KClO_3$）等，后者的译名如"银绿"（$AgCl$）、"锌养硫养$_=$"（$ZnSO_4$）等。

上述各译著在化学术语上不一致，彼此又各行其是，造成了译名的混乱。有鉴于此，益智书会于 1896 年成立了科技术语委员会，试图统一术语译名。科技术语委员会统一化学术语的主要成果是《化学名目与命名法》（*Chemical Terms and Nomenclature*，1901）。益智书会的元素方案强调对重要元素一定要意译，对其他元素则采取音译。在许多元素的中文名称上，益智书会的用字与徐寿大不相同。

难能可贵的是，益智书会在《化学名目与命名法》中提出了第一个系统的中文无机物命名方案。该方案的一个主要特征是制定了如酸、盐、矾、锈等反映化合物一般性质的类名或属名，笔者将之称为类属式命名方案。对有机物的命名，益智书会仍然未提出好的解决方案。1905 年，杜亚泉在《化学新教科书》中对类属式命名方案加以改进和发展，创制了基于元素化合价的新类属式命名方案。该方案确定了一

---

① 王扬宗：《关于〈化学鉴原〉和〈化学初阶〉》，《中国科技史料》1990 年第 1 期。

套与元素化合价严格对应的词头，通过掌握元素周期表等基本化学知识就能由名及物，可以间接反映出化合物的组成①。杜亚泉还仿照徐寿提出的元素命名方法，将单字音译方法首次用于开链烃的中文命名中。他把甲烷译为"迷"，其余烷烃的译名都由"米"字旁和一个音译汉字组成，如"粎"（乙烷）、"糐"（丙烷）、"粭"（丁烷）等。烯烃的译名由"亻"旁和一个音译汉字组成，如"侬"（乙烯）、"僭"（丙烯）、"侼"（丁烯）等。炔烃的译名由"阝"旁和一个音译汉字组成，如"阿"（乙炔）、"陑"（丙炔）等。但烷烃、烯烃、炔烃的数目庞大，一一拟定具体的名称并不现实②。

大约与益智书会提出无机物命名方案的同时期，虞和钦于 1901 年引入了日文某化某式无机物命名方案③。随着 20 世纪初大量日文化学书籍输入中国，某化某式无机物名词得到了广泛的传播及发展。1920 年，郑贞文出版《无机化学命名草案》，使某化某式无机物命名更为系统和完善。从 1918 年秋至 1932 年，郑贞文一直负责商务印书馆的化学书籍审定工作，这在某种程度上推广了某化某式无机物名词的应用。相比之下，类属式命名的影响则要小很多。

益智书会统一化学术语的尝试并未成功。1908 年，学部出版《化学语汇》，这是第二次统一化学术语。它采纳了徐寿的绝大多数元素名词及某化某式无机物命名方法，但对有机物命名没有提出任何创见。同年，虞和钦在《中国有机化学命名草》中提出了第一个系统的中文有机物命名方案，以意译和不造新字为主要特征。在此后较长一段时间内，中文有机物名词的发展很慢，且没有多少新的命名方案提出。

---

① 关于杜亚泉的中文无机物命名方案的详细讨论，可参考何涓：《益智书会与杜亚泉的中文无机物命名方案》，《自然科学史研究》2007 年第 3 期。

② 何涓：《1908～1932 年芳香族化合物与杂环化合物的中文命名》，《中国科技史杂志》2013 年第 4 期。

③ 何涓：《清末民初（1901～1932）无机物中文命名演变》，《科技术语研究》2006 年第 2 期。

1915 年，教育部颁布《无机化学命名草案》，并在《教育公报》上登载了《有机化学要目命名例》，制定了一些重要有机物的属名，如"完质""赢质""亚赢质""醇""醇精""醛""酮""轮质"等[1]。这是第三次统一化学术语的尝试。这份方案中的元素名词有相当多数沿用至今，虽然无机物名词采用某化某式命名，但其关于二元化合物的命名，与当时通行的做法相反，将电正性元素的名称放在"化"字之前，电负性元素的名称放在"化"字之后。如称 $FeCl_2$ 为"亚铁化氯"，称 N_2O_4 为"氮化四氧"[2]。有机物名词中的"赢质""亚赢质""轮质"等则来自虞和钦。

1920 年前后，科学名词审查会第四次统一化学术语。它确立的元素译名原则是有确切之意义可译者译意，无意可译者译音（西文之首一字音），不论译音译意，概以习惯为主。气态、液态、固态金属、固态非金属分别以"气""水""金""石"旁表示之[3]。科学名词审查会制定的"氯""氧""氩"3 个元素名词尤其为时人所反对。其无机物名词也是采纳某化某式命名。该会对有机物命名的贡献不可忽视，其首创的"烷""烯""炔"名词沿用至今[4]。1920 年以后，中文有机物命名得到迅速发展，这表现在参与制定或讨论有机物命名方案的人数明显增多，如科学名词审查会、中国化学研究会等组织和陈庆尧、梁国常、郑贞文、杜亚泉、高铦、郭廷英、吴承洛、陆贯一、郦恂立、曾昭抡等人都参与其中。

1932 年 8 月，教育部在南京召开化学讨论会，对国防化学、化学

---

①《有机化学要目命名例》，《教育公报》1915 年第 6 期。

②Hemeling K.，"English-Chinese Dictionary of the Standard Chinese Spoken Language（官话）and Handbook for Translators"，Shanghai：Statistical Department of the Inspectorate General of Customs，1916.

③科学名词审查会：《科学名词审查会第一次化学名词审定本》，《东方杂志》1920 年第 7 期。

④何涓：《中文化学名词烷、烯、炔之由来》，《化学通报》2016 年第 7 期。

课程标准与化学译名问题进行了讨论。化学译名的讨论是由整理译名提案委员曾昭抡、郑恂立等将郑贞文的《化学命名商榷案》整理之后作为讨论的基础。会议通过了《化学讨论会通过之化学译名案》。根据化学讨论会的决议，同年 8 月成立了以郑贞文、王琎、吴承洛、李方训、陈裕光、曾昭抡、郑恂立 7 个人为委员的化学名词审查委员会，郑贞文任主任委员，负责拟定化学名词。同年 10 月末，郑贞文草拟了《化学命名法初稿》，之后又根据委员会各委员的意见修正成《化学命名原则》，确立了徐寿和傅兰雅所提出的元素译名的音译原则，并采用了某化某式无机物命名。同年 11 月 26 日，教育部正式公布《化学命名原则》。至此，化学译名的混乱状况终于告一段落，中文元素、无机物与有机物名词也基本有了统一的标准。

一、译名问题是教科书编译者关注的重点问题

编译中文化学教科书，必然首先要考虑如何用中文语言把西方化学中的名词术语及概念翻译或表达出来。历史上，关于中文元素译名的方案最早在教科书中诞生。相对于元素命名，无机物和有机物的中文命名要难得多。关于化合物的中文命名方案，大多是在教科书之外的期刊或专论化学名词的著作中提出。在教科书中，对于无机物和有机物的命名，也提出过一些方案。如上文提到的杜亚泉的《化学新教科书》，还有马君武在《实用有机化学教科书》（1919）中用单字音译法创制了"酸"（alkane）、"酗"（alkene）、"酞"（alkyne）等有机物的类名。杜亚泉和马君武在教科书中利用单字音译法命名有机物的思路，后又经由郑恂立在《有机化学名词之商榷》（1931）提出"茚"（indene）、"萘"（naphthalene）、"芴"（fluorene）、"蒽"（anthracene）、"菲"（phenanthrene）、"苯"（benzyl）等音译名而得到进一步发展，最后在

1932 年教育部颁布的《化学命名原则》中苯（⬡）、萘（⬡⬡）、蒽
（⬡⬡⬡）、菲（⬡⬡⬡）等名词中得到认可①。

　　不过，在教科书中提出有创见的化学命名方案仍占少数。大多数教科书的编译者对于命名问题无力解决，但他们都会关注译名问题。本书对 32 本教科书的研究表明，有 21 本教科书在目次之前的自序或译例或例言或编辑大意中提到了译名问题。表 3-5 中的 6 号、10 号、12 号、13 号、17 号、24 号教科书在目次之前没有序或译例或例言或编辑大意等信息；4 号教科书在目次之前仅有李宝巽所作序文，未提及译名问题；11 号教科书仅有原序，译者未对译名问题有所交代；28 号、31 号、32 号教科书虽皆有编辑大意，但是并未提到译名问题。28 号、31 号、32 号教科书皆为初级中学用书，28 号教科书是混合理化教科书，关于化学知识的篇幅相对一般教科书要少很多；31 号和 32 号教科书在内容选取上偏重日常习见之物，涉及的专业术语偏少。这些可能是三者没有提及译名的原因。

　　也就是说，只要编译者在序或译例或例言或编辑大意等中对教科书的编译问题有所交代，他们都会对书中使用的化学名词做出一定程度的说明或解释。1932 年《化学命名原则》的颁布，结束了中文化学名词长期混乱的局面。在此之前，中文化学译名并没有达成一致。1932 年前化学教科书对译名问题的普遍关注，正是与此相关的。不过，具体到不同时段和不同的编译者，对译名的关注程度及采纳都有所不同（表 3-6）。

---

①何涓：《1908～1932 年芳香族化合物与杂环化合物的中文命名》。

表 3-6 1932 年前中学化学教科书对译名的关注及说明

序号	序/译例/例言/编辑大意等中的说明
1	译例：化学名目，颇有歧异。是编原质名目，概从益智书会新定名目表。其有机物质之名，则仍从傅兰雅所译为多
2	译例：欧西各种科学俱有专门术语，故定名有竟难与原本吻合者，而于化学尤甚。是书术语，参用日名暨华译旧名，间附己意，如水素、盐素等袭用日名，以其较华名为切当，且与原意相合也。镍素、锰素等，则沿用华名，此处惟加素字，以示其为元素之意。其他酌用音译者，则如亚莫尼亚、阿戎美打等是也。 卷末附载陈石麟先生化学原质名目异同表，考据详明，可为阅此书之一助，因附笔志谢
3	例言：书中所用术语概用日本名词，因日本已译成汉字之名词皆较华译旧名为切当，如水素、酸素等是也。又日本原系假名者，则译以同音汉字，而旁注假名，如亚莫尼亚（アンモニア）及亚尔艮（アルゴン）是也。 本书音译之名字，多参考旧译诸书，其名称有此书译出者，则不另译，以免混淆。 本书所用名词多与华译旧名相异，恐阅者猝难领解，因于化学记号表中列以华译旧名以备参考
5	序言：我国译化学书，已三四十年。然至今日，仍为世界之化学，而非我国之化学。举一名目，而不能适当其物之性质例类；述一理论，而无表白其细微曲折之言词。自日本译籍输入，其译名适于汉文之例者较多，于是稍有端绪。盖学问中之名词，析之不精，辨之不确，则窒碍于应用，阻遏其思想，甚至差毫厘而失千里者有之。 译例：本书之译名，与旧日译籍不同者，则合质之名目是也。旧日合质多用分子式以为名，于教科必多窒碍。盖初学者既未知分子式之用意，而骤以分子式示之，必难索解。且用分子式为名，既不便于称诵，又不适于记忆。故合质之不可无名，谅亦当世学者之所同情也。惟欲更立新名，则旧时译名，已有通行者，岂能废而不用。故用心斟酌，以求合于旧日通行之例。且便于称述记忆者，而为之名。此等名词，在书中加·于旁以别之。卷末附无机物命名释例，及名目表，以便检核。虽明知挂漏粗疏，不足为通行之公例。惟期适于现时之称述而已。如蒙大雅，理而董之，则译者之所深幸也。 本书于各种文义，务求真确而不能含混。如盐酸之与盐强水，不相混用。盐酸即轻绿，而盐强水为轻绿之溶于水中者。又如养气与养，亦不混用，当养为气质时，则称养气，其在他合质成分中不为气质时，则称养而不称

续表

序号	序/译例/例言/编辑大意等中的说明
5	养气。又如玻璃筒之无底者曰筒，有底者曰箭，无底而细者曰管。凡此例类，译者皆注意及之。将来科学，日益发达，如能合同志而搜罗公例以为准的，则译者之所望也。 本书于无机物质之名，大旨固已画一。至于有机物质，旧译者多记西音，诘屈聱牙，至一物名而多至十余字，断难使初学者明其纲领。兹书所译，力求简明，但有机物质之变化甚繁，定名非易，或从旧译，或标新名，殊无条理，惟阅者谅之
7	译例：书内无机物名，俱依拙著《科学世界·化学定名表》中所列新名，其改定原意，已于彼书中详之。 书内有机物名，初版俱依制造局旧译本，其未译者，则新译之，惟有机命名旧时译音居多，往往一名译至十余字，且方音各殊、岐异叠出。鄙人近著有《有机化学命名草》，凡有机物名概从义译，其无机物名，亦间有改易旧定名称者。兹故于再版修正之际，将《命名草》中已定名者易之，未定名者仍旧，特于编末附有机无机名称改易对照表各一，以便读者检查
8	（傅寿康）序：吾观曾君书，则既可谓达矣。独名词多沿日人，于故训或不免小小异耳。孔子曰名不正则言不顺，言不顺则事不成。中国讲西学数十年，辞典不备，学者译书，至取资后起之日本，其于正名之义不亦远乎。 例言：本书术语，参用日名暨华译旧名，间附己意。如水素、盐素等袭用日名，以其较华名为切当，且与原意相吻合；镍素、锰素等，则沿用华名，惟下加一素字，以示为元素之意；其他酌用音译者，则如安莫尼亚、阿臧、没丹等是也。本书各元素及化合物之术语下皆载英文，以便学生之记忆
9	例言：本书卷末，别为附录若干条，简明叙述分子原子说、分子量、原子量、化学计算等项。更附以元素之名称、符号及原子量之一览表
14	凡例：我国原质名，以江南制造局所定者最称完美，今从之。惟轻淡养绿弗五原质名，与其定例金属从金旁、非金属在普通温度为气体者从气、液体从水、固体从石等不相符合，且易与轻淡养绿弗等字之不用作原质名者相混，故在制造局本，常下加气字，以区别之。称作轻气、淡气等，殊觉烦赘，今改作氢、氮、氧、氯、氟等，以归一律。又其中如炭、金等通用之名，鎴、鎵等同音之字，以及新得原质，为制造局本所无者，则采诸他书，或断自臆见，别立新名，并附新旧名对照表于后以备参考。

续表

序号	序/译例/例言/编辑大意等中的说明
14	原质名称，欧西各国皆用拉丁语之首字为记，首字相同，则附加他字以资区别，取其易记也。我国于各原质名，既概定为一字，则其记号，似宜取易于认忆而于本名相关者。兹故将原质之名，去其偏旁为记。如硫记为㐬，硙记为光之类，庶读者可以望其号而即知其名。至如ＨＯ等记号，为各国所通行而便于书写者，则仍其旧
15	（中华民国二年正月）编辑大意：书中所用术语，均取其最通用者，每一术语之旁，必附注西文，以便参考。 （中华民国七年八月）修改大意：至有机化合物之中文名称，则均斟酌再三，博考旁采而择定者，务以简明易记，且于有机化学全体统系上能合用者为归。凡旧有名称中之能合于此旨者，即采用之，其实无可采取者，则另拟之，盖实有不得已焉。 【附注】民国十年六月印刷第十九版时，将书中原质名称，依民国四年教育部教科书编纂纲要审查会所发行之中学师范物理化学教授要目草案改正。又将书中权度名称，照民国四年政府公报所公布者改正
16	编辑大意：本书所用化合物名称皆采业已通行而又确当者用之。至于有机化合物则除用已经通行之旧名外，间于旧名之下，将管见所拟新名，附记一二，将来如能通行，再一律改用新名。本书于化合物名称及化学术语之下，皆附记英名，使学者毕业后即可读英文化学书
18	编辑大意：元素及化合物之名称，有中国所固有者，有译自外籍者，而旧译与今译不无少异，本书则择其最适当者用之，且附原文及别译于其下，以便查考
19	编辑大意：名词（一）书中原质及无机物名，俱用我国所固有，或现时最通行者；有机物名，则依《有机化学命名草》，其有《命名草》中尚未定名者，一依命名草之成法定之。（二）各名词之英文名称，依书中之先后，特列中西名词对照表于卷末，以便查考
20	（李鸿春）序一：学问之道，由辨物之名而入手。人事演进，化学大兴。著作者纷不一家，翻译者纷不一口。即一物一名，已不胜其繁，况一物而数名耶。语音互异，有似方言，承学之士，茫乎尤未识堂奥之所在，其耳目聪明，但为复杂之符号所眩惑，已疲惫而不敷应用，有望洋而叹者矣。宁津银瑞轩先生，精研化学，思欲折衷一是，以省学者之记忆力，于是出其心

续表

序号	序/译例/例言/编辑大意等中的说明
20	得，著为《新体化学教科书》。书中一切名词，悉遵照教育部所拟定者以为准。学者由是入门，绎其名词，已可得其大义之所在，事半功倍，无踰于此。是则先生善体教育部嘉惠士林之苦心，而大畅厥旨，公诸学界者也，其有补于教育之进行，岂浅鲜哉。 （王元白）序三：吾友银君瑞轩，向与家月楼兄，同讲授赵邑之中校，专务殚精于化学，既有年矣。又以学校沿用，鲜有善本，甚或名目舛驳，恒足困学者之心力，乃本诸教育部颁布名词，著为是编，以饷学者。 （银凤阁）序四：化学名词，至今复杂庞乱极矣。教育部深慨此弊，于民国五年，拟定各科教授要目命名草案，颁布各学校，务期名词通一。对于化学名词，特加详解，将一般名词不妥者，一一驳之，应如何规定，又一一详言之。定元素名称，金属者从金旁，非金属而在普通温度为气体者从气，液体者从水，固体者从石。关于有机物质之名称，皆译其义，不译其音。如他书所谓巴辣芬者，部定曰完质，完质者饱和之意也。在 CH_4 曰一碳完质，在 C_2H_6 曰二碳完质，以及三碳完质 C_3H_8、四碳完质 C_4H_{10} 等，仿此类推，如网提纲，如衣挈领，顾名思义，一目了然。施之教授，事半功倍。 编辑大意：有物则有名，有名则有义。义者本也，名者末也。今各化学书，按音以中文译西名，不但失其义，并且失其音。况兼彼此各译，复杂已极。授受两方，殊属困难。于民国五年，教育部为就此弊，颁布名词，专重其义，而略其音，顾名思义，一目了然，且知一名词，其同类者，可推而知，甚属便利。谨遵所颁布者编辑之，以期划一。关于有机化学之名词，在本书之末，附一对照表，以便参考
21	编辑大意：书中原质及化合物之名称，俱用吾国所固有，或现时最通行者
22	编辑大意：本书采取最通用之名称，间有讲一物用两名称，以期同时记忆者。周期律之旋形表示法，火焰识别法，中西名词对照表，及原质与化合物通用名称表，均附录书末，以备参考
23	编辑大意：本书所用名词概取有系统的学名，无机有机名词，概准著者所拟之《无机化学命名草案》（已出版）和《有机化学命名草案》（印刷中）。本书卷末附有索引和译名对照表各一，以便检查
25	编辑大意：化学名词经学者屡次修正，现当新陈代谢之时，特于名词下概附西文，以资考核

续表

序号	序/译例/例言/编辑大意等中的说明
26	编辑大意：本书于元素定名，概遵科学名词审查会；惟对于有机化合物之名词，别费斟酌。盖就构造定名，虽适于研究门径，而与现致药品，名实迥异，殊感困难；若主以所自出定名，固适于应用，而又乏研究之统系观念；故本书不得不别有主张。即于分类章目，主以构造定名，为研究示方针；在各节举述形性，主以所自出定名，间或附著通行已久之译名，为合应用目的；惟仍以诠释式语气，申之以构造之名。如是以兼用为统一，庶曲当于教旨。 本书于名词术语之标示，皆用特著字体以醒目；并附西文，为求进于西籍之预备
27	编辑大意：本书所用名词，概取有系统之学名。 本书卷首附有最近万国原子量表，卷末附有索引及译名对照表各一，以便检查
29	编辑大意：本书所采用之名词，力求适当，且有系统；并附注西名，以便参考
30	编辑大意：本书所用化学名词，依拙拟之化学命名法，有一定之系统。本书术语，下附注英文，以便对照。主要名词用黑体，重要字句下加波线，以促读者注意。 本书篇末附索引及译名对照表，以便检查

注：表中序号与表3-3序号所对应的教科书一一对应。

除教科书编译者关注译名外，为教科书作序者也会强调译名的重要性。如傅寿康在赞赏曾书（8号教科书）之"达"时，同时指出其译名"多沿日人"："独名词多沿日人，于故训或不免小小达异耳"，"中国讲西学数十年，辞典不备，学者译书，至取资后起之日本，其于正名之义不亦远乎。"20号教科书银凤阁《新体化学教科书》（1919）的（李鸿春）序一、（王元白）序三、（银凤阁）序四都提到了译名问题。在编辑大意中，银凤阁又再次论及译名问题。该书书末还附有有机化学名词的各种中译名表。采纳1915年教育部颁布的化学名词是该书特色之一。译名问题处理得当，是教科书通过学部审定的要素之一。如晚清学部审定虞和钦书（7 号教科书）之批语："是书编辑完善，体例一新，凡化学名称融会新旧，参酌得宜，非他书所及，译笔亦条达，应审定作为中学教科书。"

从表 3-6 还可初步看出，对于化学译名提出独特创见的有杜亚泉、虞和钦与郑贞文。其中，虞和钦与郑贞文在教科书之外发表了专门的无机物和有机物的中文命名方案，并在他们译编、编辑的化学教科书中有所采纳。

其他编译者大多或采用旧有译名（如徐寿或益智书会、科学名词审查会拟定的元素名），或改进徐寿的译名（如 14 号教科书），或采用日译名，或在五花八门的名词中选择其一，或辑录中西译名对照表（如 1 号、15 号、19 号、22 号、23 号、27 号、30 号教科书）。清末时期，日文元素名曾风行一时。如 2 号、3 号和 8 号教科书于 H、O、N、Cl 等元素采用日译名"水素""酸素""窒素""盐素"；于 Ni、Mn 等元素采用徐寿的译名，但加一"素"字结尾以表明是元素之名，对徐寿尚未译及的元素名，则根据日文假名用汉字音译。

陈石麟的化学原质名目异同表常可见于清末和民国初年的化学教科书中，如 2 号、8 号教科书。还有因为专论无机化学而未入选本书样本教科书的浙江仁和任允（1876—1909）编的《无机化学》（1906年初版，1913 年第 10 版）也在附录中收入此表[1]。中华民国医药学会编订的《化学命名草案》中也收录了此表[2]。不少教科书的编译者，如 3 号教科书的长沙三益社、9 号教科书的华文祺和华申祺在元素名称、符号及原子量表中列出编译者所青睐的译名，以及旧译名，以资对照，方便读者。

---

[1]任允：《无机化学》，中国图书公司，1913。
[2]中华民国医药学会：《化学命名草案》，京华印刷局，出版时间不详。

在"壬子·癸丑学制"时期的中学化学教科书中，有部分编译者采用了1915年教育部颁布的有机物名词，如15号、20号教科书。进入"壬戌学制"时期，由于郑贞文在商务印书馆工作，此时期大多数中学化学教科书特别是商务印书馆出版的化学书均采用了郑贞文拟订的无机物和有机物名词，如23号、25号、27号、30号教科书。26号教科书称"有机化合物之名词，别费斟酌"，然而考察其有机物名词，如二炭矫质（C_2H_6）、二炭赢质（C_2H_4）、二炭亚赢质（C_2H_2）、六炭轮质（C_6H_6）、七炭轮质（C_7H_8）等多来自虞和钦，二炭醛（CH_3CHO）等则借鉴1915年教育部颁布的有机物名词。

二、元素译名

笔者曾对1901—1932年的32本中文化学教科书（绝大多数是中学教材，有些是师范教材）中的83种元素译名进行统计分析，发现以下两种现象：一是这些化学教科书中元素译名的使用具有明显的时段特征，即1901—1920年大多数采纳徐寿的译名，1921—1932年基本采纳1915年教育部颁布的元素译名；二是在一些重要的元素如 H、N、O、F、Cl、C、P、Hg 的译名上，前一时段大多采纳"轻""淡""养""弗""绿""炭""燐""汞"的译名，后一时段大致采纳"氢""氮""氧""氟""氯""碳""磷""銾"的译名[1]。

1920年，郑贞文出版的《无机化学命名草案》采纳了1915年教育部颁布的全部元素名称，且多译了3个元素名，即氭（Rn）、钬（Ho）、镏（Lu）[2]。由于1918年秋至1932年郑贞文在商务印书馆编译所担任编辑和理化部主任，因此1921—1932年的化学教科书大多使用郑贞文的元素名词，也就是1915年教育部颁布的元素名词。

---

[1]何涓：《清末民初化学教科书中元素译名的演变——化学元素译名的确立之研究（一）》，《自然科学史研究》2005年第2期。
[2]郑贞文：《无机化学命名草案》，商务印书馆，1920，第1-8页。

新名词一旦创造出来，只有在使用中才能检验其生命力。徐寿所创制的元素译名简洁明快，他所在的江南制造局出版的化学书籍译笔流畅，享有广泛声誉，后来成为相当长一段时间内国人学习化学的必备入门读物。这些读者自然也愿意接受和使用徐寿的元素译名。甲午战争之后，日文书籍大量输入中国，日文元素译名"酸素""水素""窒素"等对徐寿的译名造成了一定程度的冲击，然而学部1908年颁布的《化学语汇》仍承认了徐寿的绝大部分译名。

新名词的存活主要取决于两个因素：一是名词在学理上的合理性，二是名词使用的广泛性。具体到不同的名词时，对两个因素的侧重会有不同，有时会综合考虑。如1915年教育部颁布标准元素名词时指出，徐寿拟制的气体元素名称"轻""淡""养""绿"容易与它们不作元素名时的含义相混，于是将它们都加上了"气"字头，创制了"氢""氮""氧""氯"译名[1]。这4个译名虽然是新字，但与母体"轻""淡""养""绿"仍有渊源。1920年科学名词审查会提议将"氮""氧""氯"译为"氜""氱""氯"[2]，与原有通行之译名"淡""养""绿"看不出有任何联系。郑贞文认为"习用之字，无大弊者，无妨仍之，以求易于通行。故拟加气首于轻养淡绿之上，造氫氱氮氯等字，而以部拟之氢氧氮氯为其略字而用之"[3]。"氢""氮""氧""氯"的创制，兼顾了名词的合理性与广泛性。

教科书是传播新名词的重要载体。从近代中文化学教科书中元素译名的使用情况来看，教科书在促成徐寿的元素译名和郑贞文所推荐的元素译名被认可中起到重大作用。郑贞文依托商务印书馆编译所之便，使用了1915年教育部颁布的元素译名，并足以与统一科学名词术

---

[1]《关于指定标准元素名词商榷》，《教育公报》1915年6期。
[2] 科学名词审查会：《科学名词审查会第一次化学名词审定本》，《东方杂志》1920年第7期。
[3] 郑贞文：《无机化学命名草案》，第8页。

语的学术组织科学名词审查会所审定的名词相抗衡。

　　从表 3-7 中无机物名词中关于氧元素的译名来看，"壬戌学制"时期，从 22～32 号教科书，除 26 号教科书钟衡臧《新中学教科书·化学》（1925）使用"氱"译名外，其余 10 本教科书均使用了"氧"译名。在 1～21 号教科书中，无机物名词中使用"养"译名的有 12 本教科书，即 1 号、4～7 号、10 号、12 号、13 号、16 号、18 号、19号、21 号教科书。使用"氧"译名的为 15 号教科书王兼善《民国新教科书·化学》（1921）和 20 号教科书银凤阁《新体化学教科书》(1919)。其中，15 号教科书的元素译名在 1921 年 6 月印刷至第 19 版时，已改为 1915 年教育部颁布的元素译名，所以使用的是"氧"译名。但其 1913 年初版的元素译名，使用的是不带"气"字头的"轻""淡""养""绿"，在无机物中的元素译名也是"轻""淡""养""绿"，对气体单质的称呼则是"轻气""淡气""养气""绿气"。20 号教科书为银凤阁所编，他在编辑大意中已称遵照 1915 年教育部颁布名词，所以使用的也是"氧"译名。14 号教科书文明书局《化学教科书》（1912）的 H、N、O、Cl 元素译名与众不同，其创制理由可参见表3-6，在此不再赘述。2 号、3 号、8 号、9 号、11 号、17 号教科书使用的是日译名"酸素"，但在无机物名词中皆为"酸"，如将 NO 称为"酸化窒素"，这一命名方式仍然是沿袭日文的无机物命名方法。银凤阁正确地指出，在化合物的中文名称中，称氧为酸，颇为混乱："前译各化学书，对于酸字，所指甚是混淆。本书所谓酸者，专指酸类而言，如硫酸硝酸，及硫酸铜硝酸银是也。而氧化铁氧化铜，不得谓之酸化铁，酸化铜也。"①

　　也就是说，在 1901—1932 年的中文化学教科书中，大约 1920 年

---

①银凤阁：《新体化学教科书》，新华书局，1919，编辑大意第 1-2 页。

前，无机物名词中氧元素的译名主要使用"养"，这来自徐寿的译名①；在大约 1920 年后，无机物名词中氧元素的译名主要使用"氧"，这来自 1915 年教育部颁布的元素名词，也是郑贞文采纳的元素名词。

笔者还注意到，在谈论氢、氮、氧、氯 4 种元素的气体单质时，1932 年前的化学教科书大都使用"轻气""淡气""养气""绿气"的译名，而很少使用带"气"字头的"氢气""氮气""氧气""氯气"的译名。如果我们同时注意到，在 1920—1932 年的大多数化学教科书中，对氢、氮、氧、氯 4 种元素的命名及其在无机化合物中的命名均为氢、氮、氧、氯，那么这些教科书把氢、氮、氧、氯的气体单质仍依照徐寿的命名称为"轻气""淡气""养气""绿气"，而非"氢气""氮气""氧气""氯气"，则是一个有趣的现象。

总的来看，以氧的译名为例，从表 3 - 7 中可以看出，本书所考察的 32 本中学化学教科书中关于元素译名的使用情况，与笔者在《清末民初化学教科书中元素译名的演变——化学元素译名的确立之研究（一）》（2005）一文中的研究结论一致，即大概在 1920 年前后，化学教科书中关于元素译名的使用情况表现出时段特征，1920 年前多使用徐寿的元素译名，1920—1932 年多使用郑贞文 1920 年的《无机化学命名草案》中的元素译名。

三、无机物译名

无机物种类繁多，各教科书论述的物质详略不同，难以尽述。下面主要列出氮和铁的化合物的中文命名，兼顾其他化合物，因为氮和

---

① 徐寿把氧元素命名为"养气"，但在无机物命名中，把氧元素称为"养"，略掉了"气"字。"养气"命名不是徐寿首创，它最早由英国传教士合信（Benjamin Hobson，1816—1873）编译的《博物新编》（1855）提出，该书还首创了"轻气"和"淡气"的元素译名，也为徐寿采纳。参见王扬宗：《近代化学的传入》，载赵匡华主编《中国化学史·近现代卷》，广西教育出版社，2003，第 7 - 8 页。

铁这两种元素的价态多样而形成多种化合物，考察其命名较便利于阐述命名特色。如若书中所述物质的名称欠缺，则补充其他物质的命名，以便依此类推。本书考察的清末民初中学化学教科书中无机物名词示例见表 3-7。

表 3-7　本书考察的清末民初中学化学教科书中无机物名词示例

序号	名词
1	育$_二$养（N_2O），育养（NO）； 铁$_二$养$_三$（Fe_2O_3）、铁$_三$养$_四$（Fe_3O_4）
2	亚酸化窒素（N_2O），酸化窒素（NO/N_2O_2），无水亚硝酸（N_2O_3），二酸化窒素（NO_2/N_2O_4），无水硝酸（N_2O_5）； 第一酸化铁（FeO），第二酸化铁（Fe_2O_3），四三酸化铁（Fe_3O_4）
3	一二酸化窒素/亚酸化窒素（N_2O），酸化窒素（NO），二酸化窒素/过酸化窒素（NO_2）； 酸化铁（FeO），酸化第二铁（Fe_2O_3），四三酸化铁（Fe_3O_4）
4	亚养化淡气（N_2O），养化淡气（NO），无水亚硝养（N_2O_3），二养化淡气/过养化淡气（NO_2），无水硝养（N_2O_5）； 养化第一铁（FeO），养化第二铁（Fe_2O_3），养化一二铁（Fe_3O_4）
5	次育养（N_2O），亚育养（NO），育养（N_2O_3），中育养（NO_2），二中育养（N_2O_4），强育养（N_2O_5）； 低铁锈（FeO），高铁锈（Fe_2O_3），合铁锈（Fe_3O_4）
6	亚养化淡/养化二淡（N_2O），养化淡（NO），无水亚硝酸（N_2O_3），过养化淡（NO_2）； 养化第二铁（Fe_2O_3），四养化三铁（Fe_3O_4），硫化第一铁（FeS），养化第一铜（Cu_2O），养化第二铜（CuO），绿化第一锡（$SnCl_2$），绿化第二锡（$SnCl_4$），绿化钠（$NaCl$），二养化锰（MnO_2）
7	一二养化淡/亚养化淡（N_2O），养化淡（NO），二养化淡/过养化淡（NO_2），三绿化燐（PCl_3），五绿化燐（PCl_5）； 养化第二铁（Fe_2O_3），四三养化铁（Fe_3O_4），硫化第一铁（FeS），硫酸第一铁（$FeSO_4$）

续表

序号	名词
8	亚酸化窒素（N_2O），酸化窒素（NO），三酸化窒素（N_2O_3），过酸化窒素/二酸化窒素（NO_2），四酸化窒素（N_2O_4）； 亚酸化铁（FeO），酸化铁（Fe_2O_3），亚酸化酸化铁（Fe_3O_4）
9	酸化炭素（CO），炭酸气/无水炭酸（CO_2），亚硫酸气（SO_2）； 盐化第一水银/甘汞（Hg_2Cl_2），盐化第二水银/升汞/猛汞/毒轻粉（$HgCl_2$），硫酸第一铁（$FeSO_4$），盐化第二铁（$FeCl_3$）
10	一养化二淡/亚养化淡（N_2O），养化淡（NO），过养化淡（nitrogen peroxide），二养化淡（NO_2），四养化二淡（N_2O_4），养化炭（CO），无水炭酸（CO_2），亚绿化燐（PCl_3），绿化燐（PCl_5）； 养化第二铁（Fe_2O_3），四三养化铁（Fe_3O_4），绿化第一铁（$FeCl_2$），绿化第二铁（$FeCl_3$），养化第一铜（Cu_2O），养化第二铜（CuO）
11	一二酸化窒素/亚酸化窒素（N_2O），酸化窒素（NO），二酸化窒素/过酸化窒素（NO_2），无水炭酸（CO_2），酸化炭素（CO），过酸化水素（H_2O_2）； 酸化第二铁（Fe_2O_3），四三酸化铁（Fe_3O_4），硫化第一铁（FeS），硫酸第一铁（$FeSO_4$），二酸化锰（MnO_2）
12	养化淡（NO），二养化淡（NO_2），养化炭素（CO），无水炭酸（CO_2），过养化轻（H_2O_2）； 硫化第一铁（FeS），养化第二铁（Fe_2O_3），过养化锰（MnO_2），养化第一铜（Cu_2O），养化第二铜（CuO）
13	炭养（CO），淡养（NO），淡$_2$养（N_2O），淡$_2$养$_3$（N_2O_3），淡养$_2$（NO_2），淡$_2$养$_5$（N_2O_5）； 一养化铁（FeO），二养化铁/第二养化铁（Fe_2O_3），黑色养化铁（Fe_3O_4），一硫酸铁（$FeSO_4$），二硫酸铁 [$Fe_2(SO_4)_3$]，一轻养化铁 [$Fe(OH)_2$]，二轻养化铁 [$Fe(OH)_3$]，一绿化铁（$FeCl_2$），二绿化铁（$FeCl_3$）
14	二氧化碳/无水碳酸（CO_2），氰化碳（CO），氰化二氨（N_2O），氰化氨（NO）； 氰化第二铁（Fe_2O_3），四氰化三铁（Fe_3O_4），硫酸第一铁（$FeSO_4$），氰化第一铁（$FeCl_2$）

续表

序号	名词
15	亚氧化氮（N_2O），氧化氮（NO/N_2O_2），无水亚硝酸（N_2O_3），过氧化氮（NO_2/N_2O_4），无水硝酸（N_2O_5），一氧化碳（CO），二氧化碳（CO_2），无水磷酸（P_2O_5），四氧化磷（P_2O_4），三氧化磷（P_2O_3），三氯化磷（PCl_3），五氯化磷（PCl_5），三氧化砷（As_2O_3），五氧化砷（As_2O_5）； 氧化第一铁（FeO），氧化第二铁（Fe_2O_3），磁铁（Fe_3O_4），氢氧第一铁 [$Fe(OH)_2$]，氢氧第二铁 [$Fe(OH)_3$]，一氧化铅（PbO），二氧化铅（PbO_2），铅丹（Pb_3O_4），二氧化锰（MnO_2），氧化第一铜（Cu_2O），氧化铜/氧化第二铜（CuO）； 一氧化银（Ag_2O），氧化銾（HgO），氯化钙（$CaCl_2$），硫化铁（FeS）
16	亚养化淡（N_2O），养化淡（NO），过养化淡/二养化淡（NO_2），四二养化淡（N_2O_4）； 养化第二铁（Fe_2O_3），四三养化铁（Fe_3O_4），硫酸第一铁（$FeSO_4$），绿化第二铁（$FeCl_3$），养化铅（PbO），过养化铅（PbO_2），四三养化铅/铅丹（Pb_3O_4），养化第一铜（Cu_2O），养化第二铜（CuO），绿化第一汞/甘汞（$HgCl$），绿化第二汞/升汞（$HgCl_2$）
17	过酸化窒素（NO_2），亚硫酸瓦斯（SO_2）； 盐化第一水银/甘汞（$HgCl$），盐化第二水银/升汞（$HgCl_2$）
18	亚养化淡（N_2O），养化淡（NO），过养化淡（NO_2），养化炭（CO），无水炭酸气（CO_2），二养化硫（SO_2），三养化硫（SO_3）； 养化第一铁（FeO），养化第二铁（Fe_2O_3），轻养化第二铁 [$Fe(OH)_3$]，养化铅（PbO），四三养化铅（Pb_3O_4），二养化锰/过养化锰（MnO_2），三养化硼素（B_2O_3），养化铝（Al_2O_3），绿化第一锡（$SnCl_2$），绿化第一锰（$MnCl_2$）
19	亚养化淡（N_2O），养化淡（NO），二养化淡（NO_2），二养化炭（CO_2），硫化轻（H_2S），过养化轻（H_2O_2）； 养化第二铁（Fe_2O_3），四三养化铁（Fe_3O_4），硫化第一铁（FeS），绿化第二铁（$FeCl_3$），硫酸第一铁（$FeSO_4$），轻养化铜 [$Cu(OH)_2$]
20	一二氧化氮（N_2O），氧化氮（NO），三二氧化氮/无水亚硝酸（N_2O_3），二一氧化氮（NO_2），四二氧化氮（N_2O_4），无水硝酸（N_2O_5）； 氧化第二铁（Fe_2O_3），硫酸第一铁（$FeSO_4$），氧化铅（PbO），四三氧化铅（Pb_3O_4），氯化第一銾/甘銾（$HgCl$），氯化第二銾/升銾（$HgCl_2$）

续表

序号	名词
21	亚养化淡（N_2O），养化淡（NO），过养化淡（NO_2），四二养化淡（N_2O_4），一养化炭（CO），二养化炭/无水炭酸（CO_2），过养化轻（H_2O_2）； 养化第一铁（FeO），养化第二铁（Fe_2O_3），四三养化铁（Fe_3O_4），硫化第一铁（FeS），硫酸第一铁（$FeSO_4$），轻养化第一铁 [$Fe(OH)_2$]，轻养化第二铁 [$Fe(OH)_3$]，养化第一铜（Cu_2O），养化第二铜（CuO），过养化钡（BaO_2），二养化锰（MnO_2），养化汞/养化水银（HgO），硫酸锰（$MnSO_4$）
22	氧化氮（NO），无水亚硝酸（N_2O_3），过氧化氮（NO_2/N_2O_4），无水硝酸（N_2O_5），三氧化砷（As_2O_3），五氧化砷（As_2O_5），一氧化炭（CO），二氧化炭（CO_2），三氯化磷（PCl_3），五绿化磷（PCl_5）； 氧化第一铁（FeO），氧化第二铁（Fe_2O_3），硫化第一铁（FeS），硫化第二铁（FeS_2），一氧化铅（PbO），二氧化铅（PbO_2），铅丹/红铅（Pb_3O_4），氧化第一銾（Hg_2O），氧化第二銾（HgO），过氧化钡（BaO_2），氧化铝（Al_2O_3）
23	二氧化氮（NO_2），一氧化碳（CO），二氧化碳（CO_2），二氧化硫（SO_2），三氧化硫（SO_3），五氧化二磷（P_2O_5），二氧化二氢（H_2O_2），硫化二氢（H_2S）； 三氧化二铁（Fe_2O_3），四氧化三铁（Fe_3O_4），硫酸亚铁（$FeSO_4$），三氢氧化铁 [$Fe(OH)_3$]，一氧化铅（PbO），四氧化三铅/铅丹（Pb_3O_4），一氧化铜（CuO），硫酸铜（$CuSO_4$），氯化钠（$NaCl$），二氯化镁（$MgCl_2$），二氯化钙（$CaCl_2$），一氧化锌（ZnO），二氯化銾/升銾（$HgCl_2$），一硫化銾（HgS），氢氧化钾（KOH），三氢氧化铝 [$Al(OH)_3$]，二氢氧化钡 [$Ba(OH)_2$]，二氧化锰（MnO_2）
24	一氧化碳（CO），炭酸气（CO_2），亚硫酸气（SO_2）； 三氧化二铁（Fe_2O_3），二氯化铁（$FeCl_2$），三氯化铁（$FeCl_3$），硫酸亚铁（$FeSO_4$），四氧化三铅/铅丹（Pb_3O_4），三硫化二锑（Sb_2S_3），二氯化銾/升銾（$HgCl_2$），二氯化二銾/甘銾（$HgCl$），一硫化銾（HgS）
25	二氧化氮（NO_2），一氧化二氮（N_2O），一氧化氮（NO），五氧化二磷（P_2O_5），三氯化磷（PCl_3），五氯化磷（PCl_5）； 三氧化二铁（Fe_2O_3），四氧化三铁（Fe_3O_4），三氯化铁（$FeCl_3$），硫酸亚铁（$FeSO_4$），三氢氧化铁 [$Fe(OH)_3$]，三硫化二锑（Sb_2S_3），二氯化銾/升銾/猛銾（$HgCl_2$），一氯化銾/甘銾（$HgCl$），一氧化锌（ZnO）

续表

序号	名词
26	亚氯化氩（N_2O），氯化氩（NO），二氯化氩（NO_2），三氯化氩（N_2O_3）；氯化铁（Fe_2O_3），过氯化铁（Fe_3O_4），硫酸第一铁（$FeSO_4$），硫化铁（FeS），氯化第二铁（$FeCl_3$）
27	一氧化氮（NO），二氧化氮（NO_2），五氧化二磷（P_2O_5）；三氧化二铁（Fe_2O_3），四氧化三铁（Fe_3O_4），硫酸亚铁（$FeSO_4$），二氯化铁（$FeCl_2$），三氯化铁（$FeCl_3$），一氧化铅（PbO），四氧化三铅/铅丹（Pb_3O_4），一氯化汞/甘汞（HgCl），二氯化汞/升汞（$HgCl_2$）
28	氧化氮（NO），过氧化氮（NO_2），一氧化碳（CO），二氧化碳/无水碳酸（CO_2），二氧化硫（SO_2），三氧化硫（SO_3）；氧化第一铁（FeO），氧化第二铁（Fe_2O_3），氧化铝（Al_2O_3）
29	亚氧化氮（N_2O），一氧化氮（NO），二氧化氮（NO_2），三氧化二氮（N_2O_3），五氧化二氮（N_2O_5），五氧化二磷（P_2O_5）；氧化低铁（FeO），氧化高铁（Fe_2O_3），氢氧化低铁［$Fe(OH)_2$］，氢氧化高铁［$Fe(OH)_3$］，硫酸低铁（$FeSO_4$），硫酸高铁［$Fe_2(SO_4)_3$］，二氯化锡（$SnCl_2$），四氯化锡（$SnCl_4$），一氧化铅（PbO），二氧化铅（PbO_2），红铅/铅丹（Pb_3O_4），过氧化钡（BaO_2）
30	一氧化二氮（N_2O），一氧化氮（NO），三氧化二氮（N_2O_3），四氧化二氮（N_2O_4），二氧化氮（NO_2），五氧化二氮（N_2O_5）；三氧化二铁（Fe_2O_3），四氧化三铁（Fe_3O_4），二氯化铁（$FeCl_2$），三氯化铁（$FeCl_3$），硫酸亚铁（$FeSO_4$），二氢氧化铁［$Fe(OH)_2$］，三氢氧化铁［$Fe(OH)_3$］，二氧化钡/过氧化钡（BaO_2）
31	一氧化碳/一氧化炭（CO），二氧化碳/二氧化炭（CO_2），一氧化氮（NO），二氧化氮（NO_2）；三氧化二铁（Fe_2O_3），四氧化三铁（Fe_3O_4），三氢氧化铁［$Fe(OH)_3$］，二氯化铁/氯化低铁（$FeCl_2$），三氯化铁/氯化高铁（$FeCl_3$），一氧化铅（PbO），四氧化三铅/铅丹（Pb_3O_4），氯化高汞/升汞（$HgCl_2$），氧化汞（HgO），氧化铜（CuO），二氧化锰（MnO_2），氯化锰（$MnCl_2$）
32	一氧化氮（NO），二氧化氮（NO_2），碳酸气/二氧化碳（CO_2），二硫化碳（CS_2），二氧化硫（SO_2），硫化二氢（H_2S），磷化三氢（PH_3），五氧化磷（P_2O_5）；一氧化钠（Na_2O），二氧化钠/过氧化钠（Na_2O_2），氯化高铁（$FeCl_3$），氯化低铁（$FeCl_2$），一硫化铁（FeS），二硫化铁（FeS_2）

注：表中序号与表3-3序号所对应的教科书一一对应。

从表 3-7 可以看出，对于无机物的中文命名，1 号教科书中西译社《最新中学教科书·化学》（1906）采用直译分子式的命名方法，5 号教科书采用杜亚泉自创的类属式命名方法，13 号教科书马君武《中等化学教科书》（1913）兼用直译分子式和某化某式两种命名方法，其余 29 本教科书都采用了某化某式命名。无机物的某化某式命名方法来自日本，中文教科书中无机物名词的使用情况充分说明了日本的影响。

对于多价态元素形成的二元化合物，在上述五花八门的某化某式译名中，可以把其命名方法分为两大类：一类为使用数字的某化某式命名，另一类为使用修饰词如"亚""过""高""低""第一""第二"的某化某式命名。如一二酸化窒素/一二养化淡/养化二淡/一养化二淡（N_2O）、四二养化淡/四养化二淡（N_2O_4）、养化淡（NO）、三酸化窒素（N_2O_3）等译名属于前者，其命名方法又可细分为"若干若干某化某""某化若干某""某化某""若干某化若干某""若干某化某"。这些命名方法在日文无机物名词中均出现过，但是如四养化二淡（N_2O_4）这种"若干某化若干某"的命名在日文中并不普遍。把这种命名方式贯彻得比较彻底的是郑贞文 1920 年的《无机化学命名草案》[1]，他在书中规定："凡与氧化合之二元化合物皆称曰若干氧化若干某。"[2] 再如亚酸化窒素（N_2O）、过酸化窒素（NO_2）、酸化第二铁/第二酸化铁（Fe_2O_3）、亚酸化铁（FeO）、氯化低铁（$FeCl_2$）、氯化高铁（$FeCl_3$）等译名属于后者。其中，使用"高""低"修饰词的氯化低铁和氯化高铁这种命名方式为医学名词审查会所拟[3]，其余命名方法来自日本。在日文命名法中，亚酸化铁的命名是把形容铁的低价态的修饰词"亚"放在了电负性元素前。在表 3-7 中可以看到不少类似硫酸亚铁的译

---

① 何涓：《中文化学名词的形成：1896—1932》，博士学位论文，中国科学院自然科学史研究所，2008，第 60-61 页。

② 郑贞文：《无机化学命名草案》，商务印书馆，1920，第 25 页。

③ 曹惠群：《理化名词汇编》，科学名词审查会，1940，第 Ⅳ 页。

名，把"亚"置于电正性元素铁之前，这是中国人的命名创见。不过，一个值得指出的有趣现象是，在郑贞文的无机物命名方案中，虽能看到"硫酸亚铁"的命名，但似乎不曾见到"氧化亚铁"的命名。从学理上来说，既然有"硫酸亚铁"名称的存在，那么"氧化亚铁"译名的存在也是合理的。然而，郑贞文的译名中对于 FeO 的命名皆为"一氧化铁"，这是因为他认为采用"若干某化若干某"的方法命名多价态元素形成的二元化合物更能指明元素的化合价，并且也能与其他元素形成的二元化合物的命名保持一致性，而采用"亚"等修饰语则没有这种优势。在 1932 年颁布的《化学命名原则》中规定："二元化合物以二种之化合价结合时，较高者称为某化某，较低者称为某化亚某，亦可从分子式命名，称为若干化若干某。"① 氧化亚铁这种命名就开始普遍起来。

四、有机物译名

在翻译日文化学书时，译者往往借用日文中用汉字表征的名词，省去花费心思琢磨合适译名的烦恼。因此，"水素""酸素""窒素"等日译名曾经风行一时。而日文无机物命名中的某化某式命名法因其采用数字指明原子个数，较类属式命名更能准确无误地传达出物质组成的信息等优势，借助于中文书刊的传播，经过郑贞文等人的改造，被确立为中文无机物的命名方法。

对于有机物的命名，日文采用音译方法，因此在翻译日文书时就没有现成的日文有机物名词可用了。于是，近代早期中国大量的化学书中充斥着根据日文发音用汉字音译的烦冗至极、没有意义关联的有机物名词。有机物的中文命名方案也较元素和无机物的中文命名方案更晚提出。1908 年，虞和钦在《中国有机化学命名草》中用"译义"

①国立编译馆：《化学命名原则》，国立编译馆，1933，第 3 页。

的方法、没有创造一个新字就制订出第一个系统的中文有机物命名方案，使中文有机物名词变得可读且可以理解。但是虞和钦的方案并未引起太多关注。直至 1920 年左右，关于有机物命名的各种讨论在报刊中才热闹起来。伴随着 1932 年《化学命名原则》的颁布，中文有机物名词的创制虽然起步较晚，但也快速得到统一。以下对本书研究的 32 本化学教科书中使用的有机物名词略作初步考察（表 3-8），以便阐明在化学教科书之外提出的有机物命名方案是否在化学教科书中得到应用。由于有机物的种类繁多，各书详略不一，所选取的有机物示例不免显得杂乱，望读者见谅。

表 3-8　本书考察的清末民初中学化学教科书中有机物名词示例

序号	名词
1	炭轻质（hydrocarbons），香质（aromatic compounds），矫质（paraffines），醇（alcohols），迷以脱里醇（methyl alcohol），以脱里醇（ethyl alcohol），减轻醇（aldehydes），以脱里减轻醇（CH_3CHO），以脱（ether），繁以脱（compound ethers），杂以脱（mixed ether），偏西尼（benzene），偏苏以克酸（benzoic acid），非奴里（phenol），那普塔里尼（naphthalene），安尼林（aniline）
2	美打（methane），爱打（ethane），泼罗绷（propane），薄打（buthane），爱既林（ethylene），亚舍既林（acetylene），爱既儿亚尔科尔（C_2H_5OH），盆纯（benzene），妥鲁恩（toluene），克雪林（xylene）
3	亚尔果尔（alcohol），爱既尔亚尔果尔（CH_3CH_2OH），亚尔台西特（CH_3CHO），否尔谟亚尔台西特（HCHO），耶的尔（ether），耶斯的尔（ester），醋酸美既尔（CH_3COOCH_3），盆纯（benzene），亚里札林（alizarin），亚尔加罗以特（alkaloid）
4	密丹/灭丹/沼气（CH_4），耶其勒/阿奢其勒/阿逊其勒/阿奢取捻（C_2H_2），耶取捻（C_2H_4），密其鲁阿鲁果鲁（CH_3OH），耶其鲁阿鲁果鲁（CH_3CH_2OH），密其鲁阿鲁铁比顿（HCHO），耶其鲁阿鲁铁比顿（CH_3CHO）

续表

序号	名词
5	糇（CH$_3$CH$_3$），糈（CH$_3$CH$_2$CH$_3$），粺（CH$_3$CH$_2$CH$_2$CH$_3$），依（CH$_2$CH$_2$），僣（C$_3$H$_6$），侼（C$_4$H$_8$），阿（C$_2$H$_2$）、陃（C$_3$H$_4$），下迷钠双锈（CH$_3$NaO），下迷碘（CH$_3$I），下迷锈［(CH$_3$)$_2$O］，迷醅（CH$_3$OH），糇醅（C$_2$H$_5$OH），醣（aldehyde），迷醣/福耳密阿勒弟海特（HCHO），阿西顿（acetone），以脱类（ether），糇以脱（C$_2$H$_5$OC$_2$H$_5$），亚迷尼（amine），安息（benzene），安息香（benzol），安息酸（benzoicacid），非呶哩（phenol），笃鲁恩（toluene），那普塔林（naphthalene），尿质（urea）
6	米脱痕/沼气（methane），米脱里（methyl），以脱里尼（ethylene），阿西台里尼（acetylene），米脱里醇（methyl alcohol），阿勒弟海特（aldehyde），以脱（ether），爱司代耳（ester）
7	二炭矫质（C$_2$H$_6$），二炭赢质（C$_2$H$_4$），二炭亚赢质（C$_2$H$_2$），二炭矫基（C$_2$H$_5$），三绿易一炭矫质（CHCl$_3$），二炭醅（C$_2$H$_5$OH），三炭三价醅［C$_3$H$_5$(OH)$_3$，glycerin］，一炭间质（HCHO），二个一炭矫基拟间质（CH$_3$COCH$_3$），两个一炭矫基醅精（CH$_3$OCH$_3$），三炭脂酸（C$_2$H$_5$COOH），十七炭贫酸/油酸（C$_{17}$H$_{33}$COOH），三炭亚贫酸（C$_2$HCOOH），矫基盐/醅基盐（ester），二炭脂酸二炭矫基/醋酸二炭矫基［CH$_3$COO(C$_2$H$_5$)］，轮质（C$_6$H$_6$），十炭轮质（naphthalene），一轻养轮质/石炭酸（C$_6$H$_5$OH）
8	没丹（CH$_4$），爱丹（ethane），皮罗绷（propane），普丹（buthane），爱既林（C$_2$H$_4$），亚舍既林（C$_2$H$_2$），以脱三盐化没丹/嘌啰仿谟（CHCl$_3$），爱既儿亚尔科儿（ethylalcohol），没既儿亚尔台西特（HCHO），爱既儿亚尔台西特（CH$_3$CHO），亚舍顿（CH$_3$COCH$_3$），没既儿以脱（CH$_3$OCH$_3$），爱既儿以脱/以脱（ethylether），爱斯透（ester），硫酸爱既儿［(C$_2$H$_5$)HSO$_4$］，盆纯（C$_6$H$_6$）
9	米旦/沼气（CH$_4$），伊脱林（C$_2$H$_4$），阿西台林（C$_2$H$_2$），哥罗方（chloroform），以脱（ether），阿里司林/茜素（alizarin）
10	米脱痕（CH$_4$），以脱痕（C$_2$H$_6$），以脱里醇（CH$_3$CH$_2$OH），阿西脱阿勒第海特（CH$_3$CHO），以脱（ether），米脱里以脱（CH$_3$OCH$_3$），米脱里以脱里以脱（CH$_3$OC$_2$H$_5$），加波格昔尔基（COOH），爱司他（ester），偏苏里（C$_6$H$_6$）
11	灭怛/沼气（CH$_4$），乙怛（C$_2$H$_6$），夜趣林（C$_2$H$_4$），亚雪趣林（C$_2$H$_2$），夜取儿酒精（C$_2$H$_5$OH），亚尔碟喜得（CH$_3$CHO），夜梯儿（ether），夜思梯儿（ester），边剪（C$_6$H$_6$）

续表

序号	名词
12	米以脱尼（CH_4），以脱尼（C_2H_6），布路贝尼（C_3H_8），以脱里尼（C_2H_4），阿西台里尼（C_2H_2），米以脱里酒精（CH_3OH），以脱里酒精（C_2H_5OH），福耳密阿勒弟海特（HCHO），阿勒弟海特（CH_3CHO），爱思脱（ester），米以脱里以脱（CH_3OCH_3），醋酸以脱里（$CH_3COOC_2H_5$），偏苏里（C_6H_6），阿尼里尼（$C_6H_5NH_2$），加波力克酸（C_6H_5OH）
13	壹炭酒精（CH_3OH），贰炭酒精（CH_3CH_2OH），以脱类（ethers），蚁酸（HCOOH），醋酸（CH_3COOH），布娄比尼克酸（C_2H_5COOH），以脱盐类（etheralsalts），本精（C_6H_6），淡化本精（$C_6H_5NO_2$），阿里林（$C_6H_5NH_2$），安息酸（benzoicacid），土路恩（$C_{10}H_8$），那弗塔林（$C_{10}H_8$）
14	一碳矫质（CH_4），二碳赢质（C_2H_4），二碳亚赢质（C_2H_2），三氯易一碳矫质（$CHCl_3$），二碳醇/二碳醋/二碳矫基醇（CH_3CH_2OH），三碳三价醇（$CH_2OHCHOHCH_2OH$），二碳间质（CH_3CHO），二个二碳矫基醇精/醇精（$C_2H_5OC_2H_5$），一碳矫基二碳矫基醇精（$CH_3OC_2H_5$），一碳脂酸/蚁酸（HCOOH），二碳脂酸/醋酸（CH_3COOH），轮质（C_6H_6），硝基易轮质（$C_6H_5NO_2$），生色精（$C_6H_5NH_2$），石炭酸（C_6H_5OH），安息酸（C_6H_5COOH），十碳稠轮质（naphthalene），十四碳稠轮质（anthracene）
15	四碳完质（C_4H_{10}），二碳赢质（C_2H_4），四碳亚赢质（C_4H_6），氯化一碳完基（methyl chloride），一碳完基氮氢基质（methyl amine），四碳醇（C_4H_9OH），一碳醛（HCHO），三碳酮（CH_3COCH_3），醇精（ethers），二个二碳完基醇精（$C_2H_5OC_2H_5$），完基盐（esters），蚁酸一碳完基（$HCOOCH_3$），醋酸一碳完基（methyl acetate），醋酸二碳完基（ethyl acetate），轮质/六碳轮质（C_6H_6），轮质酸（C_6H_5COOH），七碳轮质/一完基轮质（$C_6H_5CH_3$），生色精（aniline）
16	米脱痕（methane），以脱痕（C_2H_6），以脱林（C_2H_4），阿西台林（C_2H_2），阿尔起尔基（alkyl radical），醇/阿尔科尔（alcohol），米脱里阿勒弟海特（HCHO），以脱里阿勒弟海特（CH_3CHO），米脱尔几登（methyl ketone），以脱尔几登（ethyl ketone），以脱（ether），爱司他（ester），偏苏痕（benzene），养基偏苏痕（oxybenzene），礄基偏苏痕（amido-benzene），礄基米脱尔偏苏痕（amido methylbenzene），三硝基养基偏苏痕（trinitro oxybenzene），亚尼林（aniline），非诺尔（phenol），三硝基非诺尔（trinitro phenol），多路痕（toluene），多路以定（toluidine）
17	沼气（CH_4），阿雪起林（C_2H_2），以的儿（ether），苦里雪林（glycerine），蚁酸（HCOOH），醋酸（CH_3COOH）

续表

序号	名词
18	迷脱尼/沼气（methane），以脱尼（C_2H_6），布路比尼（propane），克罗路福姆（chroloform），沃度福姆（iodoform），以脱里尼（ethylene），阿西台里尼（acetylene），迷脱里醇（CH_3OH），阿勒第海特（aldehyde），蚁酸阿勒第海特（HCHO），醋酸阿勒第海特（CH_3CHO），以脱（ether）
19	一炭矫质/沼气（CH_4），二炭矫质（C_2H_6），二炭赢质（C_2H_4），二炭亚赢质（C_2H_2），一炭醇（CH_3OH），一炭间质（HCHO），二个一炭矫基拟间质/醋酸拟间质（CH_3COCH_3），一炭矫基醇精（CH_3OCH_3），二炭矫基醇精（$C_2H_5OC_2H_5$），矫基盐（ester），醋酸二炭矫基（$CH_3COOC_2H_5$），轮质（C_6H_6）
20	一碳完质/沼气（CH_4），二碳赢质（C_2H_4），二碳亚赢质（C_2H_2），二碳醇/二碳完基醇（C_2H_5OH），三碳三价醇［$C_3H_5(OH)_3$］，一碳醛（HCHO），二个一碳完基酮［$(CH_3)_2CO$］，醇精（ethers），两个一碳完基醇精（CH_3OCH_3），二碳脂酸/醋酸（CH_3COOH），醇基盐/完基盐（esters），醋酸二碳完基（$CH_3COOC_2H_5$），轮质/六碳轮质（C_6H_6），十碳轮质（naphthalene），轮质酸（C_6H_5COOH）
21	美显痕/沼气（methane），绿化沼基（CH_3Cl），三绿化沼基/哥罗仿母（$CHCl_3$），布路品/三沼（propane），避顿痕/四沼（butane），爱啬吝（ethylene），二炭酒精（ethyl alcohol），一炭醛/蚁醛（HCHO），二炭醛/醋醛（CH_3CHO），二炭以脱（$C_2H_5OC_2H_5$），有机盐（ester），醋酸二沼基（ethylacetate），硝酸二沼基（$C_2H_5NO_3$）
22	二炭矫质/二碳完质（C_2H_6），四炭矫质（C_4H_{10}），亚赢质/阿西台林（C_2H_2），完基（alkyl radicals），三绿化一炭矫质/迷蒙精（$(CHCl)_3$），醇族（alcohols），一炭醇/木酒精（CH_3OH），二炭醇/酒/火酒（CH_3CH_2OH），五炭醇/五碳醇（$C_5H_{11}OH$），酮基（ketonic group），二个二碳完基醇精（diethyl ether），醇精（ether），醇精/以脱（CH_3OCH_3），以脱（ether，$C_2H_5OC_2H_5$），一炭脂肪酸/蚁酸（HCOOH），完基盐（esters），硝酸甘油［$C_3H_5(NO_3)_3$］，轮质（C_6H_6），石炭酸（C_6H_5OH），轮质酸（C_6H_5COOH），生色精（$C_6H_5NH_2$），氮氧基代轮质（$C_6H_5NO_2$），咖啡碱（caffeine）

续表

序号	名词
23	甲烷/一碳烷（CH$_4$），乙烯（C$_2$H$_4$），乙炔（C$_2$H$_2$），三氯甲烷（CHCl$_3$），醇/乙醇/酒醇/酒精（alcohol），甲醇/木醇（wood spirit），丙三醇（CH$_2$OHCHOHCH$_2$OH），甲醛（HCHO），丙酮/木酮（CH$_3$COCH$_3$），乙酸（CH$_3$COOH），醚（ether），二乙醚/（ethyl ether），醯（ester），烯/轮质/安息油（C$_6$H$_6$），烯醇/石炭酸（C$_6$H$_5$OH），三硝基烯醇〔C$_6$H$_2$OH(NO$_2$)$_3$〕，硝化甘油〔C$_3$H$_5$(NO$_3$)$_3$〕，甘油炸药（dynamite）
24	沼气（CH$_4$），电石气（C$_2$H$_2$），迷蒙精（CHCl$_3$），三碘甲烷（CHI$_3$），甲醇/一碳醇/木精（CH$_3$OH），二碳醇/酒精（C$_2$H$_5$OH），蚁醛（HCHO），木酮（CH$_3$COCH$_3$），醇精/醚（C$_2$H$_5$OC$_2$H$_5$），那夫他林/洋樟脑（naphthalene）
25	甲烷（CH$_4$），三氯甲烷（CHCl$_3$），甲醇/木醇/木精（CH$_3$OH），乙醇/醇/酒精（C$_2$H$_5$OH），戊醇（C$_5$H$_{11}$OH），醛（aldehyde），蚁醛（HCHO），醚（ether），二甲醚（CH$_3$OCH$_3$），二乙醚/醇精（C$_2$H$_5$OC$_2$H$_5$），甲乙醚（CH$_3$OC$_2$H$_5$），醯（ester），烯（C$_6$H$_6$），硝基烯（C$_6$H$_5$NO$_2$），烯醇（C$_6$H$_5$OH），烯甲酸/烯酸/安息酸（C$_6$H$_5$COOH），硝化纤维素（nitro-cellulose）
26	二炭矫质（C$_2$H$_6$），二炭赢质（C$_2$H$_4$），二炭亚赢质/电石气（C$_2$H$_2$），一炭醋/木精（CH$_3$OH），二炭醋/酒精（C$_2$H$_5$OH），二炭醛/减轻醛/阿勒第海特（CH$_3$CHO），一炭醋精（CH$_3$OCH$_3$），矫基盐（ester），二炭矫基硝酸盐（ethyl nitrate），六炭轮质（C$_6$H$_6$），十炭轮质（naphthalene），十四炭轮质（anthracene），硝酸纤维（nitro cellulose）
27	甲烷/沼气（CH$_4$），乙炔（C$_2$H$_2$），三氯甲烷/迷蒙精（CHCl$_3$），烷基（alkyl radical），甲基（methyl radical），甲醇/木醇（CH$_3$OH），乙醇/醇/酒精（C$_2$H$_5$OH），丙三醇/甘油（CH$_2$OHCHOHCH$_2$OH），甲醛（HCHO），乙醛/醛（CH$_3$CHO），二乙醚/醚/醇精（C$_2$H$_5$OC$_2$H$_5$），醯（ester），乙酸乙烷（CH$_3$COOC$_2$H$_5$），烯/安息油（C$_6$H$_6$），硝基烯（C$_6$H$_5$NO$_2$），硝化甘油〔C$_3$H$_5$(NO$_3$)$_3$〕，甘油炸药（dynamite）

续表

序号	名词
28	一碳烷（CH_4），二碳烷（C_2H_6），电石气（C_2H_2），醇/酒精（alcohol，C_2H_5OH），醋酸（CH_3COOH），草酸（oxalic acid），硝化甘油 $[C_3H_5(NO_3)_3]$，三硝化陶卤 $[C_7H_5(NO_2)_3]$，尿素（urea）
29	一炭烷/沼气（CH_4），十炭烷（$C_{10}H_{22}$），十六炭烷（$C_{16}H_{34}$），电石气（acetylene），酒精（alcohol，C_2H_5OH），木精/木酒精（methyl alcohol，CH_3OH），石油醚（petroleum ether），硝化甘油/硝酸甘油 $[C_3H_5(NO_3)_3]$，甘油炸药（dynamite），奔烷油（benzal），甲焆（$C_6H_5CH_3$），三硝基甲焆 $[C_7H_5(NO_2)_3]$，甲氧焆（$CH_3OC_6H_5$），石碳酸/石炭酸（C_6H_5OH），纳夫达林（$C_{10}H_8$）
30	甲烷/沼气/坑气（CH_4），十六烷（$C_{16}H_{34}$），三氯甲烷（$CHCl_3$），戊烯（C_5H_{10}），丁二烯（$CH_2=CH—CH=CH_2$），二甲基丁二烯 $[CH_2=C(CH_3)—C(CH_3)=CH_2]$，乙炔/电石气（$C_2H_2$），醇（alcohol），乙醇/醇/酒精（$C_2H_5OH$），乙二醇（$CH_2OHCH_2OH$），甲醛/蚁醛（HCHO），乙醛/醋醛/醛（$CH_3CHO$），丙酮/木酮/酮（$CH_3COCH_3$），醚（ethers），二乙醚（$C_2H_5OC_2H_5$），醯（ester），醋酸乙烷（$CH_3COOC_2H_5$），焆（$C_6H_6$），骈焆（$C_{10}H_8$），叁焆（$C_{14}H_{10}$），二甲焆 $[C_6H_4(CH_3)_2]$，焆醇/石炭酸（C_6H_5OH），甲焆醇（$CH_3C_6H_4OH$）
31	醇/酒精（alcohol，C_2H_5OH），焆二醇 $[C_6H_4(OH)_2]$，焆二酮（$C_6H_4O_2$），石油醚（petroleum ether），安息油（C_6H_6），焦油脑（naphthalene），苦味酸（picric acid），生活素（vitamins）
32	三硝基甲焆（tri-nitro-toluene），甲焆（toluene），硝化纤维/无烟火药（nitro-cellulose），脂蜜（glycerine），硝化脂蜜（nitro-glycerine）

注：表中序号与表3-3序号所对应的教科书一一对应。

从表3-8可以看出，19～32号教科书共计14本教科书都在不同程度上使用了非音译的有机物名词，因此这些书也较早期采用多个汉字音译有机物名词的书更为可读。5号教科书用"醯"来命名醛，在有机物名词的意译上，稍有进步，但杜亚泉无力创造一整套系统的中文有机物命名方案，他的书中大量使用的仍然是音译有机物名词。7号教科书为虞和钦所译，初版于1906年，那时他的《中国有机化学命名草》尚未出版，对于"有机物名，初版俱依制造局旧译本，其未译者，则新译之"。7 号教科书为 1910 年第 4 版，此时书中有机物名词已不再使用音译，而采用《中国有机化学命名草》中新拟订的名词。14 号教科书为文明书局所编，明显采纳了虞和钦的有机物名词。这与虞和钦曾任文明书局驻日本理科总编纂，并且文明书局出版了虞和钦的《中国有机化学命名草》《中学化学教科书》等有一定关系。13 号教科书为马君武翻译，采用了"壹炭酒精"（CH_3OH）、"贰炭酒精"（CH_3CH_2OH）等数量极少的意译有机物名词，绝大部分的有机物名词仍然是多字音译。15 号教科书为王兼善所编，初版于 1913 年，初版中拟定了"第一类酒精缺轻物"（aldehyde）和"第二类酒精缺轻物"（ketones）两个意译的有机物类名，没有列出具体的甲醛或丙酮的名称，对于其他有机物则采用多字音译名称，如"阿西台林"（C_2H_2）。15 号教科书为 1922 年第 20 版，此版中有机物名称已经修正，采用了 1915 年教育部颁布的有机物名词。

除上述提到的教科书外，如果忽略"酒精""醋""醇"这类名称，其余教科书基本上都是用多字音译的方法来命名有机物的。为了辨别 19～32 号教科书使用谁拟制的有机物名词，我们主要从表 3-6 提取出 4 个中文有机物命名方案，即虞和钦、1915 年教育部、科学名词审查会、郑贞文的方案，并将它们与 1932 年颁布的《化学命名原则》作对照，以烷、烯、炔、醇、醛、酮、酯、苯为例，把 5 个方案的命名列于表 3-9。

表 3-9　虞和钦、1915 年教育部、科学名词审查会、
郑贞文等使用的有机物名词

创制者 类名	虞和钦 （1908 年）	教育部 （1915 年）	科学名词审查会 （1920 年）	郑贞文 （1923 年）	《化学命名原则》 （1933 年）
烷	矫质	完质	烷	烷	烷
烯	赢质	赢质	烯	烯	烯

续表

创制者 类名	虞和钦 （1908 年）	教育部 （1915 年）	科学名词审查会 （1920 年）	郑贞文 （1923 年）	《化学命名原则》 （1933 年）
炔	亚羸质	亚羸质	炔	炔	炔
醇	醋	醇	醇	醇	醇
醛	间质	醛	醛	醛	醛
酮	拟间质	酮	酮	酮	酮
醚	醋精	醇精	醚	醚	醚
酯	矫基盐/ 醋基盐	醇基盐/ 完基盐	醯	醯	酯
苯	轮质	轮质	困	煸	苯

"烷""烯""炔""醯"为科学名词审查会首创，那么教科书中若使用这些名词则是受到科学名词审查会的影响。在科学名词审查会发布的名词中有"醚"，它的始创者为陈庆尧①，我们把使用了"醚"译名的教科书也看作是受了科学名词审查会的影响。"醛""酮"由 1908 年中国化学会欧洲支会首创，1915 年教育部采纳了这两个译名②。由于"完质"为 1915 年教育部始创③，因此采用了"完质""醛""酮"译名的教科书是受了 1915 年教育部的影响。郑贞文继承了科学名词审查会的"烷""烯""炔""醇""醛""酮""醚""醯"译名，其首创译名为"煸"④，所以采用了"煸"译名的教科书肯定是受了郑贞文的影响。采用了郑贞文有机物名词中与科学名词审查会相同译名的教科书，当然也可以说是科学名词审查会的译名得到使用。

由此可以判断，23 号、25 号、27 号、29～32 号教科书都使用了"煸"字，它们均受郑贞文有机物名词的影响。24 号教科书贾丰臻和贾观仁《初等实用化学教科书》（1924）未见到苯的译名，但由商务印

①何涓：《中文化学名词醇醛酮醚酯之由来》，《化学通报》2021 年第 6 期。
②同①。
③同①。
④同①。

书馆出版，应该也受到了郑贞文有机物名词的影响。19 号教科书为虞和钦所编，自然是采纳了虞和钦的有机物名词。20 号教科书银凤阁《新体化学教科书》（1919）声称编写时已遵循 1915 年教育部的有机物名词。21 号教科书朱昊飞《中等化学教科书》（1921）使用的译名比较杂乱，既有受 1915 年教育部译名影响的"二炭醛"，又有自创的译名，如"三沼"（C_3H_8）、"四沼"（C_4H_{10}），还有"爱薔畜"（ethylene）这种音译名；把乙醇称为"二炭酒精"，而不是"二炭醇"，又没有遵照 1915 年教育部的译名。从 22 号教科书阎玉振《中学校教科书·化学》（1923）采纳的"二碳完质""一炭醇""二炭醇""酮基""二个二碳完基醇精""醇精""完基盐"等名词来看，是借用了 1915 年教育部的有机物名词，但该书亦有"四炭矫质""亚赢质""三绿化一炭矫质""轮质"等来自虞和钦的有机物名词。26 号教科书钟衡臧《新中学教科书·化学》（1925）亦兼用了虞和钦与 1915 年教育部的有机物名词。28 号教科书徐镜江《初级中学混合理化教科书》涉及的有机物名词数量有限，从"醇""一碳烷""二碳烷"译名来看，该书是使用了科学名词审查会的有机物名词。

　　从上面的分析可以看出，虽然虞和钦自 1908 年提出了系统的中文有机物命名方案，但是在 1915 年教育部颁布有机物名词之前，虞和钦的有机物名词在教科书中并不多见。16 号教科书王季烈《共和国教科书·化学》为 1921 年第 20 版，尚未使用虞和钦的有机物名词，1913 年的初版当然更没有采纳虞和钦的有机物名词。《共和国教科书·化学》在 1922 年 9 月改订第 22 版发行，改订者为郑贞文，该版使用了郑贞文的有机物名词。15 号教科书王兼善《民国新教科书·化学》的 1913 年初版也未使用虞和钦的有机物名词。自 1915 年教育部颁布了有机物名词后，由于一些教科书遵照使用教育部制定的名词，虞和钦的部分名词如"赢质""亚赢质""轮质"等得到继承。1915 年教育部颁布的"醛""酮"译名，来自 1908 年中国化学会欧洲支会提出的方案，二者为科学名词审查会和郑贞文所接受，在 1919—1932 年的化学教科书中得到了广泛采纳。科学名词审查会的"烷""烯""炔""醚""醯"译名，得到郑贞文的支持，在 1923—1932 年的教科书中也使用广泛。

在 32 本教科书中，对于 alcohol 的命名，"醇"字最早出现于 1 号教科书中，"醇"字最先出现于王季烈所编的 6 号教科书《最新化学教科书》（1906）中。历史上，用"醇"来命名 alcohol，最早可见于徐寿的《化学鉴原续编》（1875），后为虞和钦《中国有机化学命名草》（1908）所接受①。译名"醇"则可见于中国化学会欧洲支会于 1908 年提出的方案中，比王季烈稍晚。在 1915 年教育部颁布有机物名词之前，醇的命名以意译名"醇""醇""酒精"或音译名"亚尔科尔"等多种形式在教科书中出现，其中采纳"醇"的译名偏多。在 1915 年以后，译名"醇"不仅被科学名词审查会、郑贞文等绝大多数有机物中文命名方案的提出者所接受，也在教科书中几乎得到了普遍的采纳。

第四节　中国近代中学化学教科书中内容的组织

要清晰地解读中国近代中学化学教科书的各种组织原则并非易事。一般来说，教科书的组成要素中位于目录之前的序言、译例、例言、编辑大意等最有可能交代教科书编译者的编写思想。除此之外，我们只能尝试就教科书最后呈现的文本样态进行分析。分析的结果也因人而异，很难说是对编译者本人的编写原则的准确解读。如门捷列夫《化学原理》初版第一部分按氢、氧、氮、碳的顺序来论述元素，日本化学史家梶雅范（Masanori Kaji）解释这是依据化合价的原则来组织②，而迈克

———————————

① 何涓：《中文化学名词醇醛酮醚酯之由来》。

② Masanori Kaji, "D. I. Mendeleev's Concept of Chemical Elements and the Principles of Chemistry," *Bull. Hist. Chem.* 27, no. 1（2002）：4‑16.

尔·戈丁则认为门捷列夫强烈反对化合价理论，其编写原则突出了有机化学中的类型理论思想[1]。就本书所考察的 32 本化学教科书来说，有一部分教科书原著者或编撰者比较清楚地申述了组织原则，有一部分笼统地、套路式地交代了编写思想，更多的是没有做出任何说明。以下主要从教科书的整体结构，空气、水、氧、氮、氢的编排顺序，元素周期律的编排位置三个方面来论述教科书的组织方式。

一、整体结构

下面把本书考察的 32 本中学化学教科书中的整体结构列于表3-10，并对元素周期律在全书中的位置加以注明，以便后文讨论。

表 3-10　本书考察的 32 本中学化学教科书的整体结构

序号	整体结构[2]	元素周期律的位置
1	一　总引 二　无机化学　（一　非金类　二　金类） 三　有机化学	无元素周期律
2	上编　无机化学 第十七章　成盐素元素及其化合物 第十八章　硫黄族元素及其化合物 第二十五章　金属及其分类（五四、非金属及金属元素之自然分类　周期律） 第二十八章　亚尔加里金属及其化合物 第二十九章　亚尔加里土金属及其化合物　试配克脱朗分析 第三十五章（上编最末章）　铁族元素及其化合物 　　　　　　　　　　　　　　　　　白金 下编　有机化学	元素周期律在讲完非金属后引入，并在金属前讲解

---

[1] Michael D. Gordin, "The Organic Roots of Mendeleev's Periodic Law," *Historical Studies in the Physical and Biological Sciences* 32, no. 2 (2002)：263-290.
[2] 为节省篇幅，"整体结构"部分并不列出每本书的全部目录，而只列出那些与本书讨论相关的部分章节，其中与元素分类有关的章节将重点列出。

续表

序号	整体结构	元素周期律的位置
3	绪论 第一编　化学本论及非金属 第二编　金属 第九章（本编最末章）　金属之化学的性质及周期律 第三编　有机化合物	元素周期律在讲完非金属和金属后引入
4	第一章　绪论 第二章　养气 第十八章　矽 第十九章　元素之分类 第二十章　阿鲁加里金属 第二十一章　阿鲁加里土金属 第二十七章　有机化合物	无元素周期律
5	上编　无机化学 第十七章　成盐属之原质及其合质 第十八章　硫磺属之原质及其合质 第二十五章　金类及其分属　（第五十四节　非金类及金类　原质之自然分属　周期律） 第二十八章　碱金属及其合质 第二十九章　碱土金属及其合质　分光镜分析 第三十五章（上编最末章）　铁属原质及其合质　铂 下编　有机化学	元素周期律在讲完非金属后引入，并在金属前讲解
6	卷上 第一章　空气　物质之不生不灭　气质通有之性 卷中 第一章　溴　碘　弗 第十章　铁　钴　镍 第十一章　锰　铬 第十二章　砌 第十六章　燐 第十七章　砷　锑　铋 第十九章　绿气之养化质 第二十章　原质之周期律 卷下 第一章　米脱痕	元素周期律位于无机化学部分最后一章

续表

序号	整体结构	元素周期律的位置
7	绪论 第一编　化学本论及非金属 第二编　金属 第九章（本编最末章）　金属之化学性质及周期律 第三编　有机化合物	元素周期律在讲完非金属和金属后引入
8	第一编　总论 第四章　元素周期表 第二编　无机类　非金属 第三编　无机类　金属 第四编　有机类	元素周期律在总论部分引入，并在非金属和金属前讲解
9	第一编 第一章　水 第四章　空气　窒素 第二十六章　玻璃　陶磁器 第二十七章　金属类及其矿石 第二十八章　金属之主要盐类 第二编 第一章　砂糖　淀粉	无元素周期律
10	第一篇 第一章　空气　养气　淡气 第二篇 第一章　溴　碘　弗 第二章　淡之养化物 第三章　硫黄 第四章　钙　锶　钡 第八章　镁　锌 第九章　铝 第十七章　燐 第十八章　砷　锑　铋 第十九章　原质之周期律 第三篇 第一章　米脱痕	元素周期律位于无机化学部分最后一章

续表

序号	整体结构	元素周期律的位置
11	绪论 第一编　化学本论及非金属 第二编　金属 第九章（本编最末章）　金属之化学的性质及周期律 第三编　有机化合物	元素周期律在讲完非金属和金属后引入
12	第一章　燃烧 第三章　空气　淡素 第二十章　成盐素族 第二十九章　矽素 第三十章　金属 第四十章　钾 第四十一章　矿物界之学 第四十二章　有机物　煤油	无元素周期律
13	第一章　化学变化及物理变化 第二章　空气 第十七章　淡素族　淡素，燐素，砒素，锑素　附硼素及矽素 第十八章　造盐基元素—分类法 第十九章　钾素族　钾素，钠素（钶素） 第二十四章　铅　锡　铂　黄金 第二十五章　普通炭素化合物 第二十六章　他炭素化合物　附周期律	元素周期律在讲完无机与有机化学后引入，并位于全书最后
14	绪论 第一卷　化学本论 第一篇　普通气体及化学之总定律 第二篇　溶液论 第二卷　无机化学 第一篇　非金属单体及其化合物 第二篇　金属单体及其化合物 第十章（本编最末章）　金属之化学性质，周期律 第三卷　有机化学 第一篇　脂肪属化合物 第二篇　芳香属化合物	元素周期律在讲完非金属和金属后引入

续表

序号	整体结构	元素周期律的位置
15	第一章 绪论 第二章 氧 第三章 空气之研究 第四章 氢 第五章 水之研究 第十章 氯 附盐酸 第十一章 与氯相似之溴碘氟三原质 溴 碘 氟 　　　　　 氟、氯、溴、碘、四原质之比较 第十二章 原质之分族法：周期律 第十三章 周期表第一类甲族原质之研究（碱金族） 第十四章 周期表第一类乙族原质之研究（铜族） 第十五章 周期表第二类甲族原质之研究（碱土 　　　　　 金族） 第二十五章 附有机化合物大意 非芳香碳化物 芳 　　　　　　 香碳化物	在讲完氧、氢、氯、溴、碘、氟后引入元素周期律，此后各章严格按周期表的分族顺序展开介绍
16	上篇 化学通论及非金属 中篇 金属 第十章（本篇最末章） 原质之周期律 下篇 有机化合物	元素周期律在讲完非金属和金属后引入
17	第一章 绪论 第二章 空气 水 第四章 硫黄 硝石 燐 砒素 硼酸 第五章 普通金属及其化合物 第六章 有机化合物	无元素周期律
18	第一编 无机化学 第一章 总论 第二章 非金属 第三章 金属 第十九节 金属之性质 第二十节 金属及非金属之通性 第二十一节 周期律 第二十二节（本章最末节） 电离说 第二编 有机化学	元素周期律在讲完非金属和金属后引入

续表

序号	整体结构	元素周期律的位置
19	绪论 第一编　非金属 第二编　金属 第九章（本编最末章）　金属之化学性质　周期律 　　　　　　　　　　　　附放射性原质 第三编　有机化合物	元素周期律在讲完非金属和金属后引入
20	第一编　无机化学 第一章　总论 第二章　非金属各论 第四章　金属各论 第廿二节（本章最末节）　原质之周期律 第二编　有机化学	元素周期律在讲完非金属和金属后引入
21	绪论 第一编　非金属 第二编　金属 第十章（本编最末章）　周期律　放射能原质 第三编　有机化合物	元素周期律在讲完非金属和金属后引入
22	上篇 第一章　绪论 第二十一章　矽及其化合物 第二十二章　砒及其化合物 中篇 第一章　周期律之研究 第三章　钠钾及其化合物 第四章　铜银金及其化合物 下篇 第一章　绪论 第二章　非芳香炭化物	元素周期律在讲完非金属后引入，并在金属前讲解
23	绪论 第一篇　非金属 第二篇　金属 第九章（本篇最末章）　元素的周期律 第三篇　有机化合物	元素周期律在讲完非金属和金属后引入

续表

序号	整体结构	元素周期律的位置
24	绪言 第一篇　无机化合物 第一章　水 第三章　养气 第十一章　绿气（氯）　漂白粉 第十四章　碱类 第二十五章　金属类及合金 第二十六章　主要金属 第二十九章　饮料水 第二篇　有机化合物	无元素周期律
25	上篇　化学原论及非金属 中篇　金属 第九章（本篇最末章）　金属之化学性质及周期律 下篇　有机化合物	元素周期律在讲完非金属和金属后引入
26	导言 第一章　无机非金属 第二章　无机金属 第十节（本章最末节）　周期律 第三章　有机脂肪体 第四章　有机芳香体	元素周期律在讲完非金属和金属后引入
27	第一篇　非金属 第二篇　金属 第十二章（本篇最末章）　元素之周期律　稀有元素 第三篇　有机化合物	元素周期律在讲完非金属和金属后引入
28	第一章　绪论 第二章　水 第四章　空气 第五章　数种非金属原质之研究 第六章　数种金属原质之研究 第七章　食物及饮料	无元素周期律

续表

序号	整体结构	元素周期律的位置
29	第二章　空气　氧　氮　二氧化碳 第三章　水 第四章　氢 第十章　食盐及氮 第十二章　钠　氢氧化钠　盐基类　碱类　中和　盐类 第十五章　碳及燃料 第十六章　食物 第十七章　氮之化合物 第十八章　原素之分类　周期律 第十九章　成盐族原素 第二十章　硫族 第二十一章　氮族 第二十二章　硅与硼 第二十四章　碱金属 第二十六章　钙　锶　钡	首先从空气、水、食盐、燃料等与日常密切相关的物质入手，论述其中含有的重要元素氧、氮、氢、钠、碳，然后引入元素周期律，接着先介绍非金属，再介绍金属
30	第二章　空气　养气　臭氧 第三章　轻气　水 第四章　碳及其简单化合物 第八章　燃料 第九章　碳化氢 第十一章　食盐　氢氧化钠　炭酸钠　盐酸 第十二章　造盐元素及其化合物 第十五章　醇　醚　醛　酮 第十八章　硫及其化合物（第六节　氧族元素） 第二十一章　氮及其化合物 第二十二章　燐及其化合物 第二十三章　砷及其化合物 第二十四章　锑及其化合物 第二十五章　铋及其化合物 第二十七章　硅及其化合物 第二十九章　锡及其化合物 第三十章　铅及其化合物 第三十三章　荣养化学 第三十四章　元素之周期律 第三十五章　碱族元素 第三十七章　铜族元素	在引入元素周期律之前，讲述了"养气""轻气"、碳、"造盐元素"、硫、氧族元素、氮、"燐"、砷、锑、铋、硅、锡、铅，并把相关的有机物知识穿插其中。在介绍元素周期律之前，讨论到的元素大概是非金属及其同族元素，如碳族元素（碳、硅、锡、铅）、氧族元素、氮族元素。在引入元素周期律之后，则将此前没有介绍的元素族（主要是金属），按照周期表的分族，依据Ⅰ至Ⅷ族的顺序依次讲

续表

序号	整体结构	元素周期律的位置
30	第三十九章 碱土族元素 第四十三章 土族元素 第四十四章 稀金属元素 第四十五章 铬族元素 第四十六章 锰 第五十章 氮族元素	解。其中，在每一族中，我们现在所说的主族元素先讲，副族元素后讲①
31	第一章 空气 第二章 氧 第三章 氮 第四章 水；氢 第五章 盐酸 第九章 铁 第十章 硫黄 第十一章 食盐 第十二章 金属与合金 第十六章 食物与饮料	无元素周期律
32	第二章 空气 第三章 水 第四章 盐酸 第五章 铁 第六章 硫 第七章 食盐 第十一章 人体的营养 第十三章 金 铂 银 第十四章 石英 第十五章（全书最末章） 原素的概要（原素的数目 原素的分类 非金属 金属 原素的周期律）	元素周期律位于全书最后

①在该书中，并没有使用"主族"和"副族"的称谓，而是说"在同一纵列之元素，性质类似，称为同属元素。其中在左者为 a 行，在右者为 b 行。其性质尤似，各自成族"。（引自郑贞文：《新时代高中教科书·化学》，商务印书馆，1930，3 版，第 315 页）也就是说，同属元素即同族元素，同属元素中位于左列的 a 行对应我们现在所说的主族元素，位于右列的 b 行对应我们现在所说的副族元素。

从表 3-10 可以看出，1~27 号教科书均遵循先讲无机化学，再讲有机化学的顺序。其中，有 23 本教科书都是遵循无机化学部分先讲非金属元素，再讲金属元素的顺序。6 号与 10 号教科书为王季烈翻译大幸勇吉《近世化学教科书》的不同版本而来，其无机部分没有按照先非金属元素，后金属元素的顺序排列。15 号教科书为王兼善所编，最后一章讨论有机化合物，从第十三至第二十二章按照元素周期表的分族来组织论述。24 号教科书为贾丰臻和贾观仁编译的《初等实用化学教科书》（1924），分"无机化合物"与"有机化合物"两篇。既然取名为"实用"，在内容的选择上便与一般的化学教科书有所不同。如有机部分，依次讲授糖、淀粉，酒精、饮料，植物纤维及动物纤维，有机质颜料、染料、墨水，脂肪、油等实用知识。在无机部分，虽大体先讲非金属元素，再讲金属元素，但在第十一章"绿气（氯）　漂白粉"、第十二章"硝石　硝酸"、第十三章"硇精　钾盐　淡气之循环"后的第十四章讨论"碱类"，在第十七章"石炭　石油　焰"，第十八章"沼气　电石气　煤气"中讨论了有机物。第二十至第二十四章依次讨论了石灰石、方解石，石英，长石、云母，石膏、萤石，玻璃、陶磁器的实用知识，第二十五章开始介绍"金属类及合金"，第二十六章论述"主要金属"；第二十八章"矿物质之染料"和第二十九章"饮料水"，讲述实用知识。

28 号教科书为徐镜江编的《初级中学混合理化教科书》，是所选 32 本教科书中唯一兼论物理和化学的教科书。"壬戌学制"规定初中的自然科采用混合法教授，该书根据此规定，在全书结构和内容选择方面也不同于专门的中学化学教科书。该书上册的化学部分论述无机化学，先讲非金属元素，再讲金属元素，介绍的元素种类相对较少，非金属元素有氧、氢、氯、碳、氮、硫、磷、矽，金属元素有钙、铜、铁、铅、镍、铝；下册化学部分论述有机化学，重点论述与人们日常生活相关的食物与饮料，涉及食物之作用、食物之三要素，碳水化合物，脂肪，蛋白质，食量之标准、普通食物之成分，还讨论了"其他关于食物之研究"，以及酒精、酒精饮料、非酒精饮料等日用品知识。

29～32号教科书的整体结构各有特色，并不遵循先无机后有机的顺序。29号教科书阎玉振和王鹤清《高级中学化学教科书》（1931）采取了在讲述无机知识的各章中插入论述有机知识的章的编排方式。譬如，该书论述有机化学的三章分别为第十五章"碳及燃料"、第十六章"食物"和第二十五章"肥皂 甘油 炸药"。在第十六章后有第十七章"氮之化合物"，第十八章"原素之分类 周期律"，第十九章"成盐族原素"等，论述的是无机化学知识。第二十五章前有第二十三章"金属"，第二十四章"碱金属"，后有第二十六章"钙 锶 钡"，这是把有机化学穿插在无机化学中的编排方式。由于第二十五章讨论肥皂，要用到碱的知识，所以第二十四章论述"碱金属"是合适的。但该书作者并没有在编辑大意中特别强调他的编排思想。与此不同，比29号教科书晚出版的30号教科书《新时代高中教科书·化学》（1930）作者郑贞文在编辑大意中鲜明地指出其书"混合有机无机之编法，尤为创举"①。该书讨论的有机知识远较29号教科书丰富，郑贞文在采取"混合"编法时，肯定颇费了一番心思，因此他特别强调了这一"创举"："本书包含无机化学有机化学两部门，不取从来分篇方法，将含碳化合物，各从其类，概括成章，如造盐元素之置换体，列入造盐元素及其化合物章内，磺酸列于硫之含氧酸节中，硇类列于硇精之后等，不特较为合理而说明上亦觉井然有序"②。

31号教科书王鹤清《初级中学化学教科书》（1932）的编制，"以青年日常习见之事物或现象为经，以科学之系统为纬，使学生由常识

---

① 郑贞文：《新时代高中教科书·化学》，商务印书馆，1930，3版，编辑大意第Ⅲ页。

② 同①，编辑大意第Ⅰ页。

进入科学之正轨，以增进其研究科学之兴趣"①。作为一本初级中学教科书，它大大删减了所讲授的知识点。全书共十八章，第一至第十三章标题顺次为空气，氧，氮，水、氢，盐酸，二氧化碳、一氧化碳，分子与原子，化学计算法，铁，硫黄，食盐，金属与合金，应用矿物。这里对非金属和金属元素的介绍大为减少，化学理论知识的讲述也很简略。第十四至第十七章标题依次为土壤与农业、衣服与染料、食物与饮料、居住与窑业，取材颇有特色，正如该书编辑大意所言："本书注重民生问题，关于衣食住行四者，本书第十五，十六，十七，三章中，叙述特详。农林事业，为吾国民生建设之基础，故本书特辟土壤与农业一章（第十四章），以应特殊之需要。"② 第十八章讨论"放射性元素"，虽然该书是初中用书，但编者"取材新颖，现代化学上新发明之事项而为青年常识所应有者，如食物中生活素，放射性元素，及原子之构造等，均择要采入，俾学者得明瞭现代化学之新趋势，以增进其研究科学之兴趣"③。

32 号教科书《北新化学》（1931 年初版、1933 年第 4 版）的作者直接宣称："本书内容的组织，和现行的初中教科书完全不同，不以原素的类别为次序，而以寻常习知习见的事物为出发点，然后触类旁通，涉及有关系的物质，使学者明瞭化学对于日常生活的重要，而引起其求知的兴趣。"④ "不以原素的类别为次序"这句话可谓一言直指一般化学教科书的普遍编制方法，只是这里的"类别"在各教科书中各有不同。全书共十五章，各章标题依次为"绪论""空气""水""盐酸""铁""硫""食盐""石膏""碳酸气""火药""人体的营养""磷""金铂银""石英""原素的概要"。正如作者所言："本书遵照民国十八年

①王鹤清：《初级中学化学教科书》，文化学社，1932，3 版，编辑大意第 1 页。
②同①。
③同①，编辑大意第 2 页。
④吕冕南：《北新化学》，北新书局，1933，4 版，编辑大意第 1 页。

教育部所颁中小学课程暂行标准编辑。"[1] 该书各章内容与 1929 年教育部颁布的《中小学暂行课程标准》中《初级中学理化暂行课程标准（分科的，其三）》的化学部分的教学大纲几乎一致，只是后者在章的顺序上有所不同。后者的次序为"空气""水""盐酸""铁""硫黄""食盐""石膏""炭酸气""火药""燐""贵金属和合金""石英""人体的营养""原素的概要和分类"。该书的选材"以常识为中心"，突出了课程标准中从"寻常习见习知的事物"入手的特点。

二、空气、水、氧、氮、氢的编排顺序

对空气和水的组成成分的揭示是拉瓦锡化学革命的核心。如何安排空气、水、氧、氮、氢在化学教科书中的讲授顺序，历来有不同看法。如果遵循从已知到未知的原则，应该先讲常见物质空气和水，然后引入未知元素氧、氮、氢。如果遵循从简单到复杂的原则，则应该先讲氧、氮、氢，然后讲空气和水，因为元素比作为混合物的空气和作为化合物的水更简单。这两个原则都被认为是合理的原则[2]，但在处理空气、水、氧、氮、氢的编排顺序时，二者却是相互矛盾的。1888 年 1 月，一位署名 H. E. A 的书评者对剑桥大学研究员穆尔的两本化学著作《基础化学》（1887）和《实用化学：实验室工作课程》（*Practical Chemistry：A Course of Laboratory Work*，1887）进行了严厉的批评。他特别对《实用化学：实验室工作课程》的目录编排进行了驳斥。他说，作者在前 3 章讲述学生日常生活中几乎未曾闻及的许多物质，他对此表示强烈反对。他认为，如果教学目标是为了培养实验、观察和推理能力，教授化学的唯一方法是从讨论熟知物体和现

---

① 吕晃南：《北新化学》，编辑大意第 1 页。
② José Ramon Bertomeu-Sánchez, Antonio Garcia-Belmar, Bernadette Bensaude-Vincent, "Looking for an Order of Things：Textbooks and Chemical Classifications in Nineteenth Century France," *Ambix* 49，Part3（2002）：227 - 250.

象开始，最初要尽可能地利用日常用具求得熟知物体的性质，之后应该让学生自己分析。空气和燃烧现象应该最先学习：应该先测定空气的组成成分，然后氧气应该由学生来发现。我们相信就历史和科学而言这都是正确方法。接着应该定性地查明水的组成①。也就是说，在初学化学时，最先讲授空气和水，这不仅是历史上化学家揭示空气和水的组成的顺序，也是科学的方法，因为二者是学生熟知的物质。

在中国近代中学化学教科书中，对于空气、水、氧、氮、氢的编排顺序各不相同。为了论述的简化和清晰，以下仅仅把空气、水、氧、氮、氢五者在本书考察的 32 本中学化学教科书中的先后次序进行排列（表 3－11），略去了它们在书中前后章节所处位置的信息。

表 3－11　空气、水、氧、氮、氢在本书考察的 32 本教科书中的先后次序

序号	先后次序
1	养→育→轻　水→炭→燃烧→空气
2	燃烧→空气→酸素→水　水素→窒素
3	空气→酸素　酸化及燃烧→窒素及亚尔艮→水及水素
4	养气→淡气（制法及性质　空气）→轻气→水之组成
5	燃烧→空气→养→水　轻　水之成分→育
6	空气　养气→燃烧→轻气　水
7	空气→养气、养化及燃烧→淡气附氩气→水及轻气
8	水素（轻气）→酸素（养气）→水→窒素（淡气）　空气
9	水→水素→酸素（酸素之制法　酸素之性质　燃烧　燃烧之盛衰　酸化）→空气　窒素
10	空气　养气　淡气→水　轻气
11	空气→酸素　酸化及燃烧→窒素附亚尔根→水及水素
12	燃烧→空气　淡素→养素→轻素→水

①H. E. A, "The Teaching of Elementary Chemistry," *Nature* 37，no. 2（1888）：265－268.

续表

序号	先后次序
13	空气→养素→淡素→水→轻素
14	空气→氧，化合及分解，燃烧及氧化，质量不变之定律→氨及氯→水及氢
15	氧→空气之研究、淡气之发现→氢→水之研究
16	化学变化 燃烧 物质不灭之定律→空气 养气 淡气→水 轻气 定数比例之定律
17	空气 酸素 窒素 酸化→水 水素
18	化学变化→……空气→水→轻气→养气→淡气→炭素
19	绪论→水→轻气→空气→养气→淡气……→无水炭酸
20	化学变化及燃烧→水→氢→氧→空气→氮
21	空气→淡气→养气→水→轻气
22	空气→氧→氮→氢→水
23	空气 养气 淡气→水 轻气 元素
24	水→轻气→养气→空气 淡气
25	空气 淡气 养气→水 轻气
26	水→氢→氮→空气→氧
27	水→轻气→养气→空气与淡气
28	水（水之成分 氧 氢……）→空气（空气之存在 空气之成分 氮 二氧化碳……）
29	空气 氧 氮 二氧化碳→水及过氧化氢→氢
30	空气 养气 臭养→轻气 水→淡气
31	空气→氧→氮→水 氢
32	空气（空气的存在 空气是什么 燃烧呼吸和空气的关系……空气的成分 氧的制法 氧的性质 物质燃烧和重量……氮的制法 氮的性质……）→水（……水的成分 氢的存在 氢的制法……）

注：表中序号与表3-3序号所对应的教科书一一对应。

根据表3-11，我们对最先讲述空气、水、氧、氢、氮的教科书总数及其在三个时段的分布情况进行统计，并列于表3-12。

表 3-12　先讲述空气、水、氧、氢、氮的中学化学教科书总数
及其在三个时段的分布情况

最先讲述内容	教科书总数目及所占的百分比	清末时期教科书数目及在该时期所占的百分比	"壬子·癸丑学制"时期教科书数目及在该时期所占的百分比	"壬戌学制"时期教科书数目及在该时期所占的百分比
空气	21 (65.6%)	9 (69.2%)	5 (62.5%)	7 (63.6%)
水	7 (21.9%)	1 (7.7%)	2 (25%)	4 (36.4%)
氧	3 (9.4%)	2 (15.4%)	1 (12.5%)	0 (0)
氢	1 (3.1%)	1 (7.7%)	0 (0)	0 (0)
氮	0 (0)	0 (0)	0 (0)	0 (0)

从表 3-12 可以发现，在 32 本中学化学教科书中，最先讲空气的占绝大多数。在三个时段中，"壬子·癸丑学制"时期和"壬戌学制"时期最先讲空气的教科书比例较清末时期有所减少，其原因是这两个时期内最先讲水的教科书比例有所增加。

通过进一步研究发现，同一作者所编的不同教科书在次序上有时也并不相同。如同是翻译龟高德平的原著，3 号、7 号、11 号教科书最先论述空气，其中 7 号教科书为虞和钦翻译，而 9 号教科书华文祺和华申祺《新体普通化学教科书》（1908）大概依据另外的原著版本，最先论述水。19 号教科书为虞和钦所编，其实仍然是依据龟高德平的原著，但最先论述水。18 号和 26 号教科书皆为钟衡臧所编，前者最先论述空气，后者最先论述水。23 号和 27 号教科书皆为郑贞文所编，前者最先论述空气，后者最先论述水。关于同一作者编排教科书的次序不同的原因，由于作者并未明确交代，因此我们只能根据有限的证据进行推测。按照 7 号教科书虞和钦《中学化学教科书》（1910）原书绪言所言，该书"自生徒日常亲炙之物质，而用及于未知之物质"，所

以"先述空气、水及此等之组成成分，次述盐类①，又必先以食盐为其标本，后及于他盐类"。空气和水皆是"日常亲炙之物质"，为何空气先于水讲授，龟高德平没有进一步的解释。16 号教科书王季烈《共和国教科书·化学》（1921）交代了编排思想："本书开端首述燃烧，取其为化学变化之最易见者。次述空气及水，次述无水炭酸。皆为学生日常易见之事实。"② 这里仍然强调先讲述空气和水，是从"日常易见之事实"出发，而空气之所以先于水讲授，是因为王季烈在空气之前论述了燃烧这一"化学变化之最易见"的现象。燃烧与空气有关，既然先论述燃烧，接下来论述空气而不是水就更为合理。然而，20 号教科书银凤阁《新体化学教科书》（1919）在第一章"总论"的第一节论述"化学变化及燃烧"后，紧接着依次论述了水、氢、氧，在第五节才讨论"空气"。该书通过了民国教育部的审定，是银凤阁的自编书，他并未交代如此编次的原因，想必是作者在布局谋篇上没有王季烈考虑周详的缘故。

22 号教科书阎玉振《中学校教科书·化学》（1923）也是最先论述空气，不过是在上篇第二章中讨论，在第一章"绪论"中论述了物理变化与化学变化之区别、化学爱力、燃烧与发火点、物质不灭、原子及原子量、分子及分子量、分子式等抽象的化学概念和知识。编者阎玉振交代了编排思想："绪论各节，全系化学开始所应知者，故列十五节，而尽先分述之。空气为日常接触之物，所以接教空气，而空气之成分，以氧氮为主，所以接教氧氮两气。氢与氧化合能成日用之水，所以接教氢及水。"③ 这里说空气是"日常接触之物"，所以最先论述。但是水也是"日常接触之物"，水放在空气之后论述的原因，作者没有

---

① 龟高德平：《中学化学教科书》，虞和钦译，文明书局，1910，4 版，原书绪言第
　　1 页。
② 王季烈：《共和国教科书·化学》，商务印书馆，1921，20 版，编辑大意第 1 页。
③ 阎玉振：《中学校教科书·化学》，求知学社，1923，编辑大意。

进一步做出说明。门捷列夫《化学原理》也是最先论述水，然后依次讨论氢、氧、氮、碳，由于把氢放在其他元素之前论述，那么在讲氢之前论述水自然也是合适的。

最先讲述氧的中学化学教科书不多，只有 3 本，分别是 1 号、4 号和 15 号教科书。1 号教科书是美国著名教科书作家史砥尔所著《大众化学》的中译本，原著在无机化学部分论述非金属和金属时，大致都以元素名作为标题，所以并未把空气或水放在最先论述。其编次有意思的是，在论述"养"和"育"（即氮）后，没有论述空气，而是论述轻和水，接着论述炭、燃烧，然后才叙及空气。4 号教科书原著为日本应用化学家高松丰吉所著，首先论述养气，然后论述淡气，在介绍淡气时讨论了空气，是比较自然的过渡方式，接着讨论轻气和水。15 号教科书为爱丁堡大学学士和硕士王兼善所编，首先介绍氧，然后讲空气（其中介绍氮气之发现），接着讲水的组成元素之一氢，再讲水。氧和氢对学生来说，是陌生的化学知识，空气和水是学生熟见的物质。王兼善的编排方式突出了氧在近代化学中的核心地位，他从单个元素的知识介绍逐渐过渡到由该元素所组成的混合物或化合物的知识介绍的讲述方式，明显表现出学科知识（元素的知识点）优先于学生认知的思想。该书以元素周期律的分族为纲，是其一大特色，同样表现了注重学科知识的编排思想。

唯一最先讲述氢的是 8 号教科书，为清末曾贞所编。曾贞所编的教科书是清末时期少见的创造性成分居多的中学化学教科书。他以"编著者"自称，在编写思想上更多地重视化学知识的完备和传授。这不仅体现在其书具有讲义性质的特点，"虽教科书而实兼讲义之体裁焉"[1]，还体现在其知识点颇为完备；在内容的章节安排上，第一编以

---

[1] 曾贞：《中等化学教科书》上卷，中国公学/中国留学生会馆，1907，例言第 2 页。

7 章的篇幅讲述了大量不易为初学者所理解的理论知识，如物体之变化、物体之构成、化学的变化、混合物、化合物、电气解离、电气分解，复体、单体、化合物、元素、元素之命名、元素符号、分子符号，定数比例定律、倍数比例定律、分子量、原子量、原子价、化学方程式，元素周期表，物质不生不灭原理，化学原质名目异同表，度量衡比较表。第二编和第三编分别论述无机化学中的非金属和金属，其编排方式大体（但不严格）按照元素周期律的分族来组织。第二编首先讲解的是"水素（轻气）"，接下来的几章分别讲述"酸素族诸元素及化合物""造盐素族诸元素及其化合物""窒素族诸元素及其化合物"等。在"酸素族诸元素及化合物"一章中，先讲"酸素（养气）"，再讲水。在"窒素族诸元素及其化合物"一章中，先讲"窒素"，再讲空气，均体现了以化学知识为重的编写思想。之所以把氢放在非金属的第一位来讲，可能不仅因为氢的原子量最小，而且因为氢无法归类到某族中，因此只好将其单独论述。曾贞的案例也表明，清末中学化学教科书的编写注重知识的灌输，较少注意到教学法，较少考虑到学生的认知水平和心理特点。

总的来说，中国近代中学化学教科书在讲述空气、水、氧、氮、氢的次序时，最先讲述空气的占绝大多数，最先讲述水的次之。这是因为二者皆是日常习见之物，容易为学生所掌握。与空气不易为人察觉相比，水是肉眼能直接观察到的有形物质。从水入手，应该更贴近学生的认知。然而，最先讲空气的教科书比最先讲水的多，大概是因为历史上空气组成的揭示在水组成的揭示之前。

三、元素周期律的编排位置

元素周期律是化学科学最重要的基本理论，是化学学科的灵魂。借助元素周期律可以看透纷繁复杂的化学反应的本质。元素周期律在化学学科的学习中起着不可估量的作用。现今的人教版《普通高中课程标准实验教科书·化学 2　必修》（2004）中，第一章就讨论"物质结构　元素周期律"，共计 25 页，占全书内容的四分之一。其中，第一节"元素周期表"和第二节"元素周期律"共计 15 页，占第一章五分之三的篇幅①。元素周期律在现今高中化学课本中的重要地位由此可见一斑。

1869 年，门捷列夫发现元素周期律，在短短数十年内便得到世人认可。不过，元素周期律传到中国却是在 20 世纪初。1901 年，虞和钦在《亚泉杂志》发表《化学周期律》，首次完整地介绍了元素周期律的相关知识②。此后，在期刊上介绍元素周期律的文章并不多见。1917 年，郑贞文在《学艺》上发表《周期律说》，把元素周期律的知识介绍更推进一步③。

把元素周期律知识明确写入中学化学课程标准里，则是更晚的事。1922 年 10 月，第八届全国教育联合会在济南召开，议决新学制系统草案（即"壬戌学制"），又提议组织新学制课程标准起草委员会。其中，《高级中学第二组必修的化学课程纲要》由任鸿隽起草，授课内容共 20 条，"周期律"为最后一条④。这是元素周期律首次被明确写入授课内容。虽然如此，但是中学化学教科书介绍元素周期律比这早得多。

甲午战争之后，译自日本的中文化学教科书多数都讨论了元素周期律，这是因为它们所依据之日文底本多数讨论了元素周期律。据王细荣以 CADAL 数据库为主的统计结果，1901—1932 年初版的化学书籍中，讨论元素周期律的共计 36 种。其中，最早论述元素周期律的是

①人民教育出版社课程教材研究所化学课程教材研究开发中心：《普通高中课程标准实验教科书·化学 2　必修》，人民教育出版社，2004。
②虞和钦：《化学周期律》，《亚泉杂志》1901 年第 6 期。
③郑贞文：《周期律说》，《学艺》1917 年第 1 期。郑贞文：《周期律说（续前）》，《学艺》1917 年第 2 期。
④全国教育联合会新学制课程标准起草委员会：《新学制课程标准纲要》，商务印书馆，1925，第 123 - 126 页。

杜亚泉 1905 年初版的译自吉田彦六郎的《化学新教科书》。该统计结果有一定的代表性，但并不准确且有遗漏①，如 CADAL 数据库中由山田董著、余贞龢译的《无机化学粹》（1908）讨论了"原素之周期系统"②，但不在统计结果中。CADAL 数据库中收录的何燏时《中等最新化学教科书》（1907）与杜亚泉本译自同一个底本，也论述了元素周期律，但它初版于 1904 年，比杜亚泉本早。根据王细荣的统计结果，1905—1916 年论述了元素周期律的化学书籍有 16 种。因此，中文化学教科书在传播元素周期律上弥补了 1902—1916 年期刊上的空缺。

在本书所考察的 32 本教科书中，如表 3‑10 所示，讨论了元素周期律的教科书有 24 种，占比 75%，可见其比例之重。在这 24 本教科书中，放在无机化学部分最后引入元素周期律的有 15 本教科书，占比 63%，分别为 3 号、6～7 号、10～11 号、14 号、16 号、18～21 号、23 号、25～27 号教科书；放在全书最末讲述元素周期律的有 2 本教科书，分别为 13 号教科书马君武《中等化学教科书》和 32 号教科书《北新化学》。这两种编排思想都侧重强调元素周期律是从非金属和金属元素的知识中总结而来。8 号教科书曾贞《中等化学教科书》（1907）、15 号教科书王兼善《民国新教科书·化学》（1913）和 29 号教科书阎玉振和王鹤清《高级中学化学教科书》（1931）的编次虽不尽相同，但都偏重元素周期律的指导功能。8 号教科书将元素周期律放于总论部分，总论之后分别讲述非金属和金属。15 号教科书在第十一章"与氯相似之溴碘氟三原质"之后引入元素周期律，后面各章都是按照元素周期律分族来论述，我们认为这种编排更突出了周期律的指导作用。本书第六章，我们将对王兼善撰写的 15 号教科书的编排方式进行更深入的论述。29 号教科书在第十八章"原素之分类　周期律"

①王细荣：《从文献统计看元素周期律在中国的传播》，《科学技术哲学研究》2012年第 3 期。
②山田董：《无机化学粹》，余贞龢译，宏文馆印刷部，1908，第 46‑51 页。

后论述“成盐族原素”“硫族”“氮族”“硅与硼”“碱金属”“钙　锶　钡”“镁　锌　镉　銾”等，既包括非金属元素也包括金属元素，我们认为这也强调了元素周期律的指导作用。放在非金属后、金属前讲述元素周期律的有 4 本教科书，分别是 2 号、5 号、22 号和 30 号教科书。其中，2 号和 5 号教科书都是根据吉田彦六郎的《化学新教科书》(1902) 翻译的，因此编排次序相同。30 号教科书郑贞文《新时代高中教科书·化学》(1930) 的编排顺序把无机和有机混合在一起，但元素周期律的位置仍大致在讲述非金属后引入，接着讲述“碱族元素”“铜族元素”“碱土族元素”等金属元素。在论述非金属后引入元素周期律，强调了元素周期律是从非金属元素知识中归纳得来；另外将元素周期律置于金属元素前讲解，强调了它的指导功能。

我们把上述元素周期律在教科书的位置大致分为三类。第一类是强调元素周期律的归纳性，有 17 本教科书，占压倒性多数比例；第二类是侧重元素周期律的指导性，有 3 本教科书；第三类是兼顾元素周期律的归纳性和指导性，有 4 本教科书。下面将本书考察的三个时段中 32 本中学化学教科书元素周期律的位置列于表 3－13 作为总结。

表 3－13　本书考察的三个时段中 32 本中学化学教科书元素周期律的位置

单位：本

元素周期律的编次	教科书总数目	清末时期教科书数目	“壬子·癸丑学制”时期教科书数目	“壬戌学制”时期教科书数目
突出归纳性	17	6	6	5
突出指导性	3	1	1	1
兼顾归纳性与指导性	4	2	0	2
无	8	4	1	3

第四章

虞和钦与《中学化学教科书》
《新制化学教本》

虞和钦是中国近代化学史上值得纪念的学者之一①，被中国化学教育的开拓者俞同奎教授誉为"中国化学界之鲁殿灵光"②。他创建中国第一个科学仪器馆，创办中国第一个以"科学"命名的综合性自然科学刊物《科学世界》，最先在中国译介化学元素周期律，最早将日文某化某式无机物命名方法引介到中国并应用于中文无机物命名上③，撰写中国首篇地质学文章，制订第一个系统的中文有机化合物命名方案，创办中国首家"完全国货"的民办硫酸厂，创造多项中国之最④。

在化学书的编译方面，虞和钦同样具有开创精神。他于1900年编撰的《化学歌括》为仿中国传统蒙学教材《千字文》四字一句的口诀形式编写而成，被清代直隶学校司选为直隶初等小学堂蒙学课本。在新式教科书尚未普及的年代，他用中国儿童喜闻乐见的歌诀形式传播化学基本知识。

在译介化学书的种类方面，虞和钦不仅翻译了中学使用的教科书，如《中学化学教科书》（龟高德平原著，1906），还翻译了"供教员之参考及学生之自习"的实验教材，如《普通教育化学讲义实验书》（龟

① 袁翰青：《有关我国近代化学的零星史料》，载袁翰青著《中国化学史论文集》，生活·读书·新知三联书店，1956，第 298-301 页。

② 袁翰青：《化学界的鲁殿灵光虞和钦先生》，《化学通讯》1937 年第 11 期。

③ 何涓：《清末民初（1901～1932）无机物中文命名演变》，《科技术语研究》2006 年第 2 期。

④ 谢振声：《创造多项中国之最的虞和钦》，《宁波通讯》2006 年第 3 期。

高德平原著，1906）。在 1908 年学部颁布的《审定中学暂用书目表》中，以上两本书均收录在内。他还编撰了适合中学生课外参考使用及"爱读中学化学者"①使用的化学书，如《普通化学讲义》（1913）。在中国近代早期的教科书作者群体中，像虞和钦这样注重编译各类教科书的并不多见。

　　进入民国时期之后，化学教科书编辑队伍中出现了一些新名字，如留学爱丁堡大学的王兼善和留学柏林大学的朱昊飞等。清末的部分作者继续活跃在民国教科书的舞台上，如著名的王季烈、虞和钦。民国《普通教育暂行办法》（1912 年 1 月 19 日）规定："凡各种教科书，务合乎共和民国宗旨，清学部颁行之教科书，一律禁用。"②清末积累了较多译书经验的教科书作者，在新政体下如何编写"合乎共和民国宗旨"的新式化学教科书呢？

　　本章主要以虞和钦《中学化学教科书》为例，辅以论述虞和钦于 1917 年出版的《新制化学教本》，管窥清末译自日文的中学化学教科书的一般情况及其与民国初期中学化学教科书的承接关系。

第一节　虞和钦生平

　　虞和钦（1879—1944）（图 4-1），字自勋，仕名铭新，浙江镇海人。少时曾在灵山书院攻读，赋诗作文，兼学天文地理。1897 年结婚。因家境贫困，1898 年在家设立书塾，以教授学童为生。1899 年，与钟观光（1868—1940）、虞辉祖（1864—1921）在镇海创办"四明实学会"，学习和研究理化博物知识。1900—1901 年，在上海东文学社

①虞和钦：《普通化学讲义》，文明书局，1913，弁言第 1 页。
②璩鑫圭、唐良炎编《中国近代教育史资料汇编：学制演变》，上海教育出版社，1991，第 597 页。

和英文书馆学习日语、英语。1901 年，在上海创建科学仪器馆。1903
年，该馆创办综合性自然科学刊物《科学世界》，虞和钦任主编。

图 4-1 虞和钦

1905 年 2 月，为逃避清政府对"苏报案"余党的进一步追查，虞
和钦离开上海，辗转到了日本。他在东京清华学校学习日语，并在校
外攻读德文，后在同年考入日本东京帝国大学理科学习化学。据《和
钦文初编》一书记载，虞和钦在留学期间，因生计极苦，只好以译著
稿费充当学费，学费不足则省下早餐的费用来补充。他酷嗜吸烟，为
节省开支，把一根香烟截为两半，规定翻译三百字才能吸半截[1]。

留学日本期间，虞和钦翻译了龟高德平原著的《普通教育化学讲
义实验书》和《中学化学教科书》。前者于 1906 年 2 月由上海普及书
局出版第 1 版，1906 年 6 月出版第 2 版，1907 年 2 月出版第 3 版。后
者于 1906 年 8 月由上海文明书局出版第 1 版，至 1910 年 2 月已出版
至第 4 版。

以上两本书均收录于 1908 年学部颁布的《审定中学暂用书目表》。

---

[1]韩朝阳：《海濡拾遗》，宁波出版社，2015，第 105 页。

学部对这两本书的评价颇高，且前者强于后者。前者评价为"是书记述普通化学实验至为详备，足供教员之参考及学生之自习。译笔亦颇明净，且于化学名目参酌至当，洵善本也"①。后者评价为"是书编辑完善，体例一新，凡化学名称，融会新旧，参酌得宜，非他书所及。译笔亦条达，应审定作为中学教科书。另有讲义实验书一册，以供教员参考之用，当与此书相辅而行也"②。

1907 年春，应上海文明书局之聘，虞和钦任上海文明书局驻日本理科总编纂。随后，他利用 5 个月的时间完成了著名的《中国有机化学命名草》。该书于 1908 年 7 月 10 日由上海文明书局出版："丁未春，上海文明书局辑理科书，聘余主其事。余思数理等各学名，旧译家俱主译义，可袭用者多，独至有机化学，除一二俗名外，余皆不可用。爰不揣鄙陋，仓卒从事，自客岁十一月迄今季春，凡五阅月，稿成，颜曰'有机化学命名草'。"③

1908 年夏，虞和钦以题为《人造靛之研究及轮质诱导体之改制》的论文毕业学成归国，到北京应清朝部试，被列为最优等，赐格致科进士；同年 10 月，被学部聘为学部编译图书局④编纂。1909 年，虞和钦参加殿试，授翰林院检讨，调任学部编译图书局理科总编纂⑤。1910 年，虞和钦被举荐为硕学通儒，任资政院候补议员，农工部奏调为南洋劝业会审查官，同年 11 月仍回学部任事，编辑书籍，复核各省大学及高等学堂的试卷。1913 年 2 月，虞和钦被代理教育总长刘冠雄

①《学部审定中学教科书提要（续）》，《教育杂志》1909 年第 2 期。
②同①。
③虞和钦：《中国有机化学命名草》，文明书局，1908，序第 8 - 9 页。
④学部编译图书局于 1906 年 6 月成立，1911 年 12 月停办。参见王昌善：《我国近代中小学教科书编审制度研究》，博士学位论文，湖南师范大学，2011，第 105 页。
⑤王细荣：《清末民初新型知识分子科学中国化实践研究——以虞和钦为中心》，博士学位论文，上海交通大学，2012，第 15 - 16 页。

（海军总长）任命为教育部视学，兼教育部编审处编审员。不久，虞和钦编著的中学参考用书《普通化学讲义》于 1913 年 4 月由上海文明书局发行。1914 年 6 月 30 日，虞和钦被教育总长汤化龙任命为教育部教科书理化科审查及编纂。1917 年 5 月，上海中华书局发行了虞和钦的《新制化学教本》。同年 9 月 21 日，虞和钦被北洋政府大总统任命为山西省教育厅厅长；1923 年 2 月 24 日卸职，后回京任财政部参事上行走，继应陆军检阅使冯玉祥之邀，任使署秘书，并到苏联考察，著有《游苏视察记》。自 1926 年起，虞和钦历任热河教育厅厅长、绥远实业厅厅长、京兆教育厅厅长、西边边防督办公署参议、西北军财务委员、京绥铁路货捐局总办兼绥远货捐分局局长、晋绥财政委员等职务①。1944 年 8 月 12 日，虞和钦因患胸膜炎在上海寓所病逝，享年66 岁。

第二节　虞和钦《中学化学教科书》评析

清末新式学堂大量兴办，各类教科书应时而生。这一时期，中学化学教科书大多为译著，因此，中文化学教科书的质量一般取决于翻译的质量和底本的质量。就翻译而言，西方化学教科书中大量的元素名称、化合物名称、化学术语在中国传统词汇中找不到对应词，如何合理地翻译这些名词术语，是中文化学教科书编译者不得不面对的问题。

在元素命名方面，徐寿和傅兰雅在《化学鉴原》中提出了单字音译原则，拟订的元素译名较法国人毕利干《化学指南》中笔画繁多、奇异怪特、没有发音的元素名看起来更像是中国的汉字，更容易为中国人所接受。但是，日文化学教科书中也有不少用汉字表记的元素名，

---

① 韩朝阳：《海濡拾遗》，第 107 页。

许多中文化学教科书的作者为了省事而直接采用这些名称，或者认为
"水素""酸素""窒素"等日译名比"轻气""养气""淡气"等中译名
更合适而采用之，或者用多个汉字直接音译用片假名表记的日文元素
名，或者新造中文元素名，不一而足。这些不同的翻译方式造成了教
科书中名词术语的混乱。

在无机物命名方面，《化学鉴原》采取"连书原质之名"的方法，
益智书会于 1901 年提出了类属式命名方案，杜亚泉在《化学新教科
书》（1905）中改进了益智书会的方案并创制了基于元素化合价的新类
属式命名方案，日文化学教科书则普遍采用某化某式命名方案。不同
的教科书作者视情况采用不同的无机物名词。比如，由汉口伦敦会英
国医生纪立生（T. Gillison，1859—1937）翻译、赵齐巽笔述的《化
学详要》（1905）采用了益智书会的所有化学名词①。该书译自
Luff's Manual of Chemistry。1909 年，又根据更新后的英文原著做
出了增订修改，但所用的化学名词基本未变②。纪立生是博医会
（1886 年成立）成员，而益智书会的化学名词是在与博医会达成一致
后公布的，因此他完全采用益智书会的化学名词并不奇怪。译自日本
的中文化学教科书基本上采用了日文书中的某化某式无机物命名方案，
不过这些无机物名词中的元素译名则多种多样。

在有机物命名方面，徐寿和傅兰雅合译的《化学鉴原续编》几乎
采取逐字音译的方法。1908 年，虞和钦在《中国有机化学命名草》中
提出了第一个系统的中文有机物命名方案，这是依据西文普通名称创
制的中文有机物名词体系。同年，中国化学会欧洲支会提出了据《日
内瓦命名法》（1898）拟订的有机物中文命名方案③。由于日文化学教

①纪立生：《化学详要》，美华书馆，1905。
②纪立生：《化学详要》，美华书馆，1909，2 版。
③何涓：《有机化合物中文命名的演进：1908～1932》，《自然科学史研究》2014 年
　第 4 期。

科书中都是用假名音译西方有机物名词，译自日文的中文化学教科书大多是将日文有机物名词的所有发音用汉字译出，对于同一个发音，不同的人选用不同的汉字，让中文有机物名词的混乱无以复加。

在化学术语方面，徐寿等拟订了"原质""杂质""质点"等名词，但在准确度和数量方面均不够。日文书中大量的汉字译名可以直接借用，为中文术语的翻译提供了便利。中文化学教科书往往直接沿用这些日译名，其中有相当部分流传了下来。

此外，中文化学教科书的翻译质量与译者的文字水平相关。梁启超在《读西学书法》中曾评价《化学鉴原》《化学初阶》《化学阐原》等书的译笔优劣："《化学鉴原》与《续编》《补编》合为一书，《化学考质》《化学求数》合为一书，译出之化学书最有条理者也。广州所译《化学初阶》，同文馆所译《化学阐原》闻即《化学鉴原》云，西文本同一书，而译出之文悬觉若此，诚可异也。……《初阶》译笔甚劣，几难索解，可不读。……《阐原》等书译在《鉴原》之后，乃不从其所定之名，以致其书不可识，亦译者之陋也。"①

译自外文的中文化学教科书的质量还与底本的质量有很大关系。1912 年，教育部审查中文化学教科书时，对吉田彦六郎和大幸勇吉所编的教科书进行评论："近世教授家，皆主张教科书宜简明之说。日本理学博士吉田氏，前著中等化学教科书二册，丰富详备，自谓不适于教科。后虽删减其半，仍觉不合，故日本中学教本，乃取大幸勇吉所著之近世化学教科书。其书取材，视吉田所著，不及五分之一。此教科书贵简明之证也。"②

1908 年，《审定中学暂用书目表》的 6 本化学书中，龟高德平和大幸勇吉的中文译书各占两本，一本为教科用书，另一本为实验用书。

---

① 王扬宗编校《近代科学在中国的传播》（下），山东教育出版社，2009，第 641 页。
② 樱井寅之助：《理科教科书（化学矿物编）》，杨国璋译，璧受书局，1912，教育部第一次审查批词。

这与原著篇幅"简明"不无关系。龟高德平和大幸勇吉所编的化学教科书在日本非常流行，并较其前辈高松丰吉、吉田彦六郎所编的教科书更简明，篇幅大为删减，更适合中学使用。而学部审定大幸勇吉著、王季烈译的《最新化学教科书》为参考书，"惟于中学程度稍嫌其高"；审定龟高德平著、虞和钦译著的《中学化学教科书》（图4-2）为中学教科书。这说明龟高德平所编的化学教科书较大幸勇吉的版本更适用于中学。

图4-2 虞和钦译著的《中学化学教科书》

虞和钦译著的《中学化学教科书》于1906年8月初版，1909年2月第3版，1910年2月第4版，1911年3月第6版，由上海文明书局发行。以下着重从翻译质量和译本特色（与底本质量直接相关）方面对虞和钦译著的《中学化学教科书》第4版进行评析。

一、化学名称"融会新旧，参酌得宜，非他书所及"

1932年，民国教育部颁布《化学命名原则》，中文化学名词终于结束了长期混乱的局面，有了统一的标准。在此之前，化学译名问题是教科书编译者普遍关注的问题之一。在我国中学化学教科书以译著为主的初始时期，译名问题更为凸显。译名得当，整个译本的质量将大幅提升。

清学部赞誉虞和钦的《中学化学教科书》"凡化学名称，融会新旧，参酌得宜，非他书所及"，称赞其《普通教育化学讲义实验书》"于化学名目参酌至当"。这是虞和钦译书的一大特色。

甲午战争之后，中国从日本引进西方科学，大量日文化学书籍或报刊文章被译介。这一时期的日本在统一日文化学术语上已有成就。例如，日本化学会于1891年和1900年分别出版了《化学译语集》与《化学语汇》。其中，《化学语汇》在1906年、1918年、1928年分别增订发行了第2版、第3版、第4版。根据《化学语汇》（1900），使用汉字表记的元素名称有23个，分别是水素（H）、窒素（N）、酸素（O）、盐素（Cl）、弗素（F）、臭素（Br）、沃素（I）、硼素（B）、炭素（C）、硅素（Si）、砒素（As）、亚铅（Zn）、苍铅（Bi）、燐（P）、硫黄（S）、铁（Fe）、铜（Cu）、银（Ag）、锡（Sn）、白金（Pt）、金（Au）、水银（Hg）、铅（Pb）。其余的元素都是采用片假名音译表记[1]。1906年的《化学语汇》将硅素改为珪素，其余用汉字表记的日文元素名未变[2]。不过19世纪末20世纪初的日文化学出版物并不完全采纳日本化学会制定的名词。译自日本的中文书刊的汉字译名也是五花八门。

学部于1908年颁布了《化学语汇》，试图对中文化学名词同样存在的混乱情况进行统一，但收效不大。它采纳了徐寿的绝大多数元素名词及源自日文的某化某式无机物命名方法，对有机化合物的命名仍然以音译为主，如阿勒弟海特（aldehyde）、爱司他（esters）、爱脱恩（ethane）、以脱（ether）等[3]。

学部审查图书，尤其注重译名质量。对于化学名词，采用日文元

---

[1] 高松豊吉、櫻井錠二：《化學語彙》，内田老鶴圃，1900。
[2] 高松豊吉、櫻井錠二：《化學語彙》，内田老鶴圃，1906，增订2版。
[3] 学部审定科：《化学语汇》，商务印书馆，1908。

素名的图书即使通过审定，也需要改正。如华申祺、华文祺合译的《中学生理卫生教科书》（上海文明书局出版）在学部颁布的《审定中学暂用书目表》（1908）之列，其审定批语为："是书述普通生理卫生之事，颇为赅备，译笔亦畅达。惟插图欠精，化学名目如酸素、窒素等皆沿东称，亟宜改正耳。"①

酸素、窒素、水素等是典型的日译名，在当时的中文书刊中颇为流行，不少中国人认为它们比"华名"更恰当而采用之，如何燏时《中等最新化学教科书》（2 号教科书）对元素名的处理："是书术语……如水素、盐素等袭用日名，以其较华名为切当，且与原意相合也。"②

虞和钦的各译本"于化学名目参酌至当"，得到清学部赞赏，是其他书没有的优势。这是因为他在中文化学名词的创建上颇有见地，不仅最先把日文某化某式命名方法引介到中文无机物命名上，还提出了第一个系统的中文有机物命名方案。对于元素译名，徐寿创制的音译单字名称简洁明快，几乎全被清学部的《化学语汇》所采纳，虞和钦的《中学化学教科书》也采用了徐寿的多数译名。《中学化学教科书》于 1906 年初版，彼时虞和钦尚未在学部编译图书局任职，对于徐寿未翻译的及新发现的元素名，他采用《化学语汇》的译名不多。但《中学化学教科书》再版时，他应该已入职学部编译图书局，因此采用《化学语汇》的译名相对多些。虞和钦《中学化学教科书》初版及再版采用徐寿和《化学语汇》译名差异对照见表 4-1。

---

①《学部审定中学教科书提要（续）》，《教育杂志》1909 年第 2 期。

②吉田彦六郎：《中等最新化学教科书》，何燏时译，教科书译辑社，1907，6 版，译例第 1 页。

表 4-1　虞和钦《中学化学教科书》初版及再版

采用徐寿和《化学语汇》译名差异对照表

元素名	徐寿	《化学语汇》	《中学化学教科书》（初版）	《中学化学教科书》（再版）
氦		氦	歇留姆	氜
铍	鋊	錊	铍	铍
碳	炭	炭质	炭	炭
氖		氝	新	氝
硅	矽	矽	钌	矽
氩		氩	惰气	氩气
钪		鋼	鋼	鋼
镓	镓	鋊	鉝	镓
锗		鉬	鉬	锗
砷	鉮	砷	砷	砷
溴	溴	溴	臭	溴
氪		氪	隐	氪
氙		氙	克息依	氙
铯	鏭	鏭	鏭	铠①
铈	错	锶	错	铈
镨		镨	镨	镨
钕		鋑	鋑	鋑
钐		鏣	鏣	鎷
钆			钇	钇
铽	铽	铽		铽
	镝（伪元素）			
铥		鑍	铥	铥
镱		镱	镱	鉨
汞	汞	汞	鋳	汞
镭		銑	拉胄姆	銑

①本书使用简体字"铠"时，原文使用的都是繁体字"鎧"。特此说明。

　　前述虞和钦《中学化学教科书》译自龟高德平的《普通教育化学教科书》。原著版本很多，并且经常修订。如初版于 1902 年 1 月 5 日发行，同年 3 月 17 日修正再版，到 1903 年 12 月 6 日第 6 版时进行订正，1905 年 11 月 1 日第 7 版又进行修正，1905 年 12 月 20 日第 8 版再次进行订正，1911 年 11 月 5 日第 9 版又进行了修正，1912 年 1 月 25 日第 10 版再次进行订正。由于受文献查阅的限制，笔者只读到龟高德平《普通教育化学教科书》1902 年初版和 1912 年 1 月的订正第 10 版两个版本。龟高德平的《普通教育化学教科书》中译本还有长沙三益社译本《最近普通化学教科书》（3 号教科书）及陈家灿译本《最新化学教科书》（11 号教科书）。经笔者考证，3 个中译本的目录完全相同，书中内容也大体一致，应该是根据龟高德平的同一个版本所译。3 个中译本的目录虽然与龟高德平 1902 年 1 月初版的目录一致，但译本内容与底本有些出入。

　　例如，关于"锌之制法"图，1902 年 1 月初版的龟高德平《普通教育化学教科书》中对应的是第 66 张图（图 4-3），而虞和钦《中学化学教科书》（图 4-4）、长沙三益社《最近普通化学教科书》（图 4-5）、陈家灿《最新化学教科书》（图 4-6）中对应的都是第 72 张图。

图 4-3　龟高德平《普通教育化学教科书》（1902 年 1 月）中关于"锌之制法"图

图 4-4　虞和钦《中学化学教科书》（1910）中关于"锌之制法"图

图 4-5　长沙三益社《最近普通化学教科书》（1906）中关于"锌之制法"图

图 4-6　陈家灿《最新化学教科书》（1909）中关于"锌之制法"图

　　龟高德平《普通教育化学教科书》（1902 年 1 月）中的日文元素名可分为两类。一类是用汉字表记的译名，共 23 个。它们与日文《化学语汇》（1900）中的 23 个用汉字表记的日译元素名称完全相同，分别是水素（H）、窒素（N）、酸素（O）、盐素（Cl）、弗素（F）、臭素（Br）、沃素（I）、硼素（B）、炭素（C）、硅素（Si）、砒素（As）、亚铅（Zn）、苍铅（Bi）、燐（P）、硫黄（S）、铁（Fe）、铜（Cu）、银（Ag）、锡（Sn）、白金（Pt）、金（Au）、水银（Hg）、铅（Pb）。为

下文论述方便，我们把这些译名对应的元素称为 A 类元素。另一类是用平假名表记的元素名称，共 48 个，如かりうむ（K）、がりうむ（Ga）、まんがん（Mn）等。我们把这些日译名对应的元素称为 B 类元素。[①]

我们来比较一下虞和钦《中学化学教科书》与长沙三益社《最近普通化学教科书》、陈家灿《最新化学教科书》在两类元素的译名上的差别。

对于 A 类元素的译名，除 F、Si、P、I 4 种元素的译名外，长沙三益社、陈家灿对其余 19 个用汉字表记的日译名全部采纳。F、Si、P、I 等部分 A 类元素的译名对比见表 4-2。

表 4-2 部分 A 类元素的译名对比

元素符号	龟高德平《普通教育化学教科书》（1902 年 1 月）	虞和钦《中学化学教科书》（1910）	长沙三益社《最近普通化学教科书》（1906）	陈家灿《最新化学教科书》（1909）
F	弗素	弗	弗素	弗素
Si	硅素	矽	珪素	珪素
P	燐	燐	燐	磷
I	沃素	碘	沃素	沃素
Zn	亚铅	锌	亚铅	亚铅
Bi	苍铅	铋	苍铅	苍铅
Pt	白金	铂	白金	白金
Hg	水银	汞	水银	水银

对于 B 类元素的译名，长沙三益社《最近普通化学教科书》全部用汉字纯音译，如加僫谟（K）、瓦僫谟（Ga）等（表 4-3）。该书在

①龜高德平：《普通教育化學教科書》，東京開成館，1902。

例言中提及："书中所用术语概用日本名词，因日本已译成汉字之名
词，皆较华译旧名为切当，如水素、酸素等是也。又日本原系假名者，
则译以同音汉字，而旁注假名如亚莫尼亚アモニア及亚尔艮アゴン是
也。本书音译之名字，多参考旧译诸书，其名称有先此书译出者，则
不另译，以免混淆。"[①] 陈家灿的处理办法有两种。一种是用多个汉字
纯音译，这类译名只有一个，即亚尔根（Ar）；另一种是用单个汉字
来表示。

表 4-3 部分 B 类元素的译名对比

元素符号	龟高德平《普通教育化学教科书》（1902 年 1 月）	虞和钦《中学化学教科书》（1910）	（长沙三益社）《最近普通化学教科书》（1906）	陈家灿《最新化学教科书》（1909）
He	へりうむ	氜	海里乌姆	鏢
Ne	—	氖	内哇	新
Ar	あるごん	氩	亚尔艮	亚尔根
Ga	がりうむ	镓	瓦馏谟	镓
K	かりうむ	钾	加馏谟	钾
Ca	かるしうむ	钙	加尔叟谟	钙
Sc	すかんぢうむ	銅	斯甘胃谟	鐍
Cr	くろむ	铬	各路母	铬
Cs	せしうむ	铠	攝叟谟	鑀

　　与长沙三益社、陈家灿的处理方式不同，虞和钦的《中学化学教
科书》（1910）中所有元素的译名都用一个汉字来表示，它们中的绝大
多数都采用徐寿的元素译名。不过对于一些发现较晚的元素，《中学化

[①]长沙三益社：《最近普通化学教科书》，长沙三益社，1906，订正 3 版，例言第 1 页。

学教科书》初版使用了歇留姆（He）、克息依（Kr）、拉胄姆（Ra）3
个用多个汉字纯音译的元素名称。像虞和钦这样处理日文化学书籍中
的元素译名的还有大幸勇吉著、王季烈译的《最新化学教科书》
（1906）等书，书中的元素译名都用一个汉字来表示。

　　我们再试着比较虞和钦《中学化学教科书》、长沙三益社《最近普
通化学教科书》、陈家灿《最新化学教科书》3 本书中涉及氧气制法
（表 4-4）和醚（表 4-5）的文字，就能看出虞和钦使用名词及译笔
之优胜。

表 4-4　《中学化学教科书》《最近普通化学教科书》《最新化学教科书》
关于氧气制法的文字对比

虞和钦《中学化学教科书》（1910）	长沙三益社《最近普通化学教科书》（1906）	陈家灿《最新化学教科书》（1909）
三　养气之制法　取各种养化物热之。多能分解而生养气。但在寻常实验上。多用绿酸钾。因取之最便也。 其法将绿酸钾混二养化锰而热之。则在低温度。亦易发生养气（第9页）	三　酸素之制法　加热于酸化水银则分解而生酸素。然欲制取多量酸素。惟加热于白色之固体物称为盐素酸加馏谟者。为最便又混入二酸化满俺热之以低温度。其发生酸素更易（第10页）	三　酸素之制法　以酸化水银加热固可分解而生酸素。欲多取之则须用盐素酸钾（白色固体）为便。 若混以二酸化锰热之则虽用低温度而发生酸素更易（第9页）

表 4-5 《中学化学教科书》《最近普通化学教科书》

《最新化学教科书》关于醚的文字对比

虞和钦《中学化学教科书》（1910）	长沙三益社《最近普通化学教科书》（1906）	陈家灿《最新化学教科书》（1909）
醇精　如一炭矫基。二炭矫基等有 C_nH_{2n+1} 之公式之基。称为矫基。如 $C_mH_{2m+1}\!>\!O$ 有二个矫基基与养相合之构造者，总称为醇精（第180页）	耶的尔　美既尔爱既尔等。有公式如 C_nH_{2n+1}。称亚尔气尔如以二个之亚尔气尔基如 $\left(\dfrac{C_nH_{2n+1}}{C_mH_{2m+1}}\right)$。与酸素结合其构造式。均称为耶的尔（第200页）	夜梯儿　如灭取儿夜取儿之有 C_nH_{2n+1} 公式之基者谓之亚尔起儿有如 $C_mH_{2m+1}\!>\!O$ 二个之亚尔起儿基而与酸素结合之构造者通称曰夜梯儿（第170—171页）

　　把龟高德平的化学著作翻译成中文化学教科书的还有华申祺、华文祺的《新体普通化学教科书》（9号教科书），杨国璋的《普通教育化学教科书》（1906年初版，1914年订正再版，北京銮受书局出版）。这两个译本的目录一致，但与上述虞和钦、长沙三益社、陈家灿3个译本的目录差异很大，因此前两个译本所依据的底本与后3个译本所依据的底本并不相同。前两个译本的目录与1912年龟高德平《普通教育化学教科书》的目录也不同。

　　民国教育部在1913年1月26日对杨国璋的《普通教育化学教科书》的审定批词中称赞该书"洵属善本"："查是书原本系日本师范学校讲习科及其各种实业学校讲习科所用之书，其宗旨程度与本部元年第三十四号部令内所规定之讲习科尚属相符，而译笔明晰，且叙述本国材料处又能酌量我国教材择要改置，洵属善本，应予审定作为师范学校附设讲习科化学教科书。"[1]

---

[1] 龟高德平：《普通教育化学教科书》，杨国璋译，銮受书局，1914，2版，教育部审定批词。

二、章的元素分类与元素周期表的分族

元素及其化合物的知识是化学知识中的重要组成部分，也是中学化学教学内容的重中之重。这些知识往往看起来杂乱无章，教师在教授时不得其法，学生在学习时也常靠死记硬背，教者和学者均苦不堪言。因此，合理编排元素的讲授顺序，对于教科书很有必要。在元素周期律发现之前，化学教科书的作者就有意识地把某些性质类似的元素放在一起讲解。由于不同作者的归类标准不统一，因此教科书中的元素编排方式纷繁多样。在发现元素周期律之后，按元素周期律的分类来编写教科书似乎可以解决教师和学生的烦恼。然而，考虑到中学生毫无化学知识基础，用元素周期律的分类来编写教科书并不适宜。总之，基于各种原因，在元素周期律发现前后，化学教科书论述元素分类的方式各式各样。

甲午战争之后，中文化学教科书以译自日本者占主导。日文化学教科书严格以元素周期律的分类为组织原则的并不多见。在第二章中，我们提到的吉田彦六郎1893年初版的《中等化学教科书》是少见的案例之一。吉田彦六郎编写的其他化学教科书，以及其他日本化学家如高松丰吉、大幸勇吉、龟高德平编写的中学化学教科书，在章的元素分类与元素周期表的分族上并不一致。在中国近代中学化学教科书中，章的元素分类与元素周期表的分族存在差异是普遍现象，并且绝大多数的教科书编译者均未明确指出原因。

吉田彦六郎编写的化学教科书中，《化学新教科书》（1902）的中文译本较为常见。2号教科书何燏时《中等最新化学教科书》（1907）和5号教科书杜亚泉《化学新教科书》（1906）是其中的两个中译本。这两个译本与原著一样，都是在讲完非金属后引入元素周期律，再讲金属。从表2-2中可以看到，日文《化学新教科书》（1902）在章的标题上使用"族"字来分类元素。2号教科书在章的标题上直接袭用

了原著中的"族"字，5 号教科书则在章的标题上改用"属"字。

大幸勇吉的《近世化学教科书》在日本发行了不同版本。以 1902 年和 1904 年的版本为例，这两本书在章的标题上完全没有按元素周期律来分类。如两个版本共同的章的标题有"锡　铅""铜　水银""银　金　白金"等，并未使用凸显元素分类思想的词汇。两个版本都是在讲解非金属和金属后引入元素周期律。这两个版本的中文译本分别见于王季烈的《最新化学教科书》（1906）与《改订近世化学教科书》（1908）。与原著一样，王季烈这两个中译本的章的标题也没有使用凸显元素分类思想的词汇。

虞和钦《中学化学教科书》（1910）的目录与龟高德平《普通教育化学教科书》（1902 年 1 月）的目录一致，都是在讲解非金属和金属后引入元素周期律。可见龟高德平和大幸勇吉更强调周期律是从元素知识中归纳得来的，而不强调它对于理解元素知识的指导作用。在龟高德平《普通教育化学教科书》中，与元素有关的章的标题表述方式为"元素 1 名称、元素 2 名称……及此等化合物"，如"窒素、燐、砒素あんちもん及ビ此等ノ化合物""炭素、硅素、硼素及ビ此等ノ化合物""銅、銀、金、白金及ビ此等ノ化合物"等。这种用语突出了元素 1、元素 2 等的相似性，不仅为随后介绍元素周期律做好铺垫，还巧妙规避了在学生未掌握元素周期律知识之前教授与元素周期律相关的"族""属"等词汇的困难。较吉田彦六郎的《化学新教科书》（1902）和大幸勇吉的《近世化学教科书》，龟高德平的《普通教育化学教科书》在章的标题上的特殊表述方式能更好地照顾到中学生的学习心理。值得注意的是，虽然现在看来，化学教科书中的"族""属"等术语与元素周期律直接相关，但在清末和民国时期，这些词汇出现在化学教科书中，更多地表达的是"分类"的含义，而这个分类并不必然默指元素周期律的分类，也可以是其他方式的分类。

民国时期颇为流行的王季烈自编的中学化学教科书《共和国教科书·化学》在章的标题上使用"族"字，就遭到留学柏林大学的朱昊飞的批评："自第八章以下其各章之标题，如成盐原质、氧族原质、氮族原质、碳族原质等似均不甚切当。盖原质之分族，乃同类同性者之自然而然的区别，然必使学者先明瞭个别之事实，乃有分类总归之观念。若耳提面命而告之，则毫无心理的价值矣。故凡一种名词术语之提出，尤宜慎重，不可轻率也。"①

以下将虞和钦《中学化学教科书》(1910) 目录中涉及元素的章的标题给出的元素分类与书中的元素周期表分类进行对比（表 4 - 6），发现二者并不完全一致。

表 4 - 6　虞和钦《中学化学教科书》(1910) 的部分目录与元素周期表

部分目录	元素周期表
绪论 第一编　化学本论及非金属 第十五章　造盐原质及造盐原质化合物 第十六章　养气、硫黄及此等之化合物 第十七章　淡气、燐、砷、锑及此等之化合物 第十八章　炭、矽、硼及此等之化合物 第二编　金属 第一章　金属与非金属之别及合金 第二章　铜、银、金、铂（白金）及此等之化合物 第三章　铬、锰、铁、镍、钴及此等之化合物 第四章　镁、锌、镉、汞及此等之化合物 第五章　锡、铅、铋及此等之化合物 第六章　铝及其化合物 第七章　钙、锶、钡及此等之化合物 第八章　锂、钠、钾、铷、铯及此等之化合物 第九章　金属之化学性质及周期律	

①朱昊飞：《中等化学教科书之批评（书评）》，《新教育评论》1926 年第 5 期。

从表4-6可以看出，第一编第十七章、第十八章及第二编第五章、第六章，共涉及11种元素。按照书中的元素周期表分类，应分为三类，即硼、铝为一类，碳、硅、锡、铅为一类，氮、磷、砷、锑、铋为一类。但是，同族的硼和铝，分别放在第一编第十八章和第二编第六章中论述。同族的碳、硅和锡、铅，碳、硅放在第一编第十八章中论述，锡、铅放在第二编第五章中论述。同族的锑和铋，分别放在第一编第十七章和第二编第五章中论述。对于如此安排的原因，龟高德平在原著中并未说明，虞和钦在译著中也未加以解释。然而，推测其原因，大概是由于教科书作者受传统化学书中盛行的非金属与金属的分类方式所影响。正如莱姆塞在他1891年的《无机化学体系》一书序言中所说，"以元素周期排列为基础的系统的教科书尚未用英文撰写出来"，其原因之一是人们"恪守对非金属与金属的古老的武断划分"，这导致把联系紧密的元素如硼和铝、锑和铋、硅和锡分开讲解[1]。

虽然在中文名称中锑的部首为金字旁，被视为金属，但锑是处于非金属与金属分界线上的元素，在传统上常常被视为非金属，所以莱姆塞说传统上将锑和铋分开讲解。由此，虞和钦《中等化学教科书》（1910）把锑当作非金属，放到第一编第十七章，与氮、磷、砷一起讲解。同为氮族元素的铋，因为是金属元素，则放到第二编中讲解。

上述分类方式在其他化学教科书中也比较常见。如2号教科书何燏时《中等最新化学教科书》（1907）对元素的分类方式为硅、硼为一类，氮、磷、砷、锑为一类，锡、铅、铋为一类，铝为一类。

---

[1] William Ramsay，*A System of in Organic Chemistry*，1891（London：J. & A. Churchill），Preface，pp. v-vi.

三、别具一格的编排顺序

在第二章第二节中，我们提到龟高德平《普通教育化学教科书》(1902) 的编次是从日常可见的物质到未知物质进行排序。比如，先讲空气，再讲氧气和氮气；先讲水，再讲氢气。这并不是什么了不起的创新。门捷列夫在写作《化学原理》时，就是从常见物质入手，不过他先讨论水，然后讨论空气、碳化合物、食盐[1]。空气和水皆是习见物质，从空气或水入手都是可以的，编写思想均类似。事实上，龟高德平《普通教育化学教科书》的后来版本已经改为直接从水开始论述。比如 1912 年 1 月 25 日订正的第 10 版就是如此。

清末的中学化学教科书中，在水之前论述空气的颇多。在本书选取的 13 本清末时期的样本化学教科书中，有 9 本先论述空气（见表 3-12）。如王季烈的两本译著《最新化学教科书》(1906) 和《改订近世化学教科书》(1908)，原著者皆为大幸勇吉，都是开篇直接论述空气。杜亚泉的《化学新教科书》(1906) 和何燏时的《中等最新化学教科书》(1907)，原著者皆为吉田彦六郎，都是在第三章论述空气，第六章论述水。相比之下，在空气之前论述水的教科书则少得多。华申祺、华文祺的《新体普通化学教科书》(1908) 和杨国璋的《普通教育化学教科书》(1906 年初版，1914 年订正再版) 是依据龟高德平《普通教育化学教科书》的后来版本翻译，均是开门见山论述水。其中，前者为我们选定的 9 号样本教科书。

一般的中学化学教科书在论述金属元素时，都是先论述碱金属，再论述碱土金属。比如，4 号教科书王荣树《中等化学教科书》(1905) 在第十八章论述"矽"，以此结束对非金属元素的讨论之后，

---

[1] Bernadette Bensaude-Vincent，"Mendeleev's Periodic System of Chemical Elements," *The British Journal for the History of Science* (1986)：3-17.

在第十九章讲述"元素之分类",随后几章开始论述金属元素,首先讨论的是第二十章的"阿鲁加里金属"即碱金属,其次是第二十一章的"阿鲁加里土金属"即碱土金属。8号教科书曾贞《中等化学教科书》(1907)在"第三编 无机类 金属"部分的第一章论述了"非金属与金属之区别"与"金属固有性质"之后,第二章紧接着论述"碱族金属诸元素及其化合物",第三章论述"碱土族金属诸元素及其化合物"。

虞和钦《中学化学教科书》(1910)在论述金属元素时的顺序别具一格。在"第二编 金属"中,先于第一章讨论了"金属与非金属之别及合金",提到"如铸造货币,若仅用金银,则过软而易磨灭。混铜少许,则质坚而能耐久"[1],接着说道"凡用铜所造之合金,应用最广,而为数亦最多,即与金及银相合者,可为铸造货币及装饰品之用……"[2]。这是从日常习见的货币谈及合金,进而引出货币中的常见金属金、银、铜等,贯穿了从"生徒日常亲炙之物质""及于未知之物质"的编写思想。第二章顺势论述"铜、银、金、铂(白金)及此等之化合物",显得自然而然。第三章标题为"铬、锰、铁、镍、钴及此等之化合物",虽然铬元素排在最前面,但是第一节"铁及其化合物"是从常见金属铁入手。随后三节分别讨论"镍、钴及此等之化合物""锰及其化合物""铬及其化合物",是切入"未知之物质"。第四章标题为"镁、锌、镉、汞及此等之化合物",包含了常见金属汞,但放在最后一节即第三节讨论,第一、第二节分别讨论镁和锌,镉虽然在章的标题中出现,但没有在正文中讨论。第五章标题为"锡、铅、铋及此等之化合物",先论述锡、铅两种常见金属,然后在第三节讨论"铋及其化合物"。第六章讨论"铝及其化合物",铝虽然不像此前讨论的常见金属那样为古人所知,但明矾等是熟知物质,其中含有铝元素。

---

[1] 龟高德平:《中学化学教科书》,虞和钦译,文明书局,1910,4版,第120页。
[2] 同[1],第121页。

第七章标题为"钙、锶、钡及此等之化合物"，论述陌生的碱土金属元素，不过熟知的白垩、石膏等物质中的主要金属元素即为钙。第八章"锂、钠、钾、铷、铯及此等之化合物"，论述碱金属元素。

虞和钦的《中学化学教科书》（1910）对金属元素的编排顺序为民国时期朱昊飞《中等化学教科书》（1920）和郑贞文《现代初中教科书化学》（1923）所承袭，朱昊飞对虞和钦的编次稍有改易，郑贞文的编排顺序则与虞和钦一致，不过郑贞文论述的元素种类较虞和钦有所减少。本书第七章将对此重点讨论。

第三节　虞和钦《中学化学教科书》与《新制化学教本》的承接关系

1912 年 1 月 1 日，中华民国临时政府成立，中华书局亦同日创立。中华书局在商务印书馆之前，抢先成功出版了符合新政体教育宗旨的"中华教科书"系列。商务印书馆虽然一时措手不及，但是沉着应对，很快推出了高质量的"共和国教科书"系列，夺回了教科书市场的龙头地位。相较之下，"中华教科书"系列由于成书仓促，显得过于粗糙。于是，中华书局又策划出版了"新制教科书"系列。该系列于 1913 年开始陆续出版。在小学教科书方面，主要有 1913 年初版的顾树森编、戴克敦等校阅的《新制中华高等小学理科教科书》和《新制中华高等小学理科教授书》等。在中学教科书方面，有虞和钦的《新制化学教本》（1917）（图 4 - 7）、吴传绂的《新制物理学教本》（1917）、叶与仁的《新制矿物学教本》（1917）、吴家煦的《新制动物学教本》（1917）、顾树森的《新制生理学教本》（1917）等。

图 4-7　虞和钦的《新制化学教本》

　　虞和钦的《新制化学教本》于 1917 年 5 月初版，1918 年 8 月第 4
版，1919 年 7 月第 6 版，1920 年 2 月第 7 版。在不到 3 年的时间内，
该书已发行 7 版，足见此书之畅销。以商务印书馆推出的王季烈的
《共和国教科书·化学》为参照，该书 1913 年 9 月初版，1916 年 7 月
第 6 版，在不到 3 年的时间内发行 6 版，与之相比，虞和钦《新制化
学教本》的发行量更胜一筹。1919 年，《南京高等师范学校招考学生
章程》中关于化学系招生的推荐书目就把虞和钦的《新制化学教本》
与王兼善的《民国新教科书·化学》、王季烈的《共和国教科书·化
学》并提：“化学以王兼善化学、王季烈化学（二书均商务印书馆出
版）或虞和钦、华襄治同著化学教本之程度为标准。”①

　　王兼善《民国新教科书·化学》1913 年 3 月初版，1919 年 6 月增
订第 14 版。王季烈《共和国教科书·化学》1913 年 9 月初版，1919
年 3 月第 15 版。这两本书都是当时颇受欢迎的教科书，以 1919 年的
发行情况来看，后者的畅销度略强于前者。

①《来件：南京高等师范学校招考学生章程》，《申报》1919 年 6 月 27 日第 3 张，
　第 963 页。

虞和钦与王季烈均出生于 19 世纪 70 年代，是从研习传统旧学过渡到西学的新型知识分子。二人均在清末翻译了通过清学部审定的高质量的化学教科书，进入民国以后，都编写了"合乎共和民国宗旨"的新教科书。相较王季烈，虞和钦有留学日本的经历，接受的西学训练更正规、系统，《新制化学教本》比《共和国教科书·化学》晚近 4 年出版，且比较二书自初版后大约 3 年的时间内，前者发行量略胜于后者，似乎有理由认为前者应该比后者编写得更好。然而，王季烈《共和国教科书·化学》是自编书，而《新制化学教本》自称"按照新学制编纂，供中学校师范学校及其他程度相当之学校教授化学之用，以新颖完善贯彻我国现时所需要且程度适合为主旨"①，却只是一本译著。

仔细考察《新制化学教本》的目录及正文，发现其译自 1912 年龟高德平的《普通教育化学教科书》，这两本书的目录（表 4 - 7）完全一致。然而，《新制化学教本》的版权页既无原著者姓名，虞和钦、华襄治二人也以"编辑者"自称。在该书编辑大意中关于"内容"的第三条说明写道："分子量及原子量，初学者不易索解。本书据编者平日经验，特列分子原子及阿轧特罗之假说于前，而移分子量及原子量于其后，与他书编次不同。此在使学生易于理解，并非好为颠倒。"② 这一次序与虞和钦的译著《中学化学教科书》中的编排次序恰好相反。《中学化学教科书》在第一编第十一章论述"分子量及原子量"，在第一编第十三章论述"原子说分子说"。看起来，虞和钦在编排次序上似乎颇有创新，但是从表 4 - 7 可以看出，这只不过是原著者龟高德平的次序罢了。

---

①虞和钦、华襄治：《新制化学教本》，中华书局，1917，编辑大意第 1 页。
②同①。

表 4-7　虞和钦《新制化学教本》（1917）

与龟高德平《普通教育化学教科书》（1912）部分目录对比

虞和钦《新制化学教本》（1917）	龟高德平《普通教育化学教科书》（1912）
绪论	緒論
第一编　非金属	第一篇　非金屬
第一章　水　轻气	第一章　水　水素
第二章　空气	第二章　空氣
第三章　养气　养化及燃烧	第三章　酸素　酸化及び燃燒
第四章　淡气　附氩气	第四章　窒素　附アルゴン
第五章　质量不变之定律　定比例之定律	第五章　質量不變の定律　定比例の定律
第六章　化合物及原质	第六章　化合物及び元素
第七章　无水炭酸及养化炭　倍数比例之定律	第七章　無水炭酸及び酸化炭素　倍數比例の定律
第八章　绿化轻　绿气	第八章　鹽化水素　鹽素
第九章　硵精　绿化铔	第九章　アムモニア　鹽化アムモニウム
第十章　气体反应之定律附气体之通性	第十章　氣體反應の定律附氣體の通性
第十一章　炭	第十一章　炭素
第一节　炭及其简单之化合物	第一节　炭素及び其簡單なる化合物
第二节　火焰	第二节　火焰
第十二章　原子说及分子说	第十二章　原子説及び分子説
第十三章　分子量及原子量	第十三章　分子量及び原子量
第十四章　化学记号	第十四章　化學記號
第十五章　原子价及构造式	第十五章　原子價及び構造式
第十六章　造盐原质　造盐原质化轻	第十六章　ハロゲン　ハロゲン化水素
第一节　造盐原质	第一节　ハロゲン
第二节　造盐原质化轻	第二节　ハロゲン化水素
第三节　食盐	第三节　食鹽
第十七章　养气、硫黄及此等之化合物	第十七章　酸素、硫黄及び此等の化合物
第一节　臭养气及过养化轻	第一节　オゾン及び過酸化水素
第二节　硫黄及硫化轻	第二节　硫黄及び硫化水素
第三节　硫黄之养化物	第三节　硫黄の酸素化合物

续表

虞和钦《新制化学教本》（1917）	龟高德平《普通教育化学教科书》（1912）
第十八章　淡气、燐砷锑及此等之化合物	第十八章　窒素・燐・砒素・アンチモン及び此等の化合物
第一节　淡气之养化物	第一节　窒素の酸素化合物
第二节　燐及其化合物	第二节　燐及び其化合物
第三节　砷、锑及此等之化合物	第三节　砒素アンチモン及び此等の化合物
第十九章　矽、硼及此等之化合物	第十九章　珪素・硼素及び此等の化合物
第二十章　酸盐基盐	第二十章　酸　鹽基　鹽
第二十一章　溶液	第二十一章　溶液
第二十二章　电解电离	第二十二章　電解　電離
第二编　金属	第二篇　金屬
第一章　金属之物理性质合金	第一章　金屬の物理的性質　合金
第二章　铜银、金铂及此等之化合物	第二章　銅・銀・金・白金及び此等の化合物
第三章　铬锰铁镍钴及此等之化合物	第三章　クロム・マンガン・鐵・ニッケル・コバルト及び此等の化合物
第四章　镁、锌、镉、汞及此等之化合物	第四章　マグネシウム・亞鉛・カドミウム・水銀及び此等の化合物
第五章　锡、铅、铋及此等之化合物	第五章　錫・鉛・蒼鉛及び此等の化合物
第六章　铝及其化合物	第六章　アルミニウム及び其化合物
第七章　钙、鎴、钡及此等之化合物	第七章　カルシウム・ストロンチウム・バリウム及び此等の化合物
第八章　锂、钠、钾、铷、铯及此等之化合物	第八章　リチウム・ナトリウム・カリウム・ルビヂウム・セシウム及び此等の化合物
第九章　金属之化学性质周期律附放射性原质	第九章　金屬の化學的性質　週期律附放射性元素

　　考虑到虞和钦《中学化学教科书》（1910）是依据龟高德平《普通教育化学教科书》的早期版本翻译而来，而龟高德平《普通教育化学教科书》1912年版较1902年1月的初版在目录上变更不大，内容改动也不多。因此，《新制化学教本》实则是《中学化学教科书》的修订

版。对比《中学化学教科书》（1910）与《新制化学教本》（1917）的有关内容（表4－8），可佐证这一推断。

表4－8《中学化学教科书》(1910) 与《新制化学教本》(1917)

部分内容对比

《中学化学教科书》(1910)	《新制化学教本》(1917)
第二章　养气　养化及燃烧 一　剌华亚胃之实验 在空气中燃燐时，其五分之一养气，视之恰如消灭，其实不然。盖养气已与燐结合而为白烟，溶于水中也。前法国化学家，曾用法实验，用长颈圆底瓶，入以水银，置其口于玻璃钟之内，使与钟内一定量之空气交通。然后加大热于水银，历数日间，而后冷之，则钟内空气之容积，约减去五分之一。而于水银之表面，则见有赤色之粉末。次集此赤粉，加以较前尤高之热度，则发生一种气体，检其容积，适与前所减者相等，且入烛火于此气体中，则较燃于空气中者为尤盛。是即养气之特征也。此实验为化学历史上最有名者。从可知热水银于空气中，水银能取其中之养气，与之结合，既结合后，又得以适当之法，再回复为同量之养气也 二　化合及分解…… 三　养气之制法　取各种养化物热之，多能分解而生养气。但在寻常实验上，多用氯酸钾混二养化锰而热之，则在低温度，亦易发生养气（第7—9页）	第三章　养气　养化及燃烧 辣服斯之实验 水银汞不易与养气化合，然久加强热，则亦能化合。昔法国化学家辣服斯曾实验之。其法用长颈圆底瓶。入以水银，置其口于玻璃钟内，使与钟内一定量之空气相通。然后加大热于水银。历五六日而冷之，则钟内空气之体积，约减去五分之一。而于水银之表面，则见有赤色之粉末（一四）。次集此赤粉，加以较前更高之热度，则发生一种气体，而纯粹之水银，在器内残留（一五）。将气体自水上收集之，检其体积，适与实验时所减者相等，以火柴余烬插入其中，则能再燃。是即养气之特征也。由此实验，可知热水银于空气中，水银能取其养气，与之化合，而生养化水银。方程式（1）将养化水银分解之，又得回复为同量之养气方程式（2） （1）$2Hg+O=2HgO$ （2）$2HgO=2Hg+O$ 养气之制法　依上法虽能自养化水银，制取养气。但在寻常实验，以用绿酸钾白色固体热之为便。方程式（3）若混二养化锰黑色固体于绿酸钾而热之，则在低温度时，亦易发生养气。其取法与轻气相同。亦可在水上收集之（一六） （3）$2KClO_3=2KCl+3O_2$（第19—21页）

续表

《中学化学教科书》（1910）	《新制化学教本》（1917）
第五章　质量不变之定律及定比例之定律	第五章　质量不变之定律　定比例之定律
质量不变之定律　蜡烛燃烧时，其油蜡渐次消失。洋灯点火时，其石油渐次减少。此等现象，初见之似物质全消灭者，其实不然。可就观察及实验而知之。如洋灯初点火时，则见罩内生昙，暂时消灭，又于蜡烛焰上，盖以干冷之杯，则见有水滴附着于内面，与轻气燃烧时相同，故知石油及蜡烛分解而生轻气，由其燃烧而生水也。又于此等焰上，盖以圆玻筒，数分时后，注石灰水于其中，而振荡之，则生乳白质。与燃木炭时所生者相同。即含无水炭酸之证。故知石油及蜡烛分解时，又生炭质，此炭质燃烧，即生无水炭酸也（第19—20页）	物质不灭之实验　蜡烛燃烧时，其油蜡渐次消失。洋灯点火时，其煤油渐次减少。此等现象，初见之似物质渐消灭者，其实不然。可就观察及实验而知之。如洋灯初点火时，则见罩内生昙，暂时消灭，又于蜡烛焰上，盖以干冷之杯，则见有水滴附着于内面（一八），与轻气燃烧时相同，故知煤油及蜡烛分解而生轻气，由其燃烧而生水也。又于此等焰上，盖以圆玻筒，数分钟后，注石灰水于其中而振荡之，则生乳浊物。此反应与燃炭时所生者相同。即含无水炭酸之证。故知煤油及蜡烛分解时，能生炭质，此炭质燃烧，即生无水炭酸也（第25页）

　　虞和钦曾自我评价道："自信力极强，凡理之所是，事在必行，不遇难而苟免，不遭困而中辍，不因人之毁誉而有所顾忌……遇有困难，必竭力排除之，独行其志之所向，不计利害，不问生死……天下事必有一条路可行，行而当死，亦即是一条路，何多虑也？"[1]　正是这种敢为人先的自信、乐观性格，使得他不畏艰难，拿下了多个"中国第一"。虞和钦完全有能力自主编写高质量的中学化学教科书，可他的《新制化学教本》为何是一本基于早期译书《中学化学教科书》基础之上的译著呢？最有可能的原因是公

[1]王细荣：《清末民初新型知识分子科学中国化实践研究——以虞和钦为中心》，博士学位论文，上海交通大学，2012，第164页。

务繁忙，没有时间专心写作。1912 年 9 月，虞和钦被范源濂正式任命为民国教育部主事，从此开启了北洋政府教育部任职生涯。此后，虞和钦历任教育部视学兼教育部编审处编审员、教育部附设教育品制造所化学制药科名誉顾问、京兆甄录小学教员委员会委员、全国专门以上学校成绩展览会干事、代理专门教育司第一科科长等职。他的主要工作包括审定大学及专门学校课程，审定各省、堂、局所出中小学各教科书，外出视察学务，甄别小学教员，审查化学药品，等等。外出视察占据了虞和钦大量的时间，他春去秋归，足迹北自辽沈，南至滇黔①。据统计，虞和钦在民国以前（1902—1910 年），出版了 12 部科学著作，进入民国以后，只出版了 2 本科学著作②。其中一本为 1913 年 3 月由上海文明书局出版的《普通化学讲义》，另一本则是时隔 4 年后出版的《新制化学教本》。可见，在教育部任职后，虞和钦用于著书的时间大大减少。对比之下，王季烈在中华民国成立以后，避居天津，无公务缠身，有较多的时间静心写作。他说："自改革以来，退居于公民之列，杜门多暇，方获从事编纂。"③ 因此，王季烈能够花费更多心思去琢磨和自主编写教科书，而虞和钦受时间限制只能拿以前的译著改头易面以敷新政体教科书之用。

根据以上论述，我们似乎还可以推测，由于《新制化学教本》是根据龟高德平《普通教育化学教科书》（1912）翻译而来，较虞和钦早期译自龟高德平《普通教育化学教科书》（1902 年 1 月初版）的《中学化学教科书》（1910）在内容上改动不多，而虞和钦

---

① 王细荣：《清末民初新型知识分子科学中国化实践研究——以虞和钦为中心》，第 16-17 页。

② 同①，第 29 页。

③ 王季烈：《共和国教科书·化学》，商务印书馆，1921 年，20 版，序言第 1-2 页。

接手了中华书局推出的"新制教科书"系列中编撰化学教科书的事务，但又没有时间编写，于是委托华襄治在他的《中学化学教科书》（1910）基础之上，将龟高德平《普通教育化学教科书》1912 年版比 1902 年 1 月初版增加和修改的部分翻译出来，最后易名为《新制化学教本》交付任务，华襄治也因此被列为合编者。

第五章
王季烈与《共和国教科书·化学》

　　提起王季烈的名字，首先闻名于曲学界。他被誉为可与俞宗海（1847—1930）、王国维（1877—1927）、吴梅（1884—1939）并称的近代著名曲家①。在石肖岩主编的《中国现代名人辞典》（1989）中，对王季烈的成就介绍仅局限于昆曲领域②。然而，他在中国近代科学史上亦占据一席之地。学界周知王季烈对近代物理学的传播做出了突出贡献。如他与傅兰雅合译的《通物电光》（1899），是中国最早介绍 X 光的著作。他重编了由饭盛挺造编撰、藤田丰八翻译的《物理学》（上、中篇 1900 年初版，下篇 1903 年初版），这是第一本中文大学物理教科书；他坚持采用"物理学"而非藤田丰八所提议的"格致"作为 physics 的中文译名，物理学这一名称由此沿用至今③。他主持编译了中国第一本由官方颁布的物理学名词规范《物理学语汇》④。王季烈还以苏州莫厘王氏家族裔孙的身份为世人瞩目⑤。他是蔡元培的恩师王颂蔚之长子，而王颂蔚是明代大学士王鏊的第十三世孙。他的母亲是晚清苏州最有

<hr />

① 杨振良：《近代曲学大师王季烈年谱》，《人文论丛》2004 年第 1 期。张慧：《王季烈研究》，硕士学位论文，苏州大学，2009，第 1 页。

② 石肖岩主编《中国现代名人辞典》，山西人民出版社，1989，第 570 页。

③ 张橙华：《清末民初物理教育家王季烈》，《江苏地方志》1998 年第 2 期。

④ 张建国、周玲：《王季烈与晚清物理学的传播》，《牡丹江大学学报》2011 年第 8 期。战海、刘舒展：《王季烈翻译〈物理学语汇〉对物理学传播的影响》，《兰台世界》2014 年第 24 期。

⑤ 张建华、徐茂明：《清末民初江南士绅家族的"中西观"——以苏州东山莫厘王氏为中心》，《苏州大学学报》（哲学社会科学版）2009 年第 3 期。

名的女教育家、中国妇女解放的先驱者谢长达。王季烈同辈弟妹
中有王季同、王季点、王季绪、王季玉等科技专家、教育家，后
代涌现出王守竞、王守武、王守觉、王淑贞、何泽慧、何怡贞等
一批中国科技界泰斗。

　　学界对王季烈的关注基本集中在上述三个方面。在《中国科学
技术专家传略》中，王季烈入选《物理学卷》。相比之下，王季烈
在化学方面的贡献则鲜为人知，研究亦尚付阙如。王季烈在翻译、
编写物理学书籍时，同时译介了一系列化学教科书，最后成功自
主编撰了适合中学使用的《共和国教科书·化学》。《共和国教科
书·化学》1913 年 9 月初版，至 1925 年已发行 23 版，其影响力
不逊于商务印书馆稍早推出的王兼善的《民国新教科书·化学》
（1913 年 3 月初版，1924 年 11 月发行至第 23 版）。

　　王季烈未曾出国留学。他自学日语，翻译了许多日文科学书
籍，积累了不少编书的经验。他在编写《共和国教科书·化学》
前，先后在湖北自强学堂兼经心书院、两湖高等学堂兼湖北普通
中学、八旗学堂、京师译学馆等多所学校担任理化教习，具有丰
富的教学经验①。他年长王兼善 9 岁，家世显赫，教育背景、人生阅
历与在爱丁堡大学获得理科学士及文科硕士学位的王兼善截然不同。
《共和国教科书·化学》《民国新教科书·化学》在当时风行一时，但
特色迥异。王季烈《共和国教科书·化学》更注重从学生的角度出发，
王兼善《民国新教科书·化学》则从教师的角度着眼。本章专门论述
王季烈《共和国教科书·化学》的成书渊源及其特点。

---

①王广超：《王季烈译编两本物理教科书初步研究》，《中国科技史杂志》2015 年
　第 2 期。

第一节　王季烈生平

王季烈（1873—1952）（图 5-1），字晋余，号君九、螾庐，江苏省长洲县（今苏州市）人。生于清同治十二年七月十六日（1873 年 9 月 7 日）。其人生经历大体分为 3 个阶段：早年濡染经史子集，尔后用力于西学，中年以后潜心于昆曲。

图 5-1　王季烈

王季烈于 1894 年参加乡试，考中举人；1895—1896 年在浙江省兰溪作幕宾；1897—1898 年在上海任《蒙学报》助理编辑；1898—1900 年在上海江南制造局，参与译著工作；1900—1904 年到汉阳制造局，入张之洞幕府兼学校教习；1904 年赴京考中进士。在张之洞的保举下，王季烈进入学部，1905—1911 年任专门司郎中，兼京师译学馆监督，又任清末资政院钦选议员。在学部期间，他主持编印了《物理学语汇》，同时又兼任商务印书馆理科教科书编辑，翻译、编写了多种物理、化学教材，并在北京创办五城学堂。

辛亥革命后，王季烈避居天津，修订族谱，研究昆曲。1918—1920 年，他受邀在天津筹建了扶轮小学和扶轮中学；1927 年，迁居大连。他反对袁世凯，拒绝出仕袁氏政权，在天津办乐利农垦公司、华昌火柴公司。1918—1920 年，他应北洋政府交通总长叶恭绰之聘为交通部筹办子弟学校。该校取名"扶轮"。扶轮小学在京、津、唐均有，扶轮中学仅天津有一所。王季烈在天津时办有业余昆曲社"景璟社"，意在景仰沈璟（明代戏曲家）。王季烈与刘富成合著《集成曲谱》等多部著作。王季烈 1927—1930 年在大连作寓公，兼做房地产生意；1931—1933 年任伪满宫内府顾问；1933—1949 年居住在大连和苏州，研究昆曲。中华人民共和国成立后，陈叔通（与王季烈是同科进士）邀请王季烈进京，参加筹备文史馆的工作，王季烈即北上，1949 年底赴京后不久即瘫痪在床，1952 年在北京逝世。

王季烈的三弟王季点（1879—1966）于 1902—1906 年留学日本，毕业于东京高等工业学校，回国后，初任京师大学堂提调（物理系教授），继任农工商部主事、度量衡局委员、北平工业实验所技正兼代所长，是中华化学工业会的发起人之一，译有《制合法金》，并帮助长兄王季烈学习日语。后来，王季烈编译的《通物电光》《物理学》等书，均由王季点校对，然后出版。

第二节　《共和国教科书·化学》的成书渊源

一、"共和国教科书"系列简介

1912 年 1 月 1 日，中华民国临时政府成立。1 月 19 日，蔡元培执掌的教育部立即颁布《普通教育暂行办法》。《普通教育暂行办法》规定："凡各种教科书，务合乎共和民国宗旨，清学部颁行之教科书，一律禁用。"[1] 当时正值寒假，春季开学在即，于是各书局一方面将清朝

---

①璩鑫圭、唐良炎编《中国近代教育史资料汇编：学制演变》，上海教育出版社，1991，第 597 页。

教科书改订出版，以应各学校开学急需；另一方面召集各方力量组织编写"合乎共和民国宗旨"的教科书。

教科书市场竞争激烈，1897 年创立于上海的商务印书馆在全国出版行业中独占鳌头。然而，1912 年 1 月 1 日，中华书局横空出世，并于 1912 年 1 月出版了《中华初等小学修身教科书》《中华初等小学国文教科书》《中华高等小学国文教科书》《中华高等小学历史教科书》《中华高等小学理科教科书》等书。随后，"中华教科书"系列陆续出版。中华书局出书速度之快，得益于其创始人陆费逵敏锐的政治嗅觉："预料革命定必成功，教科书应有大的改革。"他先发制人，提前组织人员编写教科书，并成功占领了春季开学的教科书市场。相比之下，商务印书馆则对新的政治形势判断不足，被中华书局抢占先机。

为了夺回教科书市场的龙头地位，商务印书馆从 1912 年 3 月开始反击，集结一批名家成功推出了中国教科书史上唯一以政体命名的系列教科书——"共和国教科书"，创造了中国近代历史上版次最多的出版神话①。商务印书馆因此重振雄风。自 1912 年 4 月推出《共和国教科书·新国文》以来，截至 1916 年 4 月，商务印书馆已出版适用于初等小学和国民学校使用的教科书及教授书 20 种 140 册（含挂图 24 幅），涵盖修身、国文、算术（笔算、珠算）、图画（铅笔画帖）、手工、唱歌等。截至 1915 年 4 月，商务印书馆出版适用于高等小学的教科书及教授书 25 种 118 册，涵盖修身、国文、英文读本、历史、地理、算术（笔算、珠算）、理科、农业、商业、唱歌、字帖、缝纫、体操等。截至 1925 年 7 月，商务印书馆出版适合中等教育使用的"共和国教科书"及参考书共计 36 种 53 册，涵盖修身要义、国文读本、国文读本评注、文字源流、文法要略、中国文学史、算术、代数学、平面几何、立体几何、平三角大要、本国史、东亚各国史、西洋史、本

①石鸥：《百年中国教科书论》，湖南师范大学出版社，2013，第 192 页。

国地理、外国地理、自然地理、人文地理、植物学、动物学、矿物学、生理学、物理学、化学、法制概要、经济大要、用器画解说、用器画图式、普通体操、兵式教练等①。王季烈的《共和国教科书·化学》（图5-2）初版于1913年9月，为"共和国教科书"系列中的一本。

图5-2　王季烈编撰的《共和国教科书·化学》

二、王季烈编译的科学书籍

《共和国教科书·化学》自初版以来，不断再版，其出版情况为1913年9月初版，1916年7月第6版，1919年3月第15版，1920年8月第18版，1920年12月第19版，1921年2月第20版，1922年9月改订第22版，1925年1月改订第23版。1925年改订第23版《共和国教科书·化学》，改订者为郑贞文，该版删去了王季烈写于1913年6月的"序言"，保留了"编辑大意"，增加了郑贞文写于1922年8月1日的"改订版绪言"，其中简要交代了改订之处。改订版之前的版本均是重复印刷，内容并未变更。

为更好地研究王季烈的思想，本书不选用改订版本，而选用1921

①吴小鸥、石鸥：《1912年"共和国教科书"新文化标准探析》，《课程·教材·教法》2013年第2期。

年2月第20版。该书总发行所、印刷所皆为上海商务印书馆，分售处
为北京、天津、保定、奉天、吉林、龙江、济南、东昌、太原、开封、
洛阳、西安、南京、杭州、兰溪、安庆、芜湖、南昌、汉口、长沙、
常德、衡州、成都、重庆、达县、福州、广州、潮州、香港、桂林、
梧州、云南、贵阳、张家口，以及新嘉坡①的商务印书馆分馆，销售
范围遍及国内外，足见其影响之大。

　　王季烈称："自改革以来，退居于公民之列，杜门多暇，方获从事
编纂。"②"余编化学教科书既竟，因思理化二科，如车之双轮，鸟之
两翼，彼此关系至为密切，故教科书尤宜一手编辑。因依教育部新定
中学课程，编纂此书（笔者注：指《共和国教科书·物理学》）。"③
王季烈编撰的《共和国教科书·化学》在《共和国教科书·物理学》
之前完成，但这两本书都于1913年9月初版。此后，王季烈转向曲学
研究。虽然这两本书后来不断再版，但王季烈并未对书的内容进行更
改。改订版有些内容与初版不同，是商务印书馆编辑增补修改所致。
可以说，《共和国教科书·化学》《共和国教科书·物理学》大体上是
王季烈在科学领域的收官之作。本章所讨论的《共和国教科书·化学》
就是王季烈多年编译和教学经验的沉淀，其成功绝非偶然。表5-1列
出了王季烈编译的一些科学书籍，以便后文讨论。

---

①笔者注：民国时期对于新加坡的译名常为"新嘉坡"。本书第228页和第266页
　　也是译为"新嘉坡"。
②王季烈：《共和国教科书·化学》，商务印书馆，1921，20版，序言第1-2页。
③王季烈：《共和国教科书·物理学》，商务印书馆，1919，17版，序言第1-2页。

表 5 - 1 王季烈编译科学书籍目录表

初版、再版年份及版次	著者、编者、译者	书名	出版商	备注
1898 年	王季烈	身理卫生论	—	《蒙学报》本
1899 年	［美］莫耳登著，［英］傅兰雅口译，王季烈笔述	通物电光	江南制造局	
1900 年和 1903 年	［日］饭盛挺造著，［日］藤田丰八翻译，王季烈重编	物理学	江南制造局	分上、中、下三篇，上、中篇 1900 年初版，下篇 1903 年初版，原著为医学大学别科生设
不详	王季烈撰	化学新理	清末光绪年间刻朱印本	1900—1903 年出版，分上、下两卷，共 26 章
1904 年	［日］棚桥源太郎著，王季烈译编	高等小学理科教科书	上海文明书局	共 4 册，清学部审定
1906 年	［日］中村清二著，学部编译图书局译印	近世物理学教科书	学部编译图书局	王季烈翻译，但以学部编译图书局名义署名
1906 年	［日］藤井健次郎著，王季烈译	最新植物学教科书	上海文明书局	
1906 年	王季烈编	初等小学生理卫生教科书	上海文明书局	学部审定图书
1906 年	［日］大幸勇吉著，王季烈译/译编	最新化学教科书	上海文明书局	分上、中、下三卷

续表

初版、再版年份及版次	著者、编者、译者	书名	出版商	备注
1907 年、1909 年第 2 版	［日］菊池熊太郎著，王季烈译/译编	最新理化示教	上海文明书局	
1908 年	学部审定科	物理学语汇	上海商务印书馆	此书由王季烈主持编译
1908 年	［日］大幸勇吉著，王季烈译编/编译	改订近世化学教科书	上海商务印书馆	
1908 年、1919 年第 10 版	［日］箕作佳吉著，王季烈编译/译订，杜就田校订	中学动物学新教科书	上海商务印书馆	
1910 年、1918 年第 11 版	王季烈编纂，陈学郢校订，杜就田补订	中学矿物界教科书	上海商务印书馆	教育部审定批语："查是书体例时间俱与部颁中学校令施行规则相合，书中分论矿石处尤能以本国重要之矿物产地，采录情形，择要编入，洵属善本。"
1913 年	［日］雪吹敏光著，王季烈译	博物示教	上海商务印书馆	
1913 年、1914 年第 3 版	王季烈编纂	共和国教科书·物理学	上海商务印书馆	含"序言"（王季烈写于 1913 年 5 月）和"编辑大意"。教育部审定批语："是书词意通达，所取教材分量亦均不寡不多，深合中学程度之用。"

续表

初版、再版年份及版次	著者、编者、译者	书名	出版商	备注
1913年、1921年第20版	王季烈编纂	共和国教科书·化学	上海商务印书馆	含"序言"（王季烈写于1913年6月）和"编辑大意"
1913年、1924年，改订第22版	王季烈编纂，周昌寿校订，改订版序言	共和国教科书·物理学	上海商务印书馆	含"改订版绪言"（写于1922年8月1日）和"编辑大意"
1913年、1925年，改订第23版	王季烈编纂，郑贞文改订	共和国教科书·化学	上海商务印书馆	含"改订版绪言"（郑贞文写于1922年8月1日）和"编辑大意"

三、王季烈在《共和国教科书·化学》之前编译的化学书籍

从广义上来看，王季烈编译《共和国教科书·化学》之前的所有人生经历都在不同程度上形塑了该书的样貌。从狭义上来看，在该书编译之前，王季烈的编译经历和教学经验对成书有直接的影响。本节通过考察王季烈在《共和国教科书·化学》之前编译的化学书籍来讨论该书取材及内容组织的直接来源。

从表5-1可以看出，在《共和国教科书·化学》之前，王季烈曾出版《化学新理》（1900—1903年初版）、《最新化学教科书》（1906）、《最新理化示教》（1907）、《改订近世化学教科书》（1908）等译著，这些书籍都是从日文书翻译而来的。《最新理化示教》的原著者是菊池熊太郎，清学部称赞该书为适于中学初年级使用的教科书善本："说理浅显，所载实验皆简便易行，颇合中学初年级之用，译笔亦甚明洁，适

于讲授，允为教科善本。"① 经考证，该书的目录与菊池熊太郎《新体理化示教》(1899) 的目录完全吻合。以下依次录入王季烈《最新理化示教》中与化学有关的各章目录，以便下文讨论。

第十二章　容解　饱和　结晶

第十三章　不纯水　蒸馏

第十八章　空气之配合及淡气

第十九章　养气之制法及性质

第二十章　燃烧　气化　养化物

第二十一章　水之组成　轻气之制法及性质

第二十二章　炭酸之制法性质组成　化合分解　化合物混合物

第二十三章　呼吸与燃烧之比较

第二十四章　动植物之关系　有机物之成分

第二十五章　食盐　盐酸　绿气　漂白粉

第二十六章　酸　盐基　阿尔加里　盐

第二十七章　金　银　铜　铁　铅　合　金

第二十八章　硫黄及燐

《化学新理》出版时间不详，"取则于日本大幸学士之近世化学教科书，参以吉田博士之新编化学教科书而成"②。把《化学新理》的目录与大幸勇吉的《近世化学教科书》各种版本的目录相比，发现王季烈依据的是 1897 年版。不过大幸勇吉 1897 年版《近世化学教科书》分第一篇（共 9 章）、第二篇（共 21 章）、第三篇（共 17 章），《化学新理》上卷 9 章、下卷 17 章分别与大幸勇吉《近世化学教科书》(1897) 第一篇和第三篇目录一致，对大幸勇吉《近世化学教科书》(1897) 第二篇的内容完全没有翻译。前述吉田彦六郎出版过许多化学

---

① 《学部审定中学教科书提要（续）》，《教育杂志》1909 年第 2 期。
② 张藜：《〈化学新理〉——物理化学在中国传播的起点》，《中国科技史料》1996年第 1 期。

教科书，如《中等化学教科书》（1893）、《新编化学教科书》（1897）、《化学新教科书》（1902）等，这些书的内容组织差异很大。《化学新理》所指"吉田博士之新编化学教科书"应该是吉田彦六郎的《新编化学教科书》（1897）。由于《化学新理》的目录完全依据大幸勇吉的《近世化学教科书》（1897），吉田彦六郎的《新编化学教科书》（1897）在目录上并没有对《化学新理》有所贡献。

经考证，王季烈的《最新化学教科书》（1906）是依据大幸勇吉的《近世化学教科书》（1902）翻译而来，樊炳清的译本《近世化学教科书》（1903）也是依据此底本。王季烈的《改订近世化学教科书》（1908）则是依据大幸勇吉的《近世化学教科书》（1904）翻译而成。王季烈《改订近世化学教科书》在1920年发行至第9版，但与该书1908年版本的内容相同。

为追溯《共和国教科书·化学》一书在谋篇布局上的思想来源，现将王季烈编译的化学书目录列于表5-2，部分日文原著的目录也列入该表，便于比较原著本与译编本之间的变更差异。

表 5 – 2　王季烈编译化学书及所依据日文化学书的目录对比

大幸勇吉《近世化学教科书》（1897）	王季烈《化学新理》（1900—1903）	王季烈《最新化学教科书》（1906），依据大幸勇吉《近世化学教科书》（1902）版本翻译	王季烈《改订近世化学教科书》（1908），依据大幸勇吉《近世化学教科书》（1904）版本翻译	王季烈《共和国教科书·化学》（1913 年初版，1921 年第 20 版）
第一篇	上卷	上卷	第一篇	上篇　化学通论及非金属
第一章　空气　物质の不减　气体の通性	第一章　空气　物质之不生不灭　质通用之性	第一章　空气　物质之不生不灭　气质通有之性	第一章　空气　养气	第一章　化学变化　燃烧　物质不灭之定律
第二章　水	第二章　水	第一节　空气	第一节　空气	第一节　化学变化　燃烧
第三章　化合物　单体　元素	第三章　杂质　纯质　原质	第二节　养气	第二节　空气	第二节　物质不灭之定律
第四章　化学变化とエネルギー	第四章　物质之化学改变及储力	第三节　燃烧　缓慢之养化	第三节　燃烧　缓慢之养化	第二章　空气　养气
第五章　盐化水素　アムモニア	第五章　绿气　轻绿　淡轻	第四节　气质通有之性	第四节　空气之组成	第三章　淡气　轻气　水　定律
第六章　炭素	第六章　炭	第五节　空气之合成	第二章　水　轻气	第一节　水　轻气
第七章　分子量　原子量	第七章　质点重分剂数　原质重分剂数	第二章　水	第一节　水	第二节　定比例之定律　数比例之定律
第八章　酸　盐基　塩	第八章　配质　本质　盐类	第一节　轻气	第二节　轻气	第四章　无水炭酸　化炭　养气　倍数比例之定律
第九章　溶液电气分解	第九章　消化流质　电气化分　电分离	第二节　水	第三节　水之组成	
第二篇		第三章　杂质　纯质　原质	第三章　质量之不变	
第一章　臭素　沃素　弗素		第四章　绿化轻　亚摩尼阿	第四章　化合物　单体　原质	
			第五章　炭质	
			第一节　炭	
			第二节　石炭之乾馏	

续表

大幸勇吉《近世化学教科书》(1897)	王季烈《化学新理》(1900—1903)	王季烈《最新化学教科书》(1906),依据大幸勇吉《近世化学教科书》(1902)版本翻译	王季烈《改订近世化学教科书》(1908),依据《近世化学教科书》(1904)版本翻译	王季烈《共和国教科书·化学》(1913年初版,1921年第20版)
第二章 硫黄 第三章 ナトリウム、カリウム 第四章 カルシウム、ストロンチウム、バリウム 第五章 マグネシウム 第六章 スペクトル分析 第七章 亜鉛 第八章 アルミニウム 第九章 錫、鉛 第十章 銅、水銀 第十一章 銀、金、白金 第十二章 鉄、コバルト、ニッケル、マンガン、クロム	下卷 第一章 迷脱痕 第二章 以脱里醋、以脱 第三章 阿勒弟海特、蚁酸、醋酸、以脱里醋酸 第四章 以脱里醋酸、体质之作为 第五章 鸡多尼、第二醋 第六章 炭轻类质 第七章 各里司里尼、脂油酸 第八章 多本之配质 第九章 炭与水之化合质、阿尼里尼酸 第十章 尼里尼酸、偏苏里、诺里 第十一章 非 第十二章 芳香类之酸质	第一节 绿气 第二节 绿化轻 第三节 亚摩尼阿化、绿化钾 第五章 炭质 第一节 炭 第二节 石炭之乾蒸 第三节 火焰 第四节 炭之养化物 第六章 质点量、原点量 第一节 质点量、原点量、质量 第二节 记号、质点、记号、化学方程式 第三节 当量、原点量、价 第四节 原点及质点说	第三节 火焰 第四节 炭之养化物 第六章 分子量原子量 第一节 分子量原子量、化学式 第二节 记号、式、化学方程式 第三节 原子及分子说 第七章 绿化轻、绿化阿尼阿 第一节 绿气 第二节 绿化轻 第三节 亚摩尼阿 第八章 可逆反应、解离 第九章 当量、原子价、溶液 第十章 酸 第十一章 盐基、盐	体反应之定律 第一节 无水炭酸、养化炭 第二节 倍数比例之定律、气体反应之定律 第五章 单体、化合物、原质 第六章 分子及原子之假说 第七章 分子量、原子量、化学记号、当量、化学方程式、子价 第八章 成盐原质及其化合物 第一节 绿气、绿化轻

续表

大幸勇吉《近世化学教科书》(1897)	王季烈《化学新理》(1900—1903)	王季烈《最新化学教科书》(1906)，依据大幸勇吉《近世化学教科书》(1902) 版本翻译	王季烈《改订近世化学教科书》(1908)，依据大幸勇吉《近世化学教科书》(1904) 版本翻译	王季烈《共和国教科书·化学》(1913 年初版，1921 年第 20 版)
第十三章 硼素 第十四章 炭酸塩 第十五章 硅酸 第十六章 窒素 第十七章 燐 第十八章 砒素アンチモン 蒼鉛 第十九章 硫黄の酸化物 第二十章 塩素の酸化物 第二十一章 元素の週期律 第三篇 第一章 メタン 第二章 エチルレ=アルコール エーテル 第三章 アルデヒド 蟻酸 醋酸	第十三章 那夫塔里尼 安特辣西尼 阿里司里尼 第十四章 脱尔比尼类质 第十五章 似碱类质 第十六章 蛋白质 第十七章 消化流质之性情	第七章 酸类 底类 第八章 盐类 溶液 第一节 溶液 第二节 溶液之冰度 及沸度 第九章 化学平衡 第一节 解离 可逆反应 第二节 化学平衡 第十章 电解 第一节 电解 第二节 电离 中卷 第一章 溴 碘 弗 第二章 硫 第三章 钠 钾	第十二章 电离 电解 第一节 电离 第二节 电离之平衡 第三节 电解 第二篇 第一章 溴 碘 弗 第二章 淡之养化物 第一节 硝酸 第二节 淡之养化物 第二章 硫黄 第一节 硫黄 第二节 亚硫酸 第三节 硫酸 第四章 钙 鎴 钡 第五章 钠 第六章 钾 第七章 绿之养化物	第二节 溴碘弗及其化合物 第九章 养族原质及其化合物 第一节 硫黄 轻 硫化炭 第二节 硫之养化物 第十章 淡族原质及其化合物 第一节 亚摩尼阿及其化合物 第二节 燐及其化合物 第三节 砷锑铋及其化合物 第十一章 炭族原质及其化合物 第一节 炭及其化合物 第二节 炭化物 火焰

续表

大幸勇吉《近世化学教科书》(1897)	王季烈《化学新理》(1900—1903)	王季烈《最新化学教科书》(1906),依据大幸勇吉《近世化学教科书》(1902)版本翻译	王季烈《改订近世化学教科书》(1908),依据大幸勇吉《近世化学教科书》(1904)版本翻译	王季烈《共和国教科书·化学》(1913年初版,1921年第20版)
第四章　醋酸エチル　質量作用		第四章　钙　鍶　钡	第八章　镁　锌	第三节　硅及其化合物
第五章　ケトン　第二アルコール		第五章　镁　锌	第九章　铝	第十二章　硼及其化合物
第六章　炭化水素		第六章　铝	第十章　锡　铅	第十三章　气体及溶液之性质
第七章　グリセリン　脂肪酸		第七章　锡　铅	第十一章　铜　汞	第一节　溶液之冰点及沸点
第八章　多塩基酸		第八章　铜　汞	第十二章　银　金	第二节　解离　电离　伊洪说
第九章　炭水化物		第九章　银　金	第十三章　铁　钴　镍	第三节　可逆反应　化学平衡
第十章　シアン化合物		第十章　铁　铂　钴　镍	第十四章　锰　铬	第四节　电解
第十一章　ベンゼン　フェノール　アニリン　青藍		第十一章　锰　铬	第十五章　硼酸	中篇　金属
第十二章　芳香族の酸		第十二章　砷	第十六章　矽酸	第一章　金属　非金属　合金
第十三章　ナフタレン　アントラセン　アリ		第十三章　炭酸盐类	第十七章　磷	第二章　碱金属及其化合物
		第十四章　矽酸盐类	第一节　磷	第一节　钾及其化合物
		第十五章　淡气养化质	第二节　磷酸	
		第一节　硝酸	第十八章　砷　锑　铋	
		第二节　硝酸盐类	第十九章　原质之周期律	
		第三节　淡气养化质	第三篇	
		第十六章　磷	第一章　米脱痕	
		第一节　磷	第二章　以脱里醇	
		第二节　磷酸盐类	第三章　爱司他　以脱	

续表

大幸勇吉《近世化学教科书》(1897)	王季烈《化学新理》(1900—1903)	王季烈《最新化学教科书》(1906),依据大幸勇吉《近世化学教科书》(1902)版本翻译	王季烈《改订近世化学教科书》(1908),依据大幸勇吉《近世化学教科书》(1904)版本翻译	王季烈《共和国教科书·化学》(1913年初版,1921年第20版)
ザリン 第十四章 テルペン属化合物 第十五章 アルカロイド 第十六章 蛋白質 第十七章 溶液の性質		第十七章 砷 锑 铋 第十八章 硫之养化质 第一节 亚硫酸 第二节 硫酸 第三节 硫酸盐类 第十九章 绿气之养化质 第二十章 原质之同期律 下卷 第一章 米脱痕 第二章 以脱里醋 第三章 爱司代耳 以脱 第四章 阿勒弟海特 蚁酸 第五章 醋酸以脱里 化学平衡 第六章 炭化轻 第七章 各里司里尼 脂油酸	第四章 阿勒弟海特 醋酸 第五章 炭化轻 第六章 各里司路尔 脂肪 第七章 多盐基酸 第八章 炭之水化物 第九章 衰化合物 第十章 偏苏恩 非诺里 第十一章 阿尼林 青蓝 第十二章 芳香属之靑酸 第十三章 那夫塔林 安特拉生 阿里杀林 第十四章 脱尔宾属之化合物 第十五章 植物盐基 蛋白质	第二节 钠及其化合物 第三节 钿及碱金属之通性 第三章 碱土金属及其化合物 第四章 土金属及其化合物 第五章 锌族原质及其化合物 第六章 铁族原质及其化合物 第一节 铁镍钴及其化合物 第二节 锰铬及其化合物 第七章 锡族原质及其化合物 第八章 铜族原质及其化合物

续表

大幸勇吉《近世化学教科书》（1897）	王季烈《化学新理》（1900—1903）	王季烈《最新化学教科书》（1906），依据大幸勇吉《近世化学教科书》（1902）版本翻译	王季烈《改订近世化学教科书》（1908），依据大幸勇吉《近世化学教科书》（1904）版本翻译	王季烈《共和国教科书·化学》（1913年初版，1921年第20版）
		第八章　多底之酸类 第九章　炭之水化质 第十章　衰化合质 第十一章　非偏苏里　诺里　里尼　阿尼里尼　酞 第十二章　芳香属之酸类 第十三章　那夫塔里尼　安特辣西尼　阿里司里尼 第十四章　脱尔比尼属之化合质 第十五章　植物碱类　蛋白质		第九章　贵金属原质 第十章　原质之周期律 下篇　有机化合物 第一章　巴辣芳系之炭化轻 第二章　以脱林系之炭化轻　西台林系之炭化轻 第三章　阿尔科尔 第四章　炭化轻之多价化合物 第五章　爱司他　儿登　阿勒弟　海特 第六章　有机酸 第一节　醋酸及蚁酸 第二节　高级之脂肪酸

续表

大幸勇吉《近世化学教科书》（1897）	王季烈《化学新理》（1900—1903）	王季烈《最新化学教科书》（1906），依据大幸勇吉《近世化学教科书》（1902）版本翻译	王季烈《改订近世化学教科书》（1908），依据大幸勇吉《近世化学教科书》（1904）版本翻译	王季烈《共和国教科书·化学》（1913 年初版，1921 年第 20 版）
				第三节　多价之酸 第七章　炭水化物 第八章　衰化物　尿质　亚明 第九章　偏苏痕及其诱导体 第十章　那夫他林　安特辣生及其诱导体 第十一章　脱尔宾类之化合物 第十二章　植物盐基 第十三章　蛋白质 第十四章　结论

从表 5-2 可以看出，王季烈《共和国教科书·化学》各章的编排顺序有如下渊源。

（1）大幸勇吉《近世化学教科书》1897 年、1902 年、1904 年版均是先讲空气，菊池熊太郎《新体理化示教》的化学部分也是先论述空气。《化学新理》提到其取材"参以吉田博士之新编化学教科书而成"，虽然吉田彦六郎《新编化学教科书》（1897）的目录并没有影响《化学新理》，但吉田彦六郎《新编化学教科书》与大幸勇吉《近世化学教科书》不同之处在于《新编化学教科书》把燃烧放在空气和水之前讲述。《共和国教科书·化学》的开端首先论述燃烧，而不是空气。因为燃烧是一种可见的现象，而空气是不可见的。这一思想渊源应该是借鉴吉田彦六郎的《新编化学教科书》。

（2）大幸勇吉《近世化学教科书》1897 年、1902 年、1904 年版均论述了酸、碱、盐，菊池熊太郎的《新体理化示教》及吉田彦六郎的《中等化学教科书》（1893）、《新编化学教科书》（1897）、《化学新教科书》（1902）均论述了酸、碱、盐，但《共和国教科书·化学》在目录中删除了酸、碱、盐。删除原因尚待考证。

（3）大幸勇吉《近世化学教科书》1897 年版第七章先论述分子量、原子量，再论述原子及分子说；1902 年和 1904 年版也是先论述分子量、原子量，再论述原子及分子说。吉田彦六郎《中等化学教科书》（1893）先讲原子说，再讲原子与分子；《新编化学教科书》（1897）和《化学新教科书》（1902）均在第十二章先讲原子量，然后讲阿伏伽德罗定律，再讲分子量。《共和国教科书·化学》第六章讲分子及原子之假说，第七章讲分子量、原子量等，此编排顺序应该是受到吉田彦六郎的影响。

（4）大幸勇吉《近世化学教科书》1897 年、1902 年、1904 年版均在讲述非金属、金属后引入元素周期律。吉田彦六郎《中等化学教科书》（1893）在讲述氧、氢、氯 3 种元素后再引入元素周期律，《新编化学教科书》（1897）没有讲述元素周期律，《化学新教科书》（1902）在讲述非金属之后、金属之前引入元素周期律。《共和国教科书·化学》在讲述非金属和金属后再引入元素周期律，这是受到大幸勇吉的影响。这说明王季烈更认可元素周期律是从化学现象和事实中归纳而来，而并不强调元素周期律对于理解化学知识的理论指导作用。

（5）《共和国教科书·化学》在讨论元素周期律的各族元素时，目录使用的表述方式为"铁族原质及其化合物""铜族原质及其化合物"等。在中篇第八章标题"铜族原质及其化合物"下，王季烈讨论了铜、汞、银3种元素。大幸勇吉《近世化学教科书》1897年、1902年、1904年版在目录中均没有使用"族"字，其论述铜的标题均为"铜水银"，没有论述银元素；1904年版第十九章标题为"元素の周期律"，正文中使用了"第一属""第二属"等用语。考察高松丰吉《化学教科书》（1890、1891）目录中使用的表述方式为"铁属""苍铅属""锡属"，他使用的"属"字而非"族"字。龟高德平的《普通教育化学教科书》（1902年初版）在目录中使用的表述方式为"铜、银、金、白金及ど此等ノ化合物"，既未使用"族"字，也未使用"属"字。吉田彦六郎《中等化学教科书》（1893）目录使用的是"第二属元素"，《化学新教科书》（1902）目录使用的是"铜族元素及其化合物"。因此，《共和国教科书·化学》中的特殊用语"铜族原质及其化合物"应该是借鉴吉田彦六郎的《化学新教科书》（1902）。也就是说，王季烈在编译《化学新理》时虽只提到参考了吉田彦六郎的《新编化学教科书》（1897），但他应该也关注了吉田彦六郎编写的其他化学教科书，这些书成为他编撰《共和国教科书·化学》时的参考书，《共和国教科书·化学》与吉田彦六郎的《化学新教科书》（1902）共同使用表示元素分类的词汇"族"字即是佐证之一。

第三节　《共和国教科书·化学》的两大特色

本章第二节论证了《共和国教科书·化学》在空气和水之前论述燃烧的编排顺序，先讲分子及原子说、后讲分子量及原子量的编排顺序，以及使用"族"字作为元素类别的统称，均是受到吉田彦六郎教科书的影响；而在讲完非金属和金属后引入元素周期律的编排次序，是受了大幸勇吉的教科书的影响。本节着重论述《共和国教科书·化学》的两大特色。

一、从学生的角度出发

清末的中学化学教科书以译著为主，大多含有（原）序或译例或例言，或以上兼有。进入民国以后，译例、例言被序言、编辑大意所取代。这一用语的变化，显示出我国中学化学教科书进入了自主编写的阶段。序言分为请他人代序和自己作序两种。从序言或编辑大意中可以很好地体察教科书作者的编写思想。

王季烈《共和国教科书·化学》用心颇深，堪称 20 世纪早期中国人自主编写中学化学教科书的典范之作。教育部审定其批语为："词旨明晰，所取教材分量，亦多寡适中，深合中学程度之用。"[1] 兹录其序言和编辑大意于下，略窥一斑。

序　言

化学之输入我国，五十年于兹。教科书之编辑，十年于兹。顾周游书肆，除二三译本外，求一编辑完善适合中学用之化学教科书，殆未易得，则以化学教科书之编纂，厥有数

---

①王季烈：《共和国教科书·化学》，商务印书馆，1921，20 版，版权页。

难，请试述之。化学现象，人所注意者甚少，学者无预备之知识，而骤语以非所习闻之事，则断然不能领会，必就其所已知者引伸之，则可供教授之材料，又苦无多。此编纂之始，即患无从入手，其难一也。教科书之要点，贵乎能执简驭繁，使学者易于归纳，而化学则各种反应，殊鲜定则，既不能一一铺叙，又不能牵强归并。此排比之际，每苦不能简赅，其难二也。吾人日常所述化学变化，似是而非之处甚多，如金银皆系原质，水中有轻养二气，食盐由盐酸与苛性曹达化合而成等语，乍聆之似无不合，细按之毕竟欠妥，然而此等语病，避之非易。此文字之间不易求其的当，其难三也。有此三难，是以与其编纂新书，无宁翻译旧本。然而译本虽善，其编纂目的究非为我国学生而设，移甲就乙，终不免少有扦格。此余数年以来，用译本教授化学所亲历之境。每思编纂一帙，以应当世之需，顾簿书鞅掌，甚鲜暇晷，迄未如愿。自改革以来，退居于公民之列，杜门多暇，方获从事编纂，今始脱稿。其于教材之排列，分族之叙述，学理之说明，自觉颇费斟酌，不致为三难所困。愿当世博雅教正之。

民国二年六月　　编者志

编辑大意

　　本书开端首述燃烧，取其为化学变化之最易见者，次述空气及水，次述无水炭酸，皆为学生日常易见之事实；至此则其化学知识已稍有基础，乃进述化学上一般之理论；然其略为难解者，如溶液之性质、解离及可逆反应之现象，则俟非金属叙毕后方述之；如此由浅入深，生徒读之，当无扦格之虞。

　　本书叙述各种原质及化合物，略依周期表之分族，而于一族叙毕后，必将该族各质之通性及其与他族各种异同之处，略为叙述，使生徒易于比较总括，且于记忆上大为便利。

本书于化学之有关工业农业者，勉为单简之记载，而又虑内地各处工业未兴，欲参观工场而不可得，故于讲筵之实验，记述务求详细，如石炭干馏及硫酸制造等之实验，皆比他书为详，盖为此也。

本书于近年以来重要之新发明，如人造靛青人造丝等，莫不一一叙述篇末，更将镭 Radium 之发见及电子之假说，记其大概，俾学者不囿于旧闻，而知化学界中尚有无穷之奥妙。

本书所记实验，共九十余条，皆余十年来教授中学化学所曾屡经试验，不易谬误，且又不须繁复之器具者，俾经济艰难之学校，用此书亦无设备不全之憾。

本书所用化合物名称，皆采业已通行而又确当者用之。至于有机化合物，则除用已经通行之旧名外，间于旧名之下，将管见所拟新名，附记一二，将来如能通行，再一律改用新名。

本书于化合物名称及化学术语之下，皆附记英名，使学者毕业后即可读英文化学书。

本书供中学校及中等程度各学校教科书之用，共分三篇。上篇约七十时授毕，中篇约四十时授毕，下篇约五十时授毕，适合教育部令第四年授化学每周四时之时间。如用之于秋季始业之学校，则第一学期授上篇，第二学期授中篇，第三学期授下篇，更可计时程功，无教授过速及时间不足之弊。

使用本书，诸君如发见书中谬误及教授上不便利之处，尚祈惠赐教言，寄上海商务印书馆编译所，以便再版时修正。

从序言可知，王季烈对于用译本教授中国化学之"扞格"有着切肤体验，因此萌生自主编写教科书的念头，然而自主编书有三难：第一难为开篇应该讲什么难以取舍；第二难为有条理地组织各种零乱的化学现象和事实颇费思量；第三难为用当时之中文语言精确无歧义地表述化学知识并非易事。对比王兼善《民国新教科书·化学》的编辑大意，完全看不到如此深重的烦恼。朱昊飞曾对王兼善《民国新教科书·化学》分量过重表示不满："凡各处采用是书者，皆苦教授时间之不足。教师若事前未能虑到此层，每致半途着急，或竟截弃后半，于学生方面甚觉不利。虽其编辑大意中，亦曾提及此书可供每周四时一学年教授之用，但事实上则不然。"① 于是，他臆测："大概此等泛滥过度之流弊，凡大学初毕业之学生，或实际上略无经验之编辑者，其主观强盛时，每多中之。"②

朱昊飞推测王兼善是"实际上略无经验之编辑者"，大致是允当的。相比王季烈，王兼善在编写《民国新教科书·化学》前的中学教学经验及译书经验较为逊色，或许他在编书时也感受到上述"三难"，但《民国新教科书·化学》在谋篇布局方面，与王季烈《共和国教科书·化学》完全相反。我们将在第六章对《民国新教科书·化学》进行讨论。

王季烈在编辑大意中其实给出解决前二难的办法。第一条，讲明"入手"论题，回答第一难。首先讨论燃烧，而非常见的空气或水。因为燃烧是"化学变化之最易见者"，"易见"强调了燃烧是肉眼可见的、容易被学生直接体验的化学现象。开端讲"燃烧"比讲肉眼不可见的"空气"更适于中学生掌握。由燃烧过渡到空气，自然而然。由空气过渡到水，再到二氧化碳，都是聚焦常见物质，是从学生的认知角度考虑。待学生掌握基本的化学知识后，再引入一般的化学理论，学生比较容易接受和理解。比如，在燃烧之后讲"物质不灭之定律"；讲述空气、氧、氮、水、氢后，再引入"定数比例之定律"；讲述二氧化碳、

---

① 朱昊飞：《中等化学教科书之批评（书评）（续）》，《新教育评论》1927年第6期。
② 同①。

一氧化碳后，再引入"倍数比例之定律""气体反应之定律"。

面对第二难，则用"略依周期表之分族"来组织排列，"使生徒易于比较总括，且于记忆上大为便利"。这里的"略"字表明王季烈排列各章的方式并不是严格遵循元素周期律的分类，而只是大体遵循。这与王兼善《民国新教科书·化学》严格以元素周期律为纲统领全书形成强烈对比。

第三难是在翻译西书时普遍遇到的问题。因为中国传统语言中一般并无与西方科学对应的词汇。虽然王季烈早年濡染经史子集，旧学功底深厚，在遣词造句上自然不成问题，但要创制合适的化学名词术语，已超出他的能力范围。况且，对于化学名词术语，不是凭一己之力就能解决的。从编辑大意第 6 条可知，他的处理办法是"采业已通行而又确当者用之"。在王季烈的心目中，什么样的译名是"业已通行而又确当者"呢？从元素名称来看，他采纳了徐寿和学部《化学语汇》（1908）中的元素译名，它们即"业已通行而又确当者"。王季烈早年曾任职于徐寿所在的江南制造局，并在学部工作过且主持编译了《物理学语汇》（1908），因此他采纳了徐寿和学部的译名不足为奇。不过从他采用的以脱痕（C_2H_6）、以脱林（C_2H_4）、阿西台林（C_2H_2）、米脱里阿勒弟海特（HCHO）、米脱尔几登（methyl ketone）、以脱（ether）、爱司他（ester）、徧苏痕（benzene）等有机译名来看，它们与徐寿与学部的译名并不完全一致。如徐寿《化学鉴原续编》（1875）和《化学语汇》（1908）中苯的译名分别为"徧苏里"和"徧苏恩"，与王季烈的"徧苏痕"译名都不同。此外，《共和国教科书·化学》出版时，虞和钦的《中国有机化学命名草》（1908）已经发表，但王季烈并未在书中采纳虞和钦的有机名词，可见在 1915 年民国教育部采纳了虞和钦的部分有机名词之前，《中国有机化学命名草》影响的范围有限。

王季烈在翻译大幸勇吉《近世化学教科书》的各种版本时，都没有翻译原著绪言。但"三难"中的第三难"文字之间不易求其的当"，似乎在原著初版绪言中能找到影子："本人因文笔拙劣，为免言语与学理相矛盾，煞费苦心。例如，石灰石中含有生石灰，脂肪中含有甘油等语句并不可取"①。第一难则在吉田彦六郎《化学新教科书》（1902）的序言中找到类似担忧："然今日之普通教育涵养，足与斯学之进步相追随者，尚未遍行于世，骤以高尚之理论，注入学生之脑里，得无扞格不相容之患欤。初窥其门，惊异于未曾闻见之事实，眩惑于推理之奇异，苦于端绪之不可捕捉，必有渐生厌弃之念者。是著者之所忧也。"②

编辑大意第8条讲述了教授《共和国教科书·化学》上、中、下篇的时间分配，对实际情况颇有考虑。这得到朱昊飞极佳的评价："本书教材分量极为适当，若每周教授四时，恰好能于一学年中授毕。报告者亦曾采用是书以教授旧制师范，其结果甚佳；并据多数担任旧制中等化学教员之报告，亦皆谓其分量适宜，便利教授。本书之编辑大意中，亦曾述及教授时数与教材分配之情形，可知编辑人必饶具实际上之经验，非闭门造车者可比。"③

对教材分量把握到位，也是大幸勇吉原著的特色。前述大幸勇吉所编中学化学教科书之篇幅较其前辈高松丰吉、吉田彦六郎大为删减。由此可见，王季烈经过深思熟虑，才选择把大幸勇吉不同版本的化学教科书翻译出来。

从学生的角度出发的编写思想，也贯穿在王季烈编写的其他教科书中。如《共和国教科书·物理学》编辑大意称："本书所记事项，须用数学说明者，竭力避去。必不得已而涉及数学，亦以单简之代数、浅近之平面几何为止。庶令生徒于第一二年所习之数学，已敷应用，不致因数学程度之不及而生扞格。"④

---

①大幸勇吉：《近世化學教科書》，東京富山房，1897，緒言第6页。

②杜亚泉：《化学新教科书》，商务印书馆，1906，4版，原序第7页。

③朱昊飞：《中等化学教科书之批评（书评）》，《新教育评论》1926年第5期。

④王季烈：《共和国教科书·物理学》，商务印书馆，1919，17版，编辑大意第1页。

二、"略依周期表之分族"来组织各章

从表 5 - 2 可以看出，《共和国教科书·化学》的目录较王季烈此前的译书《最新化学教科书》（1906）和《改订近世化学教科书》（1908）大为不同。本章第二节对此有部分讨论。在此专门论述王季烈"略依周期表之分族"来组织各章的思想。

为论述方便，将《最新化学教科书》（1906）、《改订近世化学教科书》（1908）、《共和国教科书·化学》（1921）关于元素的编排顺序及论述元素周期律的部分列于表 5 - 3。其中，部分内容与表 5 - 2 重叠，望读者见谅。

表 5 - 3 　《最新化学教科书》（1906）、《改订近世化学教科书》（1908）、

《共和国教科书·化学》（1921）部分目录及书中的元素周期表

《最新化学教科书》 （1906）	《改订近世化学教科书》 （1908）	《共和国教科书·化学》（1921） 章的标题（章中论述的元素）
第五章　炭　质 卷中	第五章　炭质 第二篇	第八章　成盐原质及其化合物 （Cl Br I F）
第一章　溴　碘　弗	第一章　溴　碘　弗	第九章　养族原质及其化合物
第二章　硫	第二章　淡之养化物	（S O Se Te）
第三章　钠　钾	第三章　硫黄	第十章　淡族原质及其化合物
第四章　钙　锶　钡	第四章　钙　锶　钡	（N P As Sb Bi）
第五章　镁　锌	第五章　钠	第十一章　炭族原质及其化合
第六章　铝	第六章　钾	物（C Si）
第七章　锡　铅	第七章　绿之养化物	第十二章　硼及其化合物（B）
第八章　铜　汞	第八章　镁锌	中篇　金属
第九章　银　金　铂	第九章　铝	第二章　碱金属及其化合物
第十章　铁　钴　镍	第十章　锡　铅	（K Na Li）
第十一章　锰　铬	第十一章　铜　汞	第三章　碱土金属及其化合物
第十二章　砳	第十二章　银　金　铂	（Ca Ba Sr）
第十三章　炭酸盐类	第十三章　铁　钴　镍	第四章　土金属及其化合物
第十四章　矽酸盐类	第十四章　锰　铬	（Al）

续表

《最新化学教科书》 （1906）	《改订近世化学教科书》 （1908）	《共和国教科书·化学》（1921） 章的标题（章中论述的元素）
第十五章　淡气之 　　　　养化质 第十六章　燐 第十七章　砷　锑 　　　　　铋 第十八章　硫之养 　　　　化质 第十九章　绿气之 　　　　养化质 第二十章　原质之 　　　　周期律	第十五章　硼　酸 第十六章　矽　酸 第十七章　燐 第十八章　砷　锑　铋 第十九章　　原质之周 　　　　　期律	第五章　锌族原质及其化合物 （Mg Zn Cd） 第六章　铁族原质及其化合物 （Fe Co Ni Mn Cr） 第七章　锡族原质及其化合物 （Sn Pb） 第八章　铜族原质及其化合物 （Cu Hg Ag） 第九章　贵金属原质（Au Pt Ir Pd Os） 第十章　原质之周期律

　　从表5-3可以看出，以上3本书的元素周期表的形式有所不同，但元素的排列顺序大体相似。《最新化学教科书》（1906）和《改订近世化学教科书》（1908）是翻译大幸勇吉的原著而来的，这两本书的元素周期表也与原著保持一致。《最新化学教科书》（1906）的元素周期表是詹姆斯·沃克（James Walker，1863—1935）所制作。1901年3月，虞和钦在《亚泉杂志》上发表《化学元素周期律》一文（图5-3），

是中国最早译介元素周期律和元素周期表的文献。文中的元素周期表即沃克的元素周期表。

屬＼週期	一週期	二週期	三週期	四週期	五週期	六週期	七週期
一屬				鉀	鈤	鑭	一
二屬				鈣	鍶	鋇	一
三屬				銅	釱	銀	鑭
四屬				鐯	鋯	鐪	一
五屬				鈁	鈮	一	鉭
六屬				鉻	鉬	一	鎢
七屬				錳	一	一	一
八屬				鐵	釕	一	鋨
八屬				鈷	銠	一	銥
八屬				鎳	鈀	一	鉑
一屬	鋰	鈉	銅	銀	一	金	
二屬	鈹	鎂	鋅	鎘	一	鍟	
三屬	硼	鋁	鎵	銦	一	鉈	
四屬	炭	矽	鈦	錫	一	鉛	
五屬	淡	燐	砒	銻	一	鉍	
六屬	養	硫	硒	碲	一	一	
七屬	弗	綠	溴	碘	一	一	

图 5－3　虞和钦在《亚泉杂志》上发表的
《化学元素周期律》(1901) 中的元素周期表

把上图与表 5－3 进行比较可以发现，《最新化学教科书》(1906) 中的元素周期表与图 5－3 的周期表，除磷、镓、砷、硒、碲、汞的中文名称及 "第几周期" 和 "第几族" 的称呼有所不同外，两个周期表的元素排列顺序、元素之周期和族的位置都完全相同。此外，《共和国教科书·化学》中的元素周期表是更新后的沃克元素周期表，新增了第〇周期中的氢和氦元素，惰性元素，镭元素；锂、铍、钠的位置做了更改。图 5－3 的周期表和《最新化学教科书》(1906) 中元素周期表的元素是用中文译名来表示的,《改订近世化学教科书》(1908)和《共和国教科书·化学》中元素周期表的元素都直接采用西文元素符号。

通过检索大幸勇吉 1904—1913 年出版的《近世化学教科书》和吉田彦六郎的化学教科书,均未见到《共和国教科书·化学》中的元素周期表。那么,王季烈的《共和国教科书·化学》肯定还参考了其他书籍。龟高德平《普通教育化学教科书》(1902 年 1 月初版)中的元素周期表(图 5-4)与《共和国教科书·化学》中的元素周期表非常接近,但《共和国教科书·化学》的元素周期表更新进,编入了氢、氦、氖、氩、氪、氙、镭七种元素。不过这两本书排放镁元素的位置不同。《共和国教科书·化学》把镁与锌、镉、汞排在同族,而《普通教育化学教科书》把镁与铍、钙、锶、钡排在同族。

图 5-4　龟高德平《普通教育化学教科书》(1902 年 1 月初版)中的元素周期表

比对《最新化学教科书》(1906)、《改订近世化学教科书》(1908)和《共和国教科书·化学》中的元素周期表及目录编排,可以发现这 3 本书都是在无机化学的最后、有机化学之前引入元素周期律,且《最新化学教科书》(1906)和《改订近世化学教科书》(1908)的章的标题通常都是将元素名称并列,并不使用"族""属""此等之化合物"

等用语提示并列元素的相似性。

就《最新化学教科书》（1906）和《改订近世化学教科书》（1908）
而言，在元素周期表中属于同族的元素，有时放在不同章中论述，如
《改订近世化学教科书》（1908）把钠和钾放在两章中分别论述。在元
素周期表中不属于同族的元素，有时也会放在同章中论述，如银、金、
铂在元素周期表中并不属于同族元素，但《最新化学教科书》（1906）
和《改订近世化学教科书》（1908）均放在同章中论述，铜和汞在元素
周期表中也不属于同族元素，但《最新化学教科书》（1906）和《改订
近世化学教科书》（1908）也放在同章中论述。在元素周期表中属于同
族的有些元素，《最新化学教科书》（1906）和《改订近世化学教科书》
（1908）将其放在同章中论述，章的标题没有使用表示元素分类的词
汇，正文中也没有指出这些元素的相似性，如锡和铅在《最新化学教
科书》（1906）中同属第四类，在《改订近世化学教科书》（1908）中
同为第四属，《最新化学教科书》（1906）和《改订近世化学教科书》
（1908）均把锡和铅放在同章中论述，但正文中并没有指明其性质的相
似性。

元素周期表中属于同族的另外一些元素，如砷、锑、铋，溴、碘、
氟，钙、锶、钡，《最新化学教科书》（1906）和《改订近世化学教科
书》（1908）将其放在同章中论述，虽然章的标题没有使用表示元素分
类的词汇，但正文在不同程度上指出这些元素的相似性，如《改订近
世化学教科书》（1908）第十八章"砷　锑　铋"中提到元素的相似
性："锑之化合物，颇似砷之化合物。锑化轻 [Sb_2H_3] Hydrogen an-
timonide，与砷化轻呈同状之反应，其性质亦相近"，"锑及铋能与绿
气直接化合而成绿化物，然此等原质只能成甚弱之盐基"。[①] 在论述
溴、碘、氟和钙、锶、钡时，《最新化学教科书》（1906）和《改订近

───────────

① 王季烈：《改订近世化学教科书》，商务印书馆，1908，第 128－129 页。

世化学教科书》（1908）则明确指出了元素的相似性。如《最新化学教科书》（1906）论述："溴 Bromine 及碘 Iodine 者，俱似绿之原质也"①，"Flourine 乃与绿溴碘相似之原质也"②，"凡弗绿溴碘，四者俱相似之原质，总称之曰哈路更原质 Halogen"③。《改订近世化学教科书》（1908）关于溴、碘、氟的论述与此大体相似。《改订近世化学教科书》（1908）论述："钙 Calcium 鍶 Strontium 钡 Balium 三者俱相似之原质名曰碱土金属 Alkalin earth metal 原质。"④《最新化学教科书》（1906）关于钙、锶、钡的论述也与此基本相同。

相较之下，《共和国教科书·化学》在章的标题上明确突出了元素分类思想，并直接使用"碱金属""碱土金属""土金属""族"等用语表示元素的相似性。章的标题中的元素分类，大多数与元素周期表的分类一致，如上篇第八、第九、第十章的标题依次为"成盐原质及其化合物""养族原质及其化合物""淡族原质及其化合物"，各章论述的元素分别是氯、溴、碘、氟，硫、氧、硒、碲和氮、磷、砷、锑、铋，皆与书中元素周期表的分类一致。中篇第二、第三章标题分别为"碱金属及其化合物"和"碱土金属及其化合物"，碱金属讨论了钾、钠、锂，碱土金属讨论了钙、钡、锶，也与书中元素周期表的分类一致。

值得注意的是，《最新化学教科书》（1906）元素周期表中有两个"第一类"，但分上下两层："其同为一类，而在上与在下不同层者，其性质每相异。然其化合质，则每有相同之式。"⑤。如锂、钠、钾、铷、铯、铜、银、金都属于第一类，但钾、铷、铯为上层第一类元素，锂、钠、铜、银、金为下层第一类元素。这是把我们现在认为的同族"碱

①大幸勇吉：《最新化学教科书》，王季烈译，文明书局，1906，第 95 页。
②同①，第 97 页。
③同①，第 98 页。
④王季烈：《改订近世化学教科书》，第 80 页。
⑤同①，第 179 页。

金属"元素锂、钠与钾、铷、铯割裂为"第一类"中的不同族。稍不同于《最新化学教科书》(1906),《改订近世化学教科书》(1908)中的元素周期表把锂、钠、钾、铷、铯、铜、银、金都归为第一属,但分为三类,锂、钠为一类,钾、铷、铯为一类,铜、银、金为一类:"于第三周期以下由第一属第七属各分左右两属,而左右各属中之原质互有类似之性质,且此等原质又与第一第二周期之同属之原质相类。例如在第二属左属由碱土属金原质而成,右属为锌镉汞等相类之原质,而此等左右两属之原质皆与镁有相似之性质。"① 这里的引文虽然说的是第二属左右属的情况,但也同样适用于属于第一属左属的钾、铷、铯和属于第一属右属的铜、银、金,而这左右二属的元素又与同属于第一属的锂和钠性质相似。在《共和国教科书·化学》(1921)的元素周期表中,锂、钠与钾、铷、铯均归为第一属中的上层,铜、银、金则归为第一属中的下层。这一元素周期表的分类方式又不同于《最新化学教科书》(1906)与《改订近世化学教科书》(1908)。

《共和国教科书·化学》中章的标题的元素分类,在少数地方也与书中的元素周期表完全不一致,这就是王季烈所说的"略依周期表之分族"的编排思想。如该书元素周期表中,镁并没有与位于第二属上层中的钙、锶、钡一起归为"碱土金属原质",而是与锌、镉、汞被归为同族,位于第二属中的下层。镁、锌、镉、汞虽然在元素周期表中为同族元素,但却在不同章中论述。镁、锌、镉在中篇第五章"锌族原质及其化合物"中被归为"锌族原质"一并论述。汞则在中篇第八章"铜族原质及其化合物"中与铜、银一并称为"铜族原质"加以讨论。在正文中,王季烈对如此安排的原因做出以下解释:

> 镁锌镉皆为二价之原质,在空气中燃之,皆成养化物。
>
> 其炭酸盐皆遇热而分解,颇与碱土金属相似。惟其硫酸盐皆

① 王季烈:《改订近世化学教科书》,第131页。

易溶解于水，其绿化物较易分解，故与碱土金属稍异，特名之曰锌族原质 Elements of Zinc family[1]。

铜及汞皆为一价及二价之原质，银虽仅有一价之化合物，而其化合物之性质，颇与第一铜及第一汞相似，故为同族之原质，而名之曰铜族原质 Elements of copper family[2]。

在《共和国教科书·化学》的元素周期表中，铜、银、金为同族，位于第一属的下层，但铜、银与汞被归为"铜族原质"一并讨论，金则与铂、铱、钯、锇并称为"贵金属原质"，在中篇第九章"贵金属原质"中论述。这也是在章目录中不严格按照元素周期表分族来论述的例子。对此，王季烈的解释如下：

金为一价及三价之原质，铂铱钯锇为二价及四价之原质，其单体之比重颇大，且不易与他物化合，产额不多。价格甚贵，故总称曰贵金属原质 Noble metals[3]。

相较于《最新化学教科书》（1906）和《改订近世化学教科书》（1908），《共和国教科书·化学》更鲜明地阐述了为什么一些元素被归为同一族。以钙、锶、钡为例，《共和国教科书·化学》中篇第三章论述："钙锶钡之单体，遇水亦能直接化合，其轻养化物之水溶液，亦皆呈碱性反应。然此等原质，俱为二价，又其炭酸盐硫酸盐燐酸盐，均不易溶解于水中，故与碱金属原质不同，而名之曰碱土金属原质 Alkaline earth metals。"[4] 这段文字明确指出钙、锶、钡被归为同族"碱土金属原质"，是基于三者之单质具有相似的化学性质（能与水直接化合，形成的水溶液呈碱性），并且化合价皆为二价，同时 3 种元素的含氧酸盐均具有"不易溶解于水"的物理性质。这些性质表现与"碱金

---

①王季烈：《共和国教科书·化学》，商务印书馆，1921，20 版，第 121-122 页。
②同①，第 138 页。
③同①，第 141 页。
④同①，第 116 页。

属原质"是不同的，因此应该归为另一个不同的族。

至于"碱金属原质"锂、钠、钾为何被归为同族，王季烈在中篇第二章明确写道："钠钾及罕见之锂 Litheum，皆为一价之原质，其单体皆比水轻，在空气中易养化，能直与水反应而成轻养化物，其轻养化物及炭酸盐之溶液，皆呈强碱性，其所成之盐，皆易溶解于水中，故此等原质，总名之曰碱金属原质 Alkali metals。"[1] "碱土金属原质"与"碱金属原质"的性质差异，从两段文字的叙述中一目了然，当然应该划分为不同的族。

简单地说，王季烈在自主编写《共和国教科书·化学》时，在章节编排及内容的描述上，均超越了大幸勇吉原著及他自己翻译的两个大幸勇吉的译本，并参考了其他化学书籍。他注意到"锌族原质""铜族原质"等的分类方式与元素周期表的分类方式不同，因此才会在编辑大意中强调"略依周期表之分族"，并且在正文中"于一族叙毕后，必将该族各质之通性及其与他族各种异同之处，略为叙述"。不过，《共和国教科书·化学》章的标题中"族"字的使用，含义并不都是一致的，如"养族原质""淡族原质""炭族原质"中的"族"与元素周期表的"族"分类一致，而"锌族原质""铜族原质"中的"族"则与元素周期表的"族"分类不一致，容易与元素周期表中的分族引起混淆。比如书中称："本书所列为同族之原质，在表中皆系同属或同周期之原质，故其性质皆相似。"[2] 这应该是王季烈的疏忽。相较之下，虞和钦《中学化学教科书》中"镁锌镉汞及此等之化合物"的表述方式则更佳，不那么容易让人误以为镁、锌、镉、汞在元素周期表中属于同族元素。

"略依周期表之分族"的编排思想，当然不是王季烈首创。事实

---

① 王季烈：《共和国教科书·化学》，第107-108页。
② 同①，第143页。

上，在门捷列夫 1869 年提出元素周期律之前及以后，西方化学教科书在目录的元素编排上呈现出五花八门之态。19 世纪末至 20 世纪初的日文化学教科书在目录的元素编排上也是如此。虽然王季烈的"锌族原质""铜族原质""贵金属原质"等分类在西方化学教科书中比较常见，但考虑到王季烈并未出国留学，他的日语也是自学的，且他在《共和国教科书·化学》之前翻译的化学书以大幸勇吉原著为主，而《共和国教科书·化学》在目录编排上采用了"略依周期表之分族"的思想，明显是大幸勇吉原著中所没有的，因此颇能凸显出王季烈自主编写教科书精神之可贵。

当我们注意到 20 世纪 20 年代初的两个中文化学教科书案例时，王季烈明确提出"略依周期表之分族"的编排思想来讲述元素知识的自觉性就更显难能可贵了。两个案例均与麦克弗森和亨德森合著的《普通化学课程》（*A Course in General Chemistry*）一书有关。该书作者在序言中明确宣称，该书大体按照元素周期律来分类元素，但如果有更自然的分类方式，也会毫不犹豫地放弃这一原则[1]，如把铜、汞、银放在同章中讨论。在具体的章中，如果有违背元素周期律的分类，作者也会在每章开头做出解释。然而，主要参考该书所编的《近世无机化学》（窦维廉、曹惠群合编，1922）在编辑大意中只是简单交代了"本书编辑次序悉以 McPherson 氏及 Henderson 氏之 *A Course in General Chemistry* 为依据"[2]，其原因在中文书的英文导言中如是说道："美国原著中的次序和处理方法被保留"，"是出于考虑到中国的大学生可能会同时使用中文本和美国本"[3]。原著序言中元素分类的原因完全没有提及。不过在中文本的正文中，每章开头保留了原著中解释元素

---

[1] McPherson W., Henderson W. *A Course in General Chemistry*（Boston, New-York, Chicago, London: Ginn&Company, 1913）, p. iii.

[2] 窦维廉、曹惠群：《近世无机化学》，中国博医会，1922，第 5 页。

[3] 同[2]，第 3 页。

分类原因的文字叙述。

另一本同样参考该书而编的中文化学教科书《无机化学》(沈溯明编，1923)直接在编辑大意中称："鄙人觉 McPherson 与 Henderson 二氏所著之 *A Course in General Chemistry* 之次序甚善，故仿效之。"[1] 该书甚至把原著正文及序言中讲述的为何某些元素放在一起讨论的文字完全删除。

第四节　时人之评论及影响

王季烈虽已尽其所能从学生的角度编写《共和国教科书·化学》，但仍然有不足之处。前述朱昊飞对《共和国教科书·化学》之教材分量大为赞赏。对于该书教材之选择，他也大体持肯定态度："全体教材之选择，亦极适当，无艰深及不切要之处。"但仍觉为学生考虑不够："惟选择时，未能以学童之日常生活、常识经验为出发点，而纯用科学的系统为标准，实一极大之缺憾耳。"[2]

譬如，"上编之标题为化学通论及非金属。化学通论四字对于初学者，实不易了解，且亦无标明之必要，故宜删去"，"第一章'化学变化''燃烧''质量不灭'之定律等教材，实觉提出太早，对于初学者之领悟总不易收明瞭确实之效果"，"自第八章以下其各章之标题，如成盐原质、氧族原质、氮族原质、碳族原质等似均不甚切当。盖原质之分族，乃同类同性者之自然而然的区别，然必使学者先明瞭个别之事实，乃有分类总归之观念。若耳提面命而告之，则毫无心理的价值矣。故凡一种名词术语之提出，尤宜慎重，不可轻率也。"[3]

---

①沈溯明：《无机化学》，和记印字馆，1923，编辑大意。
②朱昊飞：《中等化学教科书之批评（书评）》，《新教育评论》1926 年第 5 期。
③同②。

从朱昊飞的观点来看，化学名词、定律等抽象性知识，似乎都不应较早提出或轻易提出。但是，这未免太苛责，且不太现实，就是在现今人教版《义务教育教科书·化学》（九年级上册）中，一开始也引入化学变化和物理变化等专有名词①，以便界定化学学科的研究对象。

朱昊飞编写的《中等化学教科书》（1921）也参考了《共和国教科书·化学》："本书之编辑，参考书籍颇多，而以商务印书馆出版王君季烈著之共和国化学教科书，及日本理学博士龟高德平著之化学教科书，尤有裨助，不敢掠美，特此致谢。"② 为避免使用《共和国教科书·化学》各章标题中"成盐原质""养族原质""淡族原质""炭族原质"等术语，《中等化学教科书》（1921）各章的标题采用"金白金及其化合物""镁锌汞及其化合物""钙钡锶及其化合物"等表述方式，在每章末尾则引入"贵金属原质""锌族原质""碱土金属原质"等概念，如该书第二篇第二章"金白金及其化合物"末尾写道："金与白金、铱、钯、铼等，其单体之比重均甚大且不易与他物质化合、产额不多而价值甚昂，故总称之曰贵金属原质 Elements of noble met-als。"③ 这段文字参考了《共和国教科书·化学》中的相关论述，与之相近。

前述 1919 年《南京高等师范学校招考学生章程》中关于化学系招生的推荐书目中提到了王季烈的《共和国教科书·化学》："化学以王兼善化学、王季烈化学（二书均商务印书馆出版）或虞和钦、华襄治同著化学教本之程度为标准。"④

此外，《江苏省立第一中学校周年概况》显示江苏省立第一中学校

---

①人民教育出版社课程教材研究所化学课程教材研究开发中心编著《义务教育教科书·化学》九年级上册，人民教育出版社，2012。

②朱景梁：《中等化学教科书》，中华书局，1921，2 版，编辑大意第 2 页。

③同②，第 100 页。

④《来件：南京高等师范学校招考学生章程》，《申报》，1919 年 6 月 27 日第 3 张，第 963 页。

的化学在三年级教授，教师为陆裕枬，使用教材为王季烈的《共和国教科书·化学》（1913 年 8 月出版）；物理在四年级教授，教师为胡基，使用教材为王季烈的《共和国教科书·物理学》（1914 年 7 月出版）①。

第五节　余　论

出生于 1873 年的王季烈，与杜亚泉同岁，是近代中国早期传播西学的重要人物之一。然与杜亚泉终生致力于译介传播西学、建设中国科学教育事业不同，作为苏州莫厘王氏士绅望族的后代，王季烈深受家族文化传统的影响，早期积极译介西学，意在忠君效国，而非推翻遭受巨大社会变革的清王朝的统治。王季烈孜孜于编译科学书籍、传播科学，并未看到救国的曙光。辛亥革命爆发后，他醉心于传统曲学，而"悔前此醉心欧化之误"②。其曲学研究受早年西学的影响而较前人显得更科学和系统，也是他想借用东方文化和思想唤醒大众的另一种救国救民的精神寄托。

出生于官绅世家，从小浸染君臣纲常教育，身为家族长子的王季烈，在编纂《共和国教科书·化学》之前，有着丰富的编译科学书籍和中学教学经验，他学习日语和西学全靠自学自悟。那么，从学生角度来编写教科书是自然而然的。

从 1906 年的《最新化学教科书》，到 1908 年的《改订近世化学教科书》，再到 1913 年的《共和国教科书·化学》，虽然大幸勇吉原著使

用的是"元素"名词，但王季烈一直采用的是"原质"译名。"原质"一名，最早见于 1868 年丁韪良（W. A. P. Martin，1827—1916）的《化学入门》。徐寿和傅兰雅在其译著中也沿用此名。王季烈曾于 1898—1900 年在江南制造局任职，曾与傅兰雅合作翻译《通物电光》（1899），对徐寿和傅兰雅的译书及化学译名非常了解。与同时代其他中文化学译本在元素名称上多采用日文译名不同，王季烈的上述 3 本书中的元素译名几乎都来自徐寿、傅兰雅的译书。在化学译名上的这些取舍，部分体现出王季烈护惜中国传统的一种特质，与其忠君思想保持一致。

王季烈在编写《共和国教科书·化学》时，既参考大幸勇吉的原著，又不囿于原著；他参考吉田彦六郎等人及其他书籍，用"略依周期表之分族"的方式来组织各章，"使生徒易于比较总括，且于记忆上大为便利"，均体现了中国人自主编写教科书的创新性。

第六章
王兼善与《民国新教科书·化学》

在清末及民国时期出版的化学教科书中，王兼善自主编写的《民国新教科书·化学》是颇具特色、值得关注的中学化学教科书。其一，该书1913年初版，至1932年已增订再版达30余次，流传广泛，在当时颇有影响力。其二，该书作者是英国爱丁堡大学格致科学士、文艺科硕士。王兼善留学英国的经历在清末及民国时期的中文化学教科书作者群体，尤其是在自主编写教科书的作者群体中是极为特殊的。这与下文将要讨论的教科书特色密切相关。

清末，中文化学教科书多译自日本，中国人自主编写教科书者极少。进入民国时期，随着留学生学成归国，中国人自主编写的教科书开始增多。但是，这些自主编写教科书的作者以留学日本者为主导。如江西吉水籍曾贞自费留学日本，所著《中等化学教科书》（1907）是清末极为罕见的自主编写的教科书；较曾贞更闻名的浙江镇海籍虞和钦，1908年毕业于日本东京帝国大学，编有《普通化学讲义》（1913）、《新制化学教本》（1917）等书；为我国近代科学编译事业、化学名词术语的创制做出巨大贡献的化学家郑贞文，1918年毕业于日本东北帝国大学，编有《现代初中教科书·化学》（1923年初版）、《新撰初级中学教科书·化学》（1925年初版）、《新时代高中教科书·化学》（1929年初版）等书，其中《现代初中教科书·化学》到1925年就已发行了40版，流传极广。

江南士绅王季烈编写的《共和国教科书·化学》1913年初版，至1925年已改订发行了23版，其影响力并不逊于同是1913年初版的王兼善的《民国新教科书·化学》（1924年11月增订发行至第23版）。

王季烈并未出国留学，他自学日语，所编写的教科书也大多参照日文书。因此，留学英国的王兼善所编写的教科书就显得更为特别。

本章将对《民国新教科书·化学》尤其是其特色之处做具体评析。评析之前，有必要对王兼善的生平作一介绍，这对理解其编著思想很有帮助。

第一节　王兼善其人

王兼善（1882—1921或1922），江苏上海人，字云阁。在中国期刊网上以"篇名"检索"王兼善"，没有相关文献。以"关键词"检索"王兼善"，仅有1篇论文《我国早期中学生物学教学》（1993）。该论文仅简要介绍王兼善所编的《植物学》一书，并评论其书"也嫌太深了些"[①]。王兼善所编的《民国新教科书·化学》也具有此特点。以"全文"检索"王兼善"，查得165篇文献。这些文献也没有专门论述王兼善，信息量不大，有些只是简单提及他所编写的教科书及他在造币厂和北京大学的任职经历。

据查阅徐友春主编的《民国人物大辞典》（2007），其收录王兼善的生平信息最全，但颇为简略，如"王兼善（1882—），字云阁，上海人，1882年（清光绪八年）生。早岁，赴英国留学，入爱丁堡大学，获文科硕士及理科学士学位。回国后，历任商部高等实业学堂教员，出洋考察政治大臣随员，天津造币总厂工务长，南京造币分厂厂长，天津造币总厂化验科科长，北京政府审计院协审官，财政部印刷局会办，国立北京大学理科讲师。著有《植物学》《物理学》《化学》等"[②]。

[①]冯振文：《我国早期中学生物学教学》，《生物学教学》1993年第1期。
[②]徐友春主编《民国人物大辞典》（上），河北人民出版社，2007，第137页。

这些信息均未指明具体的年份。

　　王兼善早年就读于京师高等商业学堂。该校由著名国学大师、教育家唐文治（1865—1954）于 1904 年创办，地点在西城祖家街。考取该校的第一批学生共 100 余名，王兼善是其中之一。唐文治在为王兼善 1913 年初版的《民国新教科书·化学》作序时，提到二人此时已相识："忆昔商部，识君于试。初崇实业，君奋而起，两冠其曹。"① 唐文治虽年长王兼善 17 岁，却以"愚兄唐文治谨叙"署名，可见二人彼时有一些交情。

　　后来王兼善（英文名 Chian T Wang）到英国爱丁堡大学留学。林汝耀等编的《留学苏格兰学生姓氏录》表明，王兼善所学专业为纯正理科。同在爱丁堡大学学习纯正理科的还有虞锡晋（叔昭）②，广东番禺人；在该校学习医科的有王宠庆（景臣），广东东莞人。1908 年春，爱丁堡大学和格拉斯哥大学的中国留学生联合成立"留苏中国学生会"，王兼善任总书记，林汝耀（格拉斯哥大学）任副书记。王兼善在爱丁堡大学先后获取了格致科学士、文艺科硕士学位。在由学部 1909 年主持的归国留学生学成考试中，王兼善成绩为优等，被授予格致科举人出身。

　　在《交通部上海工业专门学校原名南洋公学二十周年纪念》文册上刊登的"退任教员"里有王兼善。南洋公学 1896 年在上海创立，1905 年更名为商部高等实业学堂，后又易名为邮传部高等实业学堂（1906）、上海实业学校、中国南洋大学堂（1911 年 9 月）、交通部上海工业专门学校（1912 年）等。

　　上述《民国人物大辞典》载王兼善"回国后，历任商部高等实业学堂教员，出洋考察政治大臣随员，天津造币总厂工务长，南京造币

---

① 王兼善：《民国新教科书·化学》，商务印书馆，1922，20 版，第 1 页。

② 据《张元济年谱》（1991），1918 年 8 月 8 日，王宠惠来访，介绍虞锡晋（留学英国，学习理工科，曾任职于教育部、司法部）入商务印书馆。（引自张树年主编《张元济年谱》，柳和城等编著，商务印书馆，1991，第 156 页。）

分厂厂长……",在1911年3月25日叶景葵致盛宣怀的尺牍中,他提到"叩别后于二十三日早车抵津,即刻到厂任事",后又评价"工务长王兼善人极可靠,毫无习气"①。这里的"二十三日",指农历辛亥年二月二十三日,即1911年3月23日。"到厂任事"指叶景葵出任天津造币厂监督。因此,王兼善在1911年3月已在天津造币总厂担任工务长。考虑到王兼善于1909年回国参与了学部主持的归国留学生学成考试,那么可以推测他在上海高等实业学堂担任教员②的时间范围在1909年至1911年3月之间。王兼善在上海高等实业学堂任职期间,恰逢唐文治担任该学堂监督(校长),唐文治的任期为1907—1920年。

继天津造币总厂工务长后,1912年3月7日,王兼善出任江南造币厂厂长,3月14日辞职;同年翻译《泰西政府收买黄金之法》,发表于《东方杂志》(第9卷第8号)。1915年12月24日,审计院呈请任命王兼善为试署协审官。1916年10月14日,审计院批准试署协审官王兼善辞职。

1917年底,王兼善在北京大学理科研究所教授无机化学,同时教授无机化学的还有俞同奎。俞同奎还兼职化学门研究所的主任。1918年,王兼善是北京大学理科讲师兼化学门研究所教员。截至1918年上半年,化学门研究所进行了12次学术活动,王兼善在学术活动中讲述了造币厂化验法。1918年12月,他提出《拟联合同志陈请各国退还庚子赔款专供吾国推广教育事业意见书》,经蔡元培等赞成联名提议。1919年8月,北京大学60位讲师联名向校长蔡元培致函,希望学校发放工资,其中就有王兼善。同年12月9日,在北京大学评议会记录

---

① 叶景葵:《叶景葵文集》(下),上海科学技术文献出版社,2016,第1225页。
② 徐友春主编的《民国人物大辞典》记录王兼善"回国后,历任商部高等实业学堂教员……",但王兼善1909年回国后,商部高等实业学堂已经改名,由于该学堂的名称在历史上变更多次,因此记录中的"商部高等实业学堂"就是指当时的上海高等实业学堂。

里，王兼善任仪器委员会委员长和预算委员会委员。1920 年，王兼善为北京大学教职员会游艺组委员。后来，王兼善加入中国科学社，成为化学股社员。

在北京大学期间，胡适 1921 年 6 月 24 日在日记中记录与王兼善一起打球："下午，与二哥到公园，遇着景苏、梁和钧，同吃饭。饭后与景苏、和钧、王兼善同打球。"① 这里的"球"指台球。从王兼善的经历来看，他与诸多名人如唐文治、叶景葵、蔡元培、胡适等都有不错的交情。此外，他频繁更换工作单位，显示出唐文治所说的"崇实业"倾向。其留学的爱丁堡大学也素有重视实用之传统。王兼善似没有在中等学校教授的经验，他为中学编写的教科书《民国新教科书·化学》于 1913 年 3 月初版，编写此书时他大概是在造币厂任职，此前仅有在上海高等实业学堂的任教经历。或许，由于这个原因，《民国新教科书·化学》就显得较为艰深，带有大学预科课本的风味。

王兼善的去世时间，上述《民国人物大辞典》并未注明，一般文献也查不到。在 1922 年 2 卷 3 期的《理化杂志》中，刘世楷（1897—1966）发表了《评王兼善先生编〈民国新教科书化学〉》一文。该文章在开篇"引言"写道："吾国中学校采用中文化学教本者以此书居多数，评者亦曾于六年前习之，又曾亲受教于王先生。今先生虽已物化，书仍畅行国内。举笔而道其短，似非所宜。唯作书目的既在裨益读者，苟鄙见略有可取，则与先生初意固无所违。用敢略陈管见，供采用是书者之参考，或于编纂中等化学教本者略有所助亦未可知。"②

"今先生虽已物化"表明，1922 年或此前王兼善已逝世。但 1921 年 6 月，王兼善还与胡适一起打台球。他在《民国新教科书·化学》"修改大意"后的"附注"中说明："民国十年六月印刷第十九版时，

---

① 江勇振：《舍我其谁：胡适（第二部　日正当中，1917—1927）》（下篇），浙江人民出版社，2013，第 50 页。
② 刘世楷：《评王兼善先生编〈民国新教科书化学〉》，《理化杂志》1922 年第 3 期。

将书中原质名称，依民国四年教育部教科书编纂纲要审查会所发行之中学师范物理化学教授要目草案改正。"① 因此，王兼善去世时间应在1921年或1922年。1921年1月24日《北京大学日刊》上载："本科王教员兼善因患痔病已入医院割治，所任功课暂行请假，应俟其病愈时再布告上课日期。"② 王兼善去世的原因与痔病是否有关，迄今尚无确证。

刘世楷是著名天文学家，早年就读于成都府中学、华阳县中学、四川公立农业专科学校，1917—1922年就读于北京高等师范理化部，同时在北京师范大学化学研究科学习。他称"评者亦曾于六年前习之，又曾亲受教于王先生"。二十世纪二三十年代，大学教师兼课现象非常普遍。很有可能，王兼善也在北京师范大学化学研究科兼课，刘世楷因此学习过王兼善的《民国新教科书·化学》，并"曾亲受教于工先生"。

第二节　《民国新教科书·化学》简介

一、"民国新教科书" 系列简介

王兼善的《民国新教科书·化学》（图6-1）是由商务印书馆出版的"民国新教科书"系列中的一本，1913年3月初版。该系列丛书对应的英文名称皆为"The New Scientific Series"。继《民国新教科书·化学》后，王兼善陆续编撰了《民国新教科书·物理学》（1913年5月初版）、《民国新教科书·植物学》（1913年11月初版）、《民国新教科书·生理及卫生学》（1914年6月初版），这些都属于"民国新教科书"系列。

---

① 王兼善：《民国新教科书·化学》，商务印书馆，1922，20版，修改大意第2页。
② 第二院注册课通告，《北京大学日刊》，1921年1月24日第1版。

图 6-1　王兼善编的《民国新教科书·化学》

"民国新教科书"系列的教科用书共计 10 本。王兼善出版了 4 本，其余 6 本分别是徐善祥、秦汾合编的《算术》（1913 年 10 月初版），徐善祥的《矿物学》（1913 年 11 月初版），秦汾的《三角学》（1913 年 12 月初版），秦沉、秦汾合编的《代数学》（1913 年 10 月初版）与《几何学》（1914 年 7 月初版），以及丁文江的《动物学》（1914 年 4 月初版）。该系列丛书的作者均有留学日本或欧美的经历，如徐善祥 1909 年获得美国耶鲁大学博士学位；秦汾 1909 年获美国哈佛大学学士学位；丁文江 1902 年留学日本，1911 年获得英国格拉斯哥大学动物学与地质学双学士学位。商务印书馆出版的《代数学问题详解》（1917 年 8 月初版）、《几何学问题详解》（1918 年 9 月初版）、《算术问题详解》（1919 年 1 月初版）等也属于"民国新教科书"系列，但属于学生参考用书。

以下录入王兼善《民国新教科书·化学》之编辑大意，以便领会该书之特点：

编辑大意

一、是书依照教育部令编辑，专为中学校女子中学校及师范学校女子师范学校之用。其要旨在授以重要现象及定律，原质与化合物之性质，并兼课实验，使学者习得自然现象之知识，领悟其中法则及对于人生之关系。

二、本书约供一学年之用，约计每一学年为四十周，每周授四小时。如各校时间有所伸缩，则教授事项亦不能不随之增减。故本书排印用四号及五号字，其为普通知识所不可少者，则用四号字；其试验习题及非中等知识所必不可缺者，则用五号字。故时间充裕，则可全行讲授，若时间稍促，则余四号字各段照常讲授外，其五号字各段可酌量择用，不必全授。

三、是书次序务求明晰，文字务求简单，讲解务求详明，自首至尾，一线相贯，由浅入深，循序渐进，以启学者之心思，而引起其进取之兴味，均以薪合乎教授法之原理也。又书中每节上角，均附有本节之要略，以便提挈纲领，使教者及学者易于会悟。

四、书中试验与理论，常相辅而行，理论常由试验推出，试以试验证之，俾学者知试验之要用，而养成其崇尚实验之心。又此种试验，均为鄙人所屡经试验而知其为确实可恃者，然尤恐学者易于差误，故所有试验，仍一一为之详细解释。

五、书中所用术语，均取其最通用者，每一术语之旁，必附注西文，以便参考。

中华民国二年正月　编辑者王兼善谨志

该编辑大意与王兼善《民国新教科书·物理学》之编辑大意基本相同。其第二、第三、第四、第五条均与《民国新教科书·物理学》一致。其第三、第五条也见于王兼善《民国新教科书·植物学》《民国新教科书·生理及卫生学》之编辑大意。第一条中的"教育部令"即1912年12月2日部令第28号《教育部公布中学校令施行规则》，该规则第一章"学科及程度"中的第九条关乎物理与化学："物理、化学要旨，在习得自然现象之知识，领悟其中法则及对于人生之关系。物理、化学宜授以重要现象及定律，并器械之构造作用，元素与化合物之性质，兼课实验。"① 比较此段文字与《民国新教科书·化学》编辑大意第一条的文字，可以发现王兼善仅调整了《教育部公布中学校令施行规则》中部分文字的顺序，"器械之构造作用"因属于物理范畴而被删掉，但它在王兼善《民国新教科书·物理学》编辑大意第一条中出现，不过文字稍微修改为"器械构造之要理"。

事实上，"民国新教科书"系列都有编辑大意，首项皆言"是书"依照"教育部令"或"新法令"编辑，"专为中学校女子中学校及师范学校女子师范学校之用"。"排印用大小两号字，预备教授时之伸缩。欲详则兼讲小字，欲略则专讲大字"，这是该系列丛书的特色之一。

王季烈的《共和国教科书·化学》与《共和国教科书·物理学》均于1913年9月初版，已是"部令第28号"颁布之后，然而这两本书的编辑大意均未如王兼善那样申明是"依照教育部令编辑"。"民国新教科书"系列"专供中学校数学自然两种科目之用"，"共和国教科书"系列则稍早推出，面向初、高等小学和中学，涵盖文理各个学科。最早的《共和国教科书·新国文》于1912年4月推出，彼时"部令第28号"尚未公布。应是与整个"共和国教科书"系列保持一致的原因，《共和国教科书·化学》与《共和国教科书·物理学》并未强调依部令编辑。

二、 发行和销售概况

《民国新教科书·化学》为教育部审定之中学用书，其批语为"是书按新法令编辑，条理分明，文字简晰，理论实验相辅而行，且自首至尾一线相贯，由浅入深，循序渐进，洵足以启学者之心思，而引起其进取之兴味"②。该书自初版发行后，不断再版，风行一时。其出版

---

① 璩鑫圭、唐良炎编《中国近代教育史资料汇编：学制演变》，上海教育出版社，1991，第670页。
② 王兼善：《民国新教科书·化学》，版权页。

情况为 1913 年 3 月初版，1919 年 6 月增订第 14 版，1921 年增订第 18 版，1921 年 6 月第 19 版，1922 年 9 月增订第 20 版，1923 年 6 月增订第 21 版，1923 年 12 月增订第 22 版，1924 年 11 月增订第 23 版，1926 年 11 月增订第 25 版，1929 年 5 月第 27 版，1930 年 5 月增订第 30 版，1932 年 6 月国难后第 2 版。

以 1922 年第 20 版的《民国新教科书·化学》为例，该书总发行所、印刷所皆为上海商务印书馆，分售处为北京、天津、保定、奉天、吉林、龙江、济南、太原、开封、洛阳、西安、南京、杭州、兰溪、安庆、芜湖、南昌、汉口、长沙、常德、成都、重庆、泸县、福州、广州、潮州、香港、桂林、梧州、云南、贵阳、张家口，以及新嘉坡的商务印书馆分馆。其销售范围遍及全国，甚至国外，足见其影响之大。

三、 全书结构

因为王兼善在 1921 年或 1922 年辞世，所以 1922 年以后的版本应该不会再有什么变化，除非有其他人进行增补修订。以下选取 1913 年版和 1922 年版进行对比研究（表 6-1）。这两个版本，一个是初版，一个是某种意义上的"终版"，对于研究《民国新教科书·化学》一书的结构组成及变化，以及王兼善的编撰思想变迁，都是非常合适的。

表 6-1　王兼善《民国新教科书·化学》1913 年版和 1922 年版结构对比

1913 年版	1922 年 9 月增订第 20 版
（唐文治）序 编辑大意（中华民国二年正月）	（唐文治）序 修改大意（中华民国七年八月）及附注 编辑大意（中华民国二年正月）

续表

1913 年版	1922 年 9 月增订第 20 版
目录	目录
第一章　绪论	第一章　绪论
第二章　养	第二章　氧
第三章　空气之研究	第三章　空气之研究
第四章　轻	第四章　氢
第五章　水之研究	第五章　水之研究
第六章　化学变化之简明表示法	第六章　化学变化之简明表示法
第七章　阿摩尼亚	第七章　阿摩尼亚
第八章　硝酸　附五种之淡养化合物	第八章　硝酸　附五种之氮氧化合物
第九章　盐基类与酸类之别及其相互之作用	第九章　盐基类与酸类之别及其互相之作用
第十章　绿　附盐酸	第十章　氯　附盐酸
第十一章　与绿相似之溴碘弗三原质　溴　碘　弗　弗、绿、溴、碘　四原质之比较	第十一章　与氯相似之溴碘氟三原质　溴　碘　氟　氟、氯、溴、碘　四原质之比较
第十二章　原质之分族法：周期表	第十二章　原质之分族法：周期律
第十三章　周期表第一类甲族原质之研究（碱金族）钾　钠　钾钠二原质之火焰识别法　附铷之化合物	第十三章　周期表第一类甲族原质之研究（碱金族）钾　钠　钾钠二原质之火焰识别法　附铷之化合物
第十四章　周期表第一类乙族原质之研究（铜族）铜　银　金	第十四章　周期表第一类乙族原质之研究（铜族）铜　银　金
第十五章　周期表第二类甲族原质之研究（碱土金族）镁　钙　锶及钡　铍	第十五章　周期表第二类甲族原质之研究（碱土金族）镁　钙　锶及钡　镭　附稀少之土金族
第十六章　周期表第二类乙族原质之研究　锌　镉　汞	第十六章　周期表第二类乙族原质之研究　锌　镉　汞
第十七章　周期表第三类原质之研究　硼铝	第十七章　周期表第三类原质之研究　硼铝
第十八章　周期表第四类原质之研究　炭　附火焰之研究　矽	第十八章　周期表第四类原质之研究　碳　附火焰之研究　硅　锡

续表

1913 年版	1922 年 9 月增订第 20 版
锡　铅	铅
第十九章　周期表第五类原质之研究 　　　　　燐　砷　锑　铋	第十九章　周期表第五类原质之研究 　　　　　磷　砷　锑　铋
第二十章　周期表第六类原质之研究 　　　　　铬　硫	第二十章　周期表第六类原质之研究 　　　　　铬　硫
第二十一章　周期表第七类原质之研究　锰	第二十一章　周期表第七类原质之研究 　　　　　锰
第二十二章　周期表第八类过渡原质之研究 　　　　　铁　钴及镍　铂	第二十二章　周期表第八类过渡原质之研究 　　　　　铁　钴及镍　铂
第二十三章　原子量及分子量之测定法大要 　　　　　原子量之测定法大要 　　　　　分子量之测定法大要	第二十三章　原子量及分子量之测定法大要 　　　　　原子量之测定法大要 　　　　　分子量之测定法大要
第二十四章　关于化学上之计算法大要 　甲．关于方程式之计算法 　乙．气体积与热度及压力之关系计算法 　丙．杂题	第二十四章　关于化学上之计算法大要 　甲．关于方程式之计算法 　乙．气体积与热度及压力之关系计算法 　丙．杂题
第二十五章　附有机化合物大意——无机化学及有机化学今昔意义之不同——种种炭化物有密切之关系——炭化物之特别处（同分体……图解程式、饱和化合物及未饱和化合物） 数种紧要有机物之研究——沼气（置换体）——阿西台林（炭化轻物……变体……偏苏恩……	第二十五章　附有机化合物大意——无机化学及有机化学今昔意义之不同——种种碳化物有密切之关系——碳化物之特别处…… 非芳香碳化物——饱氢质——亚氢质——次亚氢质——醇质——同醇质——间质——同间质——脂酸——多价酸——氮氢基质——碳水物——蛋白类质——含硫醇质——含硫同醇质——尿酸——尿精……

续表

1913 年版	1922 年 9 月增订第 20 版
香芳体及非香芳体……加成物）——酒精（第一类第二类第三类酒精之别……第一类酒精缺轻物……有机酸……第二类酒精缺轻物）——以脱——肥皂——洋烛（碱化）——纸（炭水化物）——火油——无烟火柴——糖——淀粉——吗咖 附录 原质名称符号及原子量一览表 科学中通用之紧要度量衡表 本书中试验应用之器具单 本书中试验应用之药品单 中西名词索引	芳香碳化物——轮质碳氢物——氢氧代轮质——芳香醇质——芳香间质——芳香同间质——芳香酸——芳香氮氢基质——植物碱类——氮氧基代轮质 附录 原质名称符号及原子量一览表 科学中通用之紧要度量衡表 本书中试验应用之器具单 本书中试验应用之药品单 中西名词索引

1913 年版《民国新教科书·化学》含正文 368 页，附录 20 页（第 369—388 页），1922 年增订第 20 版《民国新教科书·化学》含正文 440 页，附录 25 页（第 441—465 页），明显比 1913 年版扩充了不少内容。从表 6-1 可以看出，1922 年版比 1913 年版新增了"修改大意及附注"，其他相同的结构有（唐文治）序、编辑大意、25 章、5 个附录。其中，第十五章论述镭的部分差别较大，1922 年版较 1913 年版新增了"稀少之土金族"，即稀土元素的知识。第二十五章论述有机化合物，两个版本的内容也大不相同。

第三节 《民国新教科书·化学》评析

一、 谋篇布局

《民国新教科书·化学》1913 年版和 1922 年版的第一章均为"绪论",内容相同,页数皆为 16 页,依次论述化学范围及化学变化与物理变化之区别,物质不灭,化学变化之种类、化合、化分、复分解,爱力,化合物与混合物之别,化合物与原质之别,原质之种类。这是开门见山阐明化学的一些基本概念,便于后面展开叙述。这种论述方式并不新颖,在欧美及日本的化学教科书往往也能见到,不过不同的教科书在基本概念的选取上有所不同,论述内容也各有差异。

两个版本第二至第十一章论述的主题及顺序相同。以 1922 年版为例,第二章介绍第一种重要元素氧(氧是拉瓦锡化学中最关键的元素)的制法及试验、性质,然后引入"燃烧""燃度""不燃体""可燃体""助燃体""氧化之别"(指氧化有强弱之分)等概念,最后论及"臭养气"。继拉瓦锡化学革命之后,有些教科书为了凸显氧在近代化学形成中的关键作用,通常先论述氧。王兼善应该是在爱丁堡时通过学习西方的化学书籍,借用了这一思路。西方不同的化学书籍,虽然都首先论述氧,但是论述方式也有差别。有些直接从燃烧这一最普通的日常现象(这是拉瓦锡氧化学的关键突破点)入手,这样既照顾到想要强调氧在化学学科形成中的重要性,又照顾到学生的认知需求。毕竟从认知和心理角度来说,先谈及一些日常现象和熟悉的物质,再过渡到相关化学知识的叙述方式更容易为中学生所接受。然而,王兼善是先论述氧气的制法、试验及性质,然后论述"燃烧"。这表明,他在编书时并没有从中学生的角度出发。

前述王兼善似乎没有中等学校的教学经验。1919 年 9 月 25 日《北京大学日刊》的"理科布告"栏刊："本科第二学年化学系王兼善先生之高等无机因讲义尚未编妥，本星期暂不上课，此布。"① 王兼善在编写《民国新教科书・化学》前，曾在上海高等实业学堂担任教员，因而可以合理推测，他当时也编写过一些化学讲义。《民国新教科书・化学》于 1913 年 3 月初版，是"依照教育部令编辑"。王兼善还陆续编写了《民国新教科书・物理学》（1913 年 5 月初版）、《民国新教科书・植物学》（1913 年 11 月初版）、《民国新教科书・生理及卫生学》（1914 年 6 月初版），这些书的出版时间间隔不长，工作量不小。1912 年 12 月 2 日，教育部公布《中学校令施行规则》，该规则中的第九条在《民国新教科书・化学》编辑大意第一条中有直接申明。从民国新教育法令的颁布，到《民国新教科书・化学》初版的问世，时间仅仅数月。虽然《民国新教科书・化学》在编辑大意中申明"是书依照教育部令编辑"，并不必然意味着它是在"教育部令"颁布后才着手编撰的，但是考虑到王兼善在短时间内相继出版了 4 本民国新教科书，我们推测王兼善以他在大学（上海高等实业学堂）授课时自主编写的讲义为基础，修改而成中学教科书《民国新教科书・化学》是合理的。这也可以解释《民国新教科书・化学》为什么不从中学生的角度出发来编撰，以及为什么它看起来更像一本大学预科教材。

第三章论述"空气之研究"，内容依次为"空中有气之证明""淡气之发见""空气中淡养二气体积比例之测定""空气中氩、氦、氪、氖、氙五种稀少原质之发见""空气中尚有水气及二氧化碳等物""空气中养淡二气系混合物而非化合物""液体空气"。这些内容对空气的成分做了详细说明，既涉及主要成分氧和氮，也介绍稀有气体等，知识点比较多。叙述方式仍然是证明式。如先给出结论"然则何以知空

---

①理科布告，《北京大学日刊》，1919 年 9 月 25 日第 1 版。

中有气质乎”，然后论述“不可不先证明之。其最简便之法，可用吾人之手，在空中急速摇动，则觉有物与手触碰，显系空中有气质。今可再用下法证明之。”① 继“下法”之后，是证明空中有气的“试验13”。与该书的其他试验一样，该试验是验证性实验，而非探究性试验。

第四章讨论另一种重要的非金属元素氢，仍然是先介绍氢气的制法及试验，然后论述其性质，最后论述“氢与氧化合成水”，由此过渡到第五章“水之研究”。这种先讲解对于中学生来说完全陌生的氢元素，再推引出中学生熟知的日常物质水的论述顺序，显然没有从中学生的角度考虑。

第五章穿插讲解了“定数比例及倍数比例定律之发明”。在中学化学教科书中，空气与水都是常见物质，由之入手，继而引入氧、氮、氢元素的知识是非常合适的。然而在《民国新教科书·化学》中，王兼善的论述方式都是相反的，他先论述中学生感到陌生的氧和氢的元素名称及概念，然后论述常见物质空气和水。

在具备了一些元素知识后，第六章“化学变化之简明表示法”穿插讲解了一些新概念及理论，包括“符号、程式及方程式之用”“原子学说”“符号、程式及方程式兼能表明物质之分量”“以方程式表示化学变化时应注意之要点”“以方程式表示前五章中紧要之化学变化”。

第七章“阿摩尼亚”和第八章“硝酸　附五种之氮氧化合物”介绍重要非金属元素氮的重要化合物的性质。第九章“盐基类与酸类之别及其互相之作用”插入酸碱盐及电离学说等理论性知识。

第十章“氯　附盐酸”讨论重要的卤族元素之一氯及盐酸的知识。第十一章论述“与氯相似之溴碘氟三原质”“溴”“碘”“氟”“氟、氯、溴、碘四原质之比较”，为第十二章“原质之分族法：周期律”引出元素周期律做准备。

---

① 王兼善：《民国新教科书·化学》，商务印书馆，1922，20版，第25页。

　　总体来说，前十一章的论述都是为了第十二章做铺垫。第十三至第二十二章，王兼善则完全按照元素周期律的分类方式来论述。这不仅在中文化学教科书中是罕见的，甚至在外文化学教科书中也不多见。这一组织方式是本书最大的特色。

　　第二十三章讨论"原子量及分子量之测定法大要"，第二十四章讨论"关于化学上之计算法大要"，第二十五章专门论述有机化学。在全书最后列有 5 个附录。

二、 以元素周期律为纲编写教科书

　　门捷列夫在编写《化学原理》时，在对当时散乱的元素及化合物知识寻求合理的分类方法和一般原理的过程中，发现了元素周期律。虽然在门捷列夫发现元素周期律之前，元素分类是化学家一直关注的问题，并且为了减轻学生记诵大量杂乱无章的化学知识的负担，教科书的作者也在积极探寻合理的元素分类方法，但在元素周期律问世后，积极利用元素周期律的分类方法来编写的教科书并不多见。梶雅范等主编的《对周期体系的最初回应》［*Early Responses to the Periodic System*（2015）］一书表明，这并不是某个国家的特殊现象，而是在英国、法国、德国、瑞典、西班牙等多个国家都呈现出的共同现象[1]。检阅中文化学教科书的结果表明，这一结论在近代中国也是成立的，绝大多数中文化学教科书都类似王季烈《共和国教科书·化学》那样不严格按照周期分类来编排目录。王季烈《共和国教科书·化学》的特别之处在于他明确提出了"略依周期表之分族"的编排思想及其原因。这说明他注意到了元素周期律的分类和其他元素分类方式的不同。

---

[1] Kaji M.，Kragh H.，Palló G.（eds.），*Early Responses to the Periodic System*（NewYork：Oxford University Press，2015）.

　　王兼善在爱丁堡大学受过理科教育，比王季烈更了解西方化学教科书的编写情况，即不严格按照元素周期律的分类来编写教科书是主流做法。我们以王兼善于 1911 年校订许传音的一本译作《汉译麦费孙罕迭生化学》为例来说明。该书译自美国麦克弗森和亨德森合著的流行化学教科书《基础化学学习》（1906）。原著中章的元素分类明显与元素周期律的分类不同，如第三十五章把铜、汞、银放在一起讨论，并在正文中明确交代了原因："The family. By referring to the periodic arrangement of the elements（page168），it will be seen that mercury is not included in the same family with copper and silver. Since the metallurgy of the three elements is so similar，however，and since they resemble each other so closely in chemical properties，it is convenient to class them together for study."[1] 许传音译本的对应文字："周期表若细心看看，则知汞不属于此族，不与铜银同族。然此三种原质，其冶金术及化性均极相似，故同时论之，似觉稍便。"[2] 经比对发现，《民国新教科书·化学》中的元素周期表与《基础化学学习》（1906）比较一致，且都先论述氧、氢，然后论述水。但是，对于英文原著不严格按照元素周期律的分类论述元素的做法，王兼善没有采纳。

　　前述英国人莱姆塞在其《无机化学体系》（1891）中提到，自元素周期律发现后的近 25 年内，"以元素周期排列为基础的系统教科书尚未用英文撰写出来"。莱姆塞在此书中意图用元素周期律的分类作为组织原则，并且在教学中践行这一思想。正如特拉维斯所言，"莱姆塞可能是本国第一个把演讲课程建立在元素周期分类基础上的教师"[3]。王兼善从爱丁堡大学先后获得理科学士及文科硕士学位，并于 1909 年毕

---

[1]McPherson W., Henderson W. *An Elementary Study of Chemistry*（Boston, NewYork, Chicago, London：Ginn&Company, 1906）：356.

[2]许传音：《汉译麦费孙罕迭生化学》，商务印书馆，1917，5 版，第 332 页。

[3]Kaji M., Kragh H., Pallo G.（eds.），*Early Responses to the Periodic System*.

业归国。当时在爱丁堡大学教授化学的有克拉姆·布朗（Crum Brown，
1838—1922）和詹姆斯·沃克。爱丁堡大学直至 1905 年才正式建立科学
院，此前其化学教育一直是在医学院进行。医学院的化学教授名额往往
只有一个。一般情况下，除非现任化学教授退休，或自动辞职迁入新单
位，否则不引进新的化学教授。布朗在爱丁堡大学任化学教授的时间
相当长，他于 1869 年接替莱昂·普莱费尔（Lyon Playfair，1818—
1898）为化学教授，于 1908 年退休。接替布朗职位的是其学生沃克，
他任化学教授的时间为 1908—1928 年。沃克于 1882 年 10 月就读于爱
丁堡大学，1885 年 4 月获科学学士学位。大学期间，他上过布朗的
课，后来又于 1889—1892 年当过他的研究助理。沃克在当时并不是爱
丁堡大学的职员，但他被允许给高年级的学生讲授物理、化学课程。
沃克会俄语[1]。1891 年，他对门捷列夫的元素周期表进行了修正[2]。
虞和钦、郑贞文编写的中文化学教科书及 20 世纪初期的一些中文化学
教科书都介绍了他的元素周期表。沃克担任布朗的研究助理 3 年，随
后到 UCL 的莱姆塞实验室，他与莱姆塞都是苏格兰人。

由于沃克对元素周期律感兴趣，因此可以推测王兼善对于莱姆塞
的教科书《无机化学体系》（1891）及其编写思想有一定的了解，不过
莱姆塞在书中也未严格遵循元素周期律的分类来论述元素。从麦克弗
森的《基础化学学习》和莱姆塞的《无机化学体系》两本书中，王兼
善肯定了解到西方化学教科书不严格采纳以元素周期律的分类作为编
写原则的一些原因，但是《民国新教科书·化学》仍然严格采用元素
周期律的分类方式来组织全书，这在中文化学教科书中是罕见的。其
中的原因何在呢？

---

[1] Kendal J., "Sir James Walker 1863 - 1935," *Obituary Notices of Fellows of the Royal Society* 1, no. 4 (1935)：536 - 549.

[2] Walker J., "On the Periodic Tabulation of the Elements," *Chemical News*, 29 (May. 1891)：251 - 253.

王兼善没有在《民国新教科书·化学》的编辑大意中对此做出说明。他的编写思想有可能跟他在爱丁堡大学的另一位会中文的化学教师布朗有关。布朗在化学方面的原创性工作集中于图解式、苯取代理论、立体异构问题、二元有机酸的电解分析、化学构成与生理作用的关联等方面，都与有机化学相关。他的有机化学课具有哲学特色，重视科学方法，有明确的逻辑主线，富有启发性，让人大开眼界。《民国新教科书·化学》有一条明确的逻辑主线，即元素周期律，或许是受到了布朗的影响。

布朗的兴趣非常广泛，他的研究不局限于化学，他还通晓数学、语文学（philology）和近代语言，甚至还会俄语和中文。聚餐时，他能从长老派的译文（Presbyterian praphrases）聊到中国音乐，学生们都很喜爱他①。这位会中文的英国教授也一定给王兼善留下了深刻的印象。

当然，也有可能如朱昊飞所言，王兼善采纳以周期律统领全书的编写思想只不过是出于"敷陈事实，似觉方便"的考虑而已②。

三、 化学名词的使用情况

在 1932 年教育部颁布《化学命名原则》统一中文化学名词之前，译名问题是教科书作者普遍关注的问题。《民国新教科书·化学》也不例外。如编辑大意第五条指出："书中所用术语，均取其最通用者，每一术语之旁，必附注西文，以便参考。"

以元素译名为例，《民国新教科书·化学》（1913）称"此书中所用原质之名，悉本前学部所定之《化学语汇》一书。不敢参用旧名词，

---

① Obituary. Alexander Crum Brown, M. D. Edin., D. Sc. Lond., F. R. S., F. R. S. E., F. R. C. P. E., LL. D. Aberd., Glasg, Edin., St. And., "Emeritus Profess or of Chemistry in The University of Edinburgh," *The British Medical Journal 2*, no. 3227 (1922): 895 - 896.

② 朱昊飞：《中等化学教科书之批评（书评）（续）》，《新教育评论》1927 年第 6 期。

或另选新名词者，因该书中名词，业已通行吾国，悉本之所以祈名词划一也"①。《民国新教科书·化学》（1922）称"此书中所用原质之名，悉本民国四年教育部教科书编纂纲要审查会所发行之《中学师范物理化学教授要目草案》一书。不敢参用旧名词，或另选新名词者，因该书中名词，业已通行吾国，悉本之所以祈名词划一也"②。

　　《化学语汇》由清学部 1908 年出版，共收录了 76 种元素的中文名称，这些译名绝大多数都由徐寿创制。民国四年（1915 年），教育部发行的《中学及师范物理化学教授要目草案》公布了 80 种元素的中译名，其中有一个是伪元素的译名。《化学语汇》（1908）与《中学及师范物理化学教授要目草案》（1915）的元素译名见表 6-2。

表 6-2　《化学语汇》(1908) 与《中学及师范物理化学教授要目草案》
(1915) 中的元素译名

原子序数	元素符号	《化学语汇》(1908)	《中学及师范物理化学教授要目草案》(1915)
1	H	轻气	氢
2	He	氦	氦
3	Li	锂	锂
4	Be	錏	铍
5	B	硼	硼
6	C	炭质	碳
7	N	淡气	氮
8	O	养气	氧
9	F	弗气	氟

①王兼善：《民国新教科书·化学》，商务印书馆，1913，第 13 页。
②王兼善：《民国新教科书·化学》，商务印书馆，1922，20 版，第 13 页。

续表

原子序数	元素符号	《化学语汇》（1908）	《中学及师范物理化学教授要目草案》（1915）
10	Ne	氝	氖
11	Na	钠	钠
12	Mg	镁	镁
13	Al	铝	铝
14	Si	矽	硅
15	P	燐	磷
16	S	硫黄	硫
17	Cl	绿气	氯
18	Ar	氩	氩
19	K	钾	钾
20	Ca	钙	钙
21	Sc	銅	鏑
22	Ti	鐟	鐟
23	V	钒	钒
24	Cr	铬	铬
25	Mn	锰	锰
26	Fe	铁	铁
27	Co	钴	钴
28	Ni	镍	镍
29	Cu	铜	铜
30	Zn	锌	锌
31	Ga	鎔	鉫
32	Ge	鉬	锗

续表

原子序数	元素符号	《化学语汇》（1908）	《中学及师范物理化学教授要目草案》（1915）
33	As	砷	砷
34	Se	硒	硒
35	Br	溴	溴
36	Kr	氪	氪
37	Rb	铷	铷
38	Sr	鎴	锶
39	Y	鈇	鈇
40	Zr	锆	锆
41	Nb	铌	铌
42	Mo	钼	钼
44	Ru	钌	钌
45	Rh	鋰	铑
46	Pd	钯	钯
47	Ag	银	银
48	Cd	镉	镉
49	In	铟	铟
50	Sn	锡	锡
51	Sb	锑	锑
52	Te	碲	碲
53	I	碘	碘
54	Xe	氤	氙
55	Cs	鑇	铠
56	Ba	钡	钡

续表

原子序数	元素符号	《化学语汇》（1908）	《中学及师范物理化学教授要目草案》（1915）
57	La	锒	锒
58	Ce	锶	铈
59	Pr	锴	锴
60	Nd	鎄	鎄
62	Sm	镦	铩
63	Eu		鑃
64	Gd		钇
65	Tb		铽
68	Er	铒	铒
69	Tm	鎝	铥
70	Yb	镱	镱
73	Ta	钽	鑔
74	W	钨	钨
76	Os	铼	铼
77	Ir	铱	铱
78	Pt	白金/铂	铂
79	Au	金	金
80	Hg	水银/汞	铢
81	Tl	铪	铪
82	Pb	铅	铅
83	Bi	铋	铋
88	Ra	铣	镭
90	Th	钍	钍
92	U	铀	铀
伪元素 didymium	Di		镝

清学部与民国教育部颁布的名词属于官方认可的名词。在化学译名尚未统一时，王兼善《民国新教科书·化学》1913 年初版和 1922 年第 20 版及时采纳了当时的官方译名，这与其"祈名词划一"之思想是一致的。

　　《民国新教科书·化学》的两个版本在元素译名上改动较大，在无机化合物和有机化合物的命名上也有不同。无机化合物名词改动不大，但有机化合物名词改动较大，见表 6-3。

表 6-3　王兼善《民国新教科书·化学》1913 年初版和 1922 年第 20 版中

无机化合物与有机化合物名词对比

《民国新教科书·化学》1913 年版	《民国新教科书·化学》1922 年 9 月增订第 20 版
二养化锰（MnO_2）、绿化镁（$MgCl_2$）、轻养化钾（KOH）、轻养化镁 [$Mg(OH)_2$]、过养化钡（BaO_2）、养化钡（BaO）、过养化轻（H_2O_2）、绿化第一汞（Hg_2Cl_2）、绿化第二汞（$HgCl_2$）、养化第一铁（FeO）、养化第二铁（Fe_2O_3）	二氧化锰（MnO_2）、氯化镁（$MgCl_2$）、氢氧化钾（KOH）、氢氧化镁 [$Mg(OH)_2$]、过氧化钡（BaO_2）、氧化钡（BaO）、过氧化氢（H_2O_2）、氯化第一汞（Hg_2Cl_2）、氯化第二汞（$HgCl_2$）、氧化第一铁（FeO）、氧化第二铁（Fe_2O_3）
绿酸钾（$KClO_3$）、硫酸化镁（$MgSO_4$）、炭酸化镁（$MgCO_3$）、燐酸化钙 [$Ca_3(PO_4)_2$]、第一燐酸钙 [$Ca(H_2PO_4)_2$]、硝酸化鎴 [$Sr(NO_3)_2$]	氯酸钾（$KClO_3$）、硫酸镁（$MgSO_4$）、碳酸镁（$MgCO_3$）、磷酸钙 [$Ca_3(PO_4)_2$]、第一磷酸钙 [$Ca(H_2PO_4)_2$]、硝酸锶 [$Sr(NO_3)_2$]
硫酸第一铁（$FeSO_4$）、硫酸第二铁 [$Fe_2(SO_4)_3$]、燐酸（acids of phosphorus）、正燐酸（H_3PO_4）、过燐酸（$H_4P_2O_7$）、间燐酸（HPO_3）	硫酸第一铁（$FeSO_4$）、硫酸第二铁 [$Fe_2(SO_4)_3$]、磷酸（acids of phosphorus）、正磷酸（H_3PO_4）、过磷酸（$H_4P_2O_7$）、间磷酸（HPO_3）
盐酸（HCl）、溴酸（HBr）	盐酸/氯氢酸（HCl）、次亚氯酸（HClO）、亚氯酸（$HClO_2$）、氯酸（$HClO_3$）、过氯酸（$HClO_4$）、溴氢酸（HBr）

续表

《民国新教科书·化学》1913 年版	《民国新教科书·化学》1922 年 9 月增订第 20 版
沼气（CH_4）、阿西台林（C_2H_2）、酒精（alcohol）、以脱（ether）、第一类酒精缺轻物（aldehyde）、第二类酒精缺轻物（ketone）、醋酸（CH_3COOH）、偏苏恩（benzene）	二碳完质（C_2H_6）、二碳赢质（C_2H_4）、二碳亚赢质（C_2H_2）、醇（alcohol）、四碳醇（C_4H_9OH）、醛（aldehyde）、一碳醛（HCHO）、三碳酮（CH_3COCH_3）、醇精（ether）、二个二碳完基醇精（$C_2H_5OC_2H_5$）、醋酸/二碳脂酸（CH_3COOH）、完基盐（esters）、蚁酸一碳完基（$HCOOCH_3$）、轮质（C_6H_6）

从表 6-3 可看出，对于无机化合物名词，第 20 版与初版的命名方法差别不大，主要差异表现在元素名称的不同上，这主要是因为第 20 版已经采用了 1915 年教育部颁布的名词。两个版本的无机物名词有一个明显的差异表现在，初版对于硫酸盐、碳酸盐、硝酸盐等含氧酸盐的命名比第 20 版多了个"化"字，如初版称 $MgSO_4$ 为"硫酸化镁"，第 20 版则称为"硫酸镁"。但是对于多价态金属的硫酸盐，两个版本均未使用"化"字，如对于 $FeSO_4$ 和 $Fe_2(SO_4)_3$，两个版本均命名为"硫酸第一铁"和"硫酸第二铁"。对于 $KClO_3$ 的命名，两个版本也都没有使用"化"字，前者为"绿酸钾"，后者为"氯酸钾"。此外，初版只给出了 HCl 的命名，第 20 版给出了氯的不同价态的含氧酸的命名。初版仅仅使用了俗名"盐酸"来命名 HCl，第 20 版还给出了 HCl 的学名为"氯氢酸"，这一译名与我们现今的名称"氢氯酸"在元素命名的顺序上是相反的。初版把 HBr 称为"溴酸"，而在第 20 版中 HBr 被称为"溴氢酸"。第 20 版虽然没有给出 $HBrO_3$ 的命名，然而根据该版本把 $HClO_3$ 称为"氯酸"，可推知 $HBrO_3$ 应该被命名为"溴酸"，这与初版把 HBr 称为"溴酸"是完全不同的两种物质。

对于有机物的命名，初版和第 20 版相差很大。虽然虞和钦的《中国有机化学命名草》在 1908 年已经出版，但初版（1913 年）并未采纳虞和钦的有机名词。王季烈的《共和国教科书·化学》在 1913 年初版时，也未采纳虞和钦的有机名词。但《民国新教科书·化学》在"民国十年六月印刷第十九版时"已经采纳了 1915 年教育部颁布的有机化合物名词，而 1915 年教育部颁布的有机名词继承了虞和钦的一些有机化合物名词，因此我们在《民国新教科书·化学》第 20 版的有机化合物名词中能看到虞和钦的有机化合物名词的影响。

第四节　时人之评论

1922 年《理化杂志》第 2 卷第 3 期中刊载了两篇关于《民国新教科书·化学》的评论。一是上文提及的刘世楷的评论，二是梅占魁的评论。梅占魁称"是书说理明晰，由浅而深，有引人入胜之妙；其藉周期律以分族，详于放射性原质，尤为是书特色""是书实今日中学化学教本之善者"[1]。他对此书的评价比较高，所提修改建议基本上是涉及名词术语的细节问题，如"书中所称之火酒即酒精，小粉即淀粉，电瓶即电池，水加斯即水煤气……如此类者，亦应改正"[2]。

刘世楷认为《民国新教科书·化学》"所以能受多数之欢迎"，主要因为该书具有三大优点：第一，"文字清晰，说理透澈，教者学者颇易为力"；第二，"于周期律特别注意，较他种中文化学教本皆为详细"；第三，"于放射原质及稀少土金族尚能节要叙述，较他种中文化学教本为新颖"[3]。

朱昊飞在 1927 年的《新教育评论》上发文指出《民国新教科书·

①梅占魁：《评王兼善"民国新教科书化学"》，《理化杂志》1922 年第 3 期。
②同①。
③刘世楷：《评王兼善先生编〈民国新教科书化学〉》，《理化杂志》1922 年第 3 期。

化学》"在社会上流行甚广"可能有以下几个原因：第一，"据批评者之调查（总带几分推测），大概新任理化教员者，多好采用之。盖以其书内说明清楚，不留蕴义"。梅占魁、刘世楷皆认同这个原因。第二，"关于实验之处，亦多已详细注明，教者可省却许多预备时间也"。第三，"现时中等教员之参考书，坊间实难购置；罗致外国文书籍，复有种种妨碍难能之虑；况理化教员，国内各地总是每周担任二十时以上，故实际上亦无多余暇，可以翻阅参考书。所以在此过渡时代，此书遂为救济教师之妙品矣"①。概言之，《民国新教科书·化学》在多方面为教师减轻了较大的备课负担，因此流行甚广。

《民国新教科书·化学》"大体上叙述精细，章节段落均能各相照顾，是其优点也"，朱昊飞认为，"然终以小心过度，反复重叠，遂时时把极简易之教材，演成极冗长不耐烦之空论，是又其缺点也"。虽然"在此过渡时代，此书遂为救济教师之妙品矣。然于学者之能否实际获益，是又另一问题也"②。朱昊飞的评论很中肯。《民国新教科书·化学》周详备至，极受教师欢迎，但对于学生来说则毫无亲切感。

朱昊飞认为，以元素周期律为纲统领全书，学生根本无法理解。

> 此书于选材上甚多欠当之处，最著显者如第十二章原质分族法——周期律——极不适合于初学者之程度。即就本章之组织论，层次重叠，引证事实，多超出学者知识范围之外，不易使中等学生融会贯通。就全体先后之次序论，亦是提出过早，学者并无相当旧观念，何以能领受如此许多之新知识？③

王兼善在编书时没有从学生的角度考虑，除体现在用元素周期律分族来组织各章论述外，还体现在《民国新教科书·化学》第一章就

①朱昊飞：《中等化学教科书之批评（书评）（续）》，《新教育评论》1927年第6期。
②同①。
③同①。

引入很多概念和定义。朱昊飞指出：

> 第一章绪论除凭空冒起外，并提出许多名词、术语、定律等——如"化学范围""化学变化""物理变化""物质不灭之定律""化合""化分""复分解""爱力""化合物""混合物""原质符号"等——于初学者不甚适宜。大概科学教授对于初学者所获得之观念或概念，不期其繁多，而惟求其明确。吾国现时通行之各种教科书，皆是分量过多，使学者无反复熟习之暇。尤其是开端数章，介绍无数定理、定义、术语、学名等，令学者望之生畏，不得其门而入，是不啻昭告学生以"教科书者讨人厌之物也"，乃大减科学研究之兴味矣①。

在论述有机化学时，《民国新教科书·化学》亦不从学生的角度出发。

> 第二十五章，有机化合物全体之组织，纯用总括的叙述法，以纯理为主，于应用及寻常习见之物，略未顾及。上半章自第三六六页至三八九页，多繁复沉滞之记述，殊少提纲絜②领之处，似可删去，将其内容之重要者，分别纳诸下半章中。下半章取材，亦甚多失当，如此编法，在中等理科书中，自无价值之可言。全书陈述试验，共有一百二十九个，而有机化学部仅占两个，盖编者亦自默认有机化学为一种说明解释之学问矣。总之：此书有机化学部分之编辑，太偏于理想，主观之主张过盛，遂置学者之心理与程度而不顾；又实用工业及普通常识等方面，皆付缺如；而文字方面亦远不如前各章之首尾一贯，令人读之，津津有味也。③

要言之，朱昊飞认为《民国新教科书·化学》在结构和各章的组

①朱昊飞：《中等化学教科书之批评（书评）（续）》。
②此处"絜"字疑为"挈"字之误用。
③同①。

织上都不适合学生。

> 此书之编制上有一重大之错误点，即全体教材之组织，纯用演绎法。大概多先提示纲要，次则就此纲要推出纲目，而后再逐条加以详细之说明。第十二章于学者仅有几种化学基本观念之时，即猛然提出原质之分族法，遂用此以领起后半编之各族原质，如此办法，于编者之敷陈事实，似觉方便，但于实际教授，实大不利。中等理科教授，宜使学者有能自于已知多数事实中，发见其类归相同之点，则所得之观念，方明确而切实矣。若强告之以多数与学者毫未认悉之事实，势必成为死记材料。又教师如遇着此等倒装之教材，而教授时亦只得以填鸭式行之。①

刘世楷对以元素周期律统领全书的编写思想亦多指责，认为这仅仅强调了科学研究中的演绎法，而完全忽略了归纳法。

> 本书于周期律以后，凡一类原质在未分别讲述之先，辄有"此类原质之比较"一段。其内容不外摘各原质之性质缀为数语，示周期律之例证。实不啻奉周期律以直辖诸原质，暗与学生以演绎法的训练。于科学中最注意之归纳法则反落漠。盖每讲一项原质后，未见其比较各原质之性质而为归纳的研究，俾学生自寻与周期律相应证之处也②。

按照王兼善的演绎法的叙述方式，刘世楷认为"教者若按本宣课，则唯有嘱学生以'稍安勿躁，且听下文'耳。于学生心理方面只有死记注入之功，恐乏自然领悟之效也。"③

> 且理科教授重在引起学生自行收纳种种事实，而发见其彼此之关系，俾有独立研究之能力。故于既授一定课程以后，

---

① 朱昊飞：《中等化学教科书之批评（书评）（续）》。
② 刘世楷：《评王兼善先生编〈民国新教科书化学〉》。
③ 同②。

宜多举集要列表，作图等例。换言之，须注重归纳法的训练。又某种定律云者，不过吾人由观察或实验而得之某等现象的一种主观见解。实则定律自定律、现象自现象，并非某现象为服从某定律而产生而存在。故由周期律所得诸原质与周期表之关系，亦属吾人之一种主观的见解。宜多多收集各原质之性质以为应证，不宜早早奉持其律而多作本书之"预言式""演绎式"的引言。俾学生不至于轻信或迷信该律。盖符合一定律之既知事实愈多，则该律之价值愈增，而于推测未知事项之或然数的等级亦愈高也。

总言之，本书此种体例，因先有周期律之成见，欲持以贯通全体原质而为整然有序之叙述，固其佳处。惜兴之所至，竟未顾及学生之科学的训练，而有仅囿于演绎式的陶冶之嫌矣①。

刘世楷的批评已经触及科学方法、科学精神的高度，当时他尚为北京高等师范理化部即将或刚毕业的学生，实属难得。刘世楷还建议补充科学史的内容，以增进学生对科学事业的理解。

无历史的材料　本书于化学家之略传，原质发现之历史，定律成立之经过，多未道及。且书中常有"……化学家曾考……"及"……化学家以为……"等语句，且有"……律之发明"等题目，表面上似乎略有历史的叙述，实际不过略举前人所得之结果而已。于化学家之姓名，重要研究之大略情形，多未提及。愚意学生对此种话头，有两种影响：

A. 不知科学家刻苦求真之精神与其研究之方法，遂于"考得""以为"等等字样不十分重视。换言之于科学的价值不知尊重也。

———————————

① 刘世楷：《评王兼善先生编〈民国新教科书化学〉》。

　　B. 不知科学家对于一种问题之争论，不知前人对于一种实验之设施，更不知历史上科学家之荣誉。于科学兴趣送①不大浓厚，固仅见及目前之简单试验与叙述故也。②

　　具体做法是，"关于化学上有趣味之发明史，及大化学家之略传，择要附入"③。《民国新教科书·化学》虽采用两种字体印刷，供教师视时间灵活讲授，但分量过重。朱昊飞对此批评道："此书教材分量，几较同性质之前二种教科书，增至二倍，即使删去五号所印之次要教材，仍是分量太多。凡各处采用是书者，皆苦教授时间之不足。教师若事前未能虑到此层，每致半途着急，或竟截弃后半，于学生方面甚觉不利。虽其编辑大意中，亦曾提及此书可供每周四时一学年教授之用，但事实上则不然。大概此等泛滥过度之流弊，凡大学初毕业之学生，或实际上略无经验之编辑者，其主观强盛时，每多中之。"④ 如果增加化学史内容，无疑分量更重，但刘世楷认为"材料虽较增多，令学生自习则甚容易。"⑤ 也就是说，这些历史材料可以供学生课外阅读使用，这样既能增进学生对科学的兴趣及对科学方法、科学精神的理解，又不至于挤占其他知识点的教学时间。

　　在二十世纪二三十年代，中国的科学事业仍然处于起步阶段。对于中学科学教育，不少人已呼吁要注意培植科学观念和科学方法。1924 年，在美国麻省理工学院攻读化学专业的曾昭抡（1899—1967）在《科学》杂志上建言："中学教化学之时，应注重归纳方法（inductive method）。读书之时，应使学生能想如何能从事实推出原理。教的事实，不必太多。因为关于化学之事实，多如恒河沙数。一个中学

---

①此处"送"字疑为"远"字之印刷错误。
②刘世楷：《评王兼善先生编〈民国新教科书化学〉》。
③同②。
④朱昊飞：《中等化学教科书之批评（书评）（续）》。
⑤同②。

学生能吸收者甚少。知道一百件孤立之事实（isolated facts）与知道五十件分别甚少。最要能使学生知道如何想……最重要者，教化学时应培植学生化学观念。多数学生想到化学时仅在课堂与自修时间，走到街上就忘记了。为教员者，应当想种种方法，引起学生兴趣，使其无论走到何处，所见何物，心中常常想到化学上之关系。"①

然而，现实情况是教师常常讲授很多知识点，不注重培养学生的科学方法。曾昭抡认为："现在教化学之方法，读者大致都很明白。在中学时候，教员走进讲堂，做了两个实验，写两个公式，把一个原素或化合物之制法性质用途，从头至尾，累累然如数家珍。"② 中学的化学知识往往与大学重复，曾昭抡认为："到大学后，所教者亦不外此一套花样，所以得出之结果，学生都以为化学是要死记，当然视为畏途，到了要考试无法时，只好拼命强记。考试一完，早已抛之九霄云外，脑筋里印的影象，当然是很浅。用科学方法分析之，此法之弊有：一大学所教与中学所教，重复太多，时间太不经济。二过于偏重无机化学。三教法太散，无头绪。四不能引起学生兴趣。"③

化学家黄新民认为，"拿解放前京津好的中学来说"，"在过去高中化学教学的目的，大部分是为了升大学，所以一个化学教师的最高目标，就是努力把教学内容增加，去迎合大学入学试题，使学生考得上大学。在大学那一方面呢？因为名额限制，必须千方百计设法淘汰考生，于是把题目出得更深一些。"④ 这就导致高中化学与大学普通化学内容重复，以及"为了学生升学就尽量把教材求其完备，于是乎过时的方法，陈旧的学说，以及其他丝毫不切实际的材料，也一概七拼八

①曾昭抡：《对于初级化学教学法之一建议》，《科学》1924 年第 5 期。
②同①。
③同①。
④黄新民：《中学化学教学问题》，《化学通报》1951 第 4 期。

凑地罗列进去，使学生们死记一通"①。

由于中学有升学压力，化学教科书的编撰者往往力求知识点的完备和深入，王兼善的《民国新教科书·化学》正是具备这些特点，它在多方面迎合了教师的需求，更像是包罗万象的大学预科课本。它确实得到了一部分教师的认可，如一位中学教师王确临在 1921 年时曾说："去年我到湖南省立第二中校教物理化学的时候，那位校长先生请我定书。我就到商务印书馆、中华书局寻教本，翻来翻去，都现陈腐，只有王兼善先生所编的增订本化学教科书内容颇好，有的说'王先生照周期律分类未免太武断'，我说'为便利教授上起见，与其分为非金属同金属两类，不如就他的分法反而有益'，且该书对于稀少土金属原质，周期律说炭属化合物理论……在中等化学书中，比较的详晰新明一点，后遂定为课本。"②《民国新教科书·化学》确实如朱昊飞所言，是过渡时代"救济教师之妙品"。它的流行折射出当时的许多问题，它带有那个时代的鲜明特色，是那个时代值得注目的畅销教科书的典范和代表。

第五节 《民国新教科书·化学》的使用情况

王兼善《民国新教科书·化学》自初版发行后，在当时广泛流行，许多学校都以之作为教科书。1931 年，余兰园在其编译的《实用化学》（1933，该书据美国布莱克与科南特的《实用化学》一书编译而成）初版序言中说道："吾国各中学最风行之教本为王兼善先生所著之化学。夷考其编辑年月及材料则为十九世纪之陈物也。因此投考各大

---

① 黄新民：《中学化学教学问题》。
② 王确临：《通讯：王确临先生来函》，《学艺》1921 第 3 期。

学者，稍试以较新之学说如电离平衡及正负原子价等，则皆结舌无辞
以对。"[1] 虽然王兼善《民国新教科书·化学》中的化学知识在20世
纪30年代初期已经显得陈腐，但此书在当时仍然颇有市场，确实是过
渡时代"救济教师之妙品"。

除上文所说湖南省立第二中校在20世纪20年代初期采用《民国
新教科书·化学》外，天津南开学校也使用该书教授化学。南开学校
自1916年起至1922年夏止，实行分科制。中学第一二学年不分科，
第三学年分文、理两科，第四学年分文、理、商三科。据天津南开学
校中学部1921年的课程记录，文科在第三学年学习物理和化学，分别
使用王兼善编的课本《民国新教科书·物理学》与《民国新教科书·
化学》。理科在第四学年学物理和化学，均使用英文课本，化学课本为
美国多所中学的教师雷蒙德·布朗利（Raymond B. Brownlee）等合编
的教材 *First Principles of Chemistry* 与 *Laboratory Exercises to Accompany First Principles of Chemistry*[2]。1922年秋以后，南开学校
实行"三三"新学制，初级、高级中学各三年。高级中学分普通及职
业两部。普通部分文、理、商三科，职业部分工、商、教育三科。根
据南开学校中学部1923年4月的招考简章，该校"民国十一年秋至十
二年夏教科用书"中，初级中学因不学习化学，所以无化学课本。高
级中学普通部文科、普通部商科、职业部商科均不学习物理，但都在
第一年学习化学，并使用王兼善的《民国新教科书·化学》[3]。

著名化学家袁翰青（1905—1994）院士于1920—1925年就读于南
通师范学校，他在该校使用的物理和化学教科书都是商务印书馆出版
的。如王兼善编的化学教本，杜亚泉编的《植物分类学》，以及《盖氏

---

[1] 勃赖克、柯能：《实用化学》，余兰园译，斌兴印书局，1933，3版，初版序言。
[2] 朱有瓛主编《中国近代学制史料》第三辑（上），华东师范大学出版社，1990，
第453页。
[3] 龚克主编《张伯苓全集 第九卷 规章制度》，南开大学出版社，2015，第67-74页。

对数表》，等等①。袁翰青对王兼善的《民国新教科书·化学》印象深刻，中华人民共和国成立以后在谈到用汉字命名化学物质的缺点时，他以之举例："一个人在 1926 年学化学，读王兼善编的教本，认识了这个'氜'字，过了几年又得学个新的'氧'字，苦不苦呢?"②

陈廷缜在《忆贵州省立模范中学》一文中写道，他于 1920—1924 年在贵州省立模范中学（四年制中学，不分初、高中）就读时，化学使用的课本是商务印书馆出版的王兼善的《民国新教科书·化学》，教师是王起斌（从周），模范中学有阶梯形教室，可供演示实验用。该校在三、四年级讲授物理和化学，每周均为 3 课时③。

安晋藩（1915—）④ 回忆 1928 年 9 月至 1932 年 7 月在太原成成中学读书时，使用的也是王兼善编的课本。当时该校实行的是"四二"学制，即初中四年、高中两年。在课程设置上分主课和副课两种。数学、国文、英文是主课。物理、化学是副课，均在初中第三和第四年教授，使用王兼善编的课本。植物、动物、生理卫生也是副课，分别在初中第一、第二、第三年教授⑤。

张文昌对 1930 年和 1931 年 38 所高中、50 所初中（各省分布情况为广东 10 所，福建 4 所，浙江 17 所，江苏 35 所，山东 4 所，河北 18 所）化学课本的使用情况进行调查，结果见表 6-4、表 6-5。

---

① 袁翰青：《我与商务印书馆》，载《商务印书馆九十年（1897—1987）：我和商务印书馆》，商务印书馆，1987，第 430-431 页。

② 袁翰青：《从化学物质的命名看方块字的缺点》，《中国语文》1953 年第 4 期。

③ 陈廷缜：《忆贵州省立模范中学》，载中国人民政治协商会议贵州省贵阳市委员会文史资料研究委员会编《贵阳文史资料选辑》第九辑，贵州省邮电印刷厂，1983，第 24 页。

④ 安晋藩，1915 年 11 月生，山西五台人，1937 年毕业于北平师范大学，后来曾担任生物老师。

⑤ 安晋藩：《回忆太原成成中学片段》，载政协太原市委员会文史资料研究委员会编《太原文史资料》第二辑，太原印刷厂，1984，第 129 页。

表 6-4　1930—1931 年高中化学课本使用情况①

书名	次数	出版商	编作者
Practical Chemistry	20	—	Black Cennet
化学概论	9	商务印书馆	傅胡合译
A Course in General Chemistry	8	商务印书馆	—
化学实验教程	5	—	徐善祥译
Laboratory Experiment Mannal	4	—	—
Laboratory Experiment Mannal	3	—	Black of Cennet
A First Course in Chemistry	4	—	—
General Chemistry	3	—	Demngi
初时代高中化学	3	商务印书馆	郑贞文
College Chemistry	3	—	Smith
初中学化学教科书	2	文化学社	王鹤清、阎玉振
近世无机化学	2	商务印书馆	郑胡合编
近世无机化学	2	开智	区其伟
初编实验化学活页本	2	大同大学	罗曹合

表 6-5　1930—1931 年初中化学课本使用情况②

书名	次数	出版商	编作者
现代初中教科书·化学	21	商务印书馆	郑贞文
初中化学	3	世界书局	钱梦渭
民国新教科书·化学	7	商务印书馆	王兼善

①张文昌：《中学教本研究》，载李文海主编《民国时期社会调查丛编（二编）：文教事业卷（二）》，福建教育出版社，2014，第 247-248 页。
②同①，第 249 页。

续表

书名	次数	出版商	编作者
新撰初中化学	4	商务印书馆	郑贞文
初中化学	2	文化学社	王鹤清
初中化学学生实验教程	2	世界书局	郑贞文

从表6-4、表6-5可以看出，在20世纪30年代初，许多高中使用英文课本，有的甚至采用大学英文课本如 *College Chemistry*。这与黄新民所说的中华人民共和国成立前的情况一致。王兼善的《民国新教科书·化学》虽然在此时期已经称得上是旧课本了，但由于初版发行时内容较为"艰深"，仍被7所初中采用，其使用频次虽远低于郑贞文的《现代初中教科书·化学》，但也位居第二。张文昌认为，"美国教本之编辑印刷日求改进，竞争激烈"，相比之下，"我国教本为书局编辑人所包办，极少改进"，这就导致了"甚至十余年前之教本仍在采用者"的不合理现象[1]。

除被采用为中学教科书外，王兼善的《民国新教科书·化学》也在大学图书馆流通。如1928年《国立成都大学化学系一览》中记录："本大学成立于民国十三年，故在十五年秋季始有本系学生。"该系自购中文书单中有王兼善的化学教科书2册，王季烈的化学教科书1册，郑贞文的初中化学书1册，虞和钦的《新制化学教本》并不在列[2]。

一些藏书爱好者也藏有王兼善的《民国新教科书·化学》。据庄济华回忆，庄克明（1883—1947）酷爱科学与文史，"商务、中华、开明、世界几家大书店出版的书几乎应有尽有，从'绕装古本'到'精装巨册'，从经史子集到天文数理无所不包。1946年准备'后事'我帮他清理，记得有十二万多册，比如他藏的数理书籍，有'直排古

---

①张文昌：《中学教本研究》，第257页。
②党跃武主编《张澜与四川大学》，四川大学出版社，2013，第53-67页。

本'，有'横排今本'，王兼善的'老化学'，郑贞文的'新化学'都被
收藏着"①。在 12 万多册的藏书中，庄济华唯独挑出王兼善的"老化
学"，以及郑贞文的"新化学"，可见王兼善的《民国新教科书·化学》
在当时流行广泛。它虽然有不足之处，但仍是那个时代的缩影，是那
个年代的学人永恒的精神回忆。

---

①庄济华：《回忆吕玉堂、庄克明先生二三事》，载政协蓬溪县委员会文史组《政
　协文史资料》第 1 辑，1985，第 6-7 页。

第七章

郑贞文之《现代初中教科书·化学》

郑贞文是中国近代知名的编译家、教育家。他早年留学日本，1918 年从东北帝国大学获得理学学士学位后归国，在商务印书馆担任编译所编辑、理化部主任等职长达 14 年之久。其间，商务印书馆出版的大量理化书籍，大都由他负责编审。1932 年 12 月至 1943 年 11 月，他出任福建省政府委员兼教育厅厅长。郑贞文将毕生精力奉献于教育事业，在许多方面留下了耕耘的足迹。本章重点研究由他编写的一部广为流行的中学教科书《现代初中教科书·化学》，兼论他在近代中国中学化学教科书出版史上的贡献。

第一节　郑贞文生平

郑贞文（1891—1969）（图 7 - 1），字幼坡，号心南，福建长乐县人。自幼天资聪明、勤奋好学，3 岁丧父，在母亲的悉心教诲下，勤读经史名书；1903 年考中秀才；15 岁随族亲赴日本留学，先后就学于日本宏文学院普通科、东京第一高等学校预科及仙台第二高等学校本科；1915 年考取日本东北帝国大学理科，在片山正夫教授的指导下攻读理论化学，1918 年以名列第二的优异成绩，获得理学学士学位，被片山正夫夸赞为"不可多得的人才"。

1918 年秋，郑贞文应商务印书馆编译所所长张元济（1867—1959）之聘，到该所任编辑；1919 年，任编译所理化部主任，负责主持化学及其他自然科学图书的编审工作；1920 年 10 月，应陈嘉庚

图 7 - 1 郑贞文

（1874—1961）之邀到福建筹建厦门大学；1922 年秋离开厦门大学，仍回商务印书馆编译所工作；1932 年 6 月，被聘为国立编译馆专任编审；1932 年 12 月就任福建省教育厅厅长（仍兼教育部编审及国立编译馆职），直至 1943 年。

中华人民共和国成立后，郑贞文先后担任福建省自然科学协会筹备委员会常务委员兼出版组组长、抗美援朝福建分会委员、省文史研究馆馆员、省政协委员、和平解放台湾工作组组员、省历史学会理事、《小鸣》杂志主编。"文革"中，郑贞文几经折磨，因患肾病于 1969 年 11 月 24 日在福州逝世，享年 78 岁。

第二节　郑贞文编译或校订的重要科学论著

郑贞文一生著述甚丰，在商务印书馆任职期间，编译和校订了大量科学书籍；同时，积极译介和撰写了许多文章，涉及科学新动态、科普、教育等诸多方面。表 7 - 1 主要列出他编译或校订的与科学有关的重要著作及文章。

表 7-1 郑贞文编译或校订的科学著作及文章

初版、再版年份及版次	著（译）者	书名（文章名）	出版商或刊名	备注
1917 年	郑贞文	周期律说	《学艺》	第 1 卷第 1 号
1917 年	郑贞文	周期律说（续前）	《学艺》	第 1 卷第 2 号
1918 年	郑贞文	原物（附图）	《学艺》	第 1 卷第 3 期
1920 年	郑贞文	改进理化教授案	《学艺》	第 1 卷第 4 期
1920 年	郑贞文	研究"言文接近"方法意见书	《学艺》	第 1 卷第 4 期
1920 年	郑贞文	化学定名说略	《学艺》	第 1 卷第 4 期
1920 年	郑贞文	电子	《学艺》	第 2 卷第 1 期
1920 年	郑贞文	无机化学命名规约	《学艺》	第 2 卷第 1 期
1920 年	郑贞文	学术界的新要求	《学艺》	第 2 卷第 3 期。此文在《东方杂志》(1920)、《民国日报·觉悟》(1920) 中全文刊载
1920 年	郑贞文	无机化学命名草案	商务印书馆	
1920 年	郑贞文	科学之体系	《学艺》	第 2 卷第 6 期
1920 年	郑贞文	有机化学命名之讨论	《学艺》	第 2 卷第 6 期
1921 年	郑贞文	最近自然观之批判	《学艺》	第 3 卷第 5 期
1921 年	郑贞文	学制系统案会议之经过及进行之讨论（附图表）	《学艺》	第 3 卷第 7 期
1921 年	郑贞文	最近之物质观	《教育杂志》	第 13 卷第 11 期

续表

初版、再版年份及版次	著（译）者	书名（文章名）	出版商或刊名	备注
1922 年	郑贞文	中等学校理化教授的改进	《教育杂志》	第 14 卷第 6 期
1922 年	郑贞文	理化教授的根本改革	《江苏省立第二师范学校校刊》	第 17 期，本文由张仲清、孔繁熙记录
1922 年 11 月，1931 年 5 月第 5 版	［日］下部四郎太著，郑贞文编译，周昌寿校订	最近物理学概观	商务印书馆	含 1922 年 9 月 11 日郑贞文写的序
1913 年 9 月，1925 年 1 月改订第 23 版	王季烈编纂，郑贞文改订	共和国教科书·化学	商务印书馆	含 1922 年 8 月 1 日郑贞文写的改订版绪言
1912 年 12 月，1925 年 10 月改订第 4 版	钟观光、陈学郢编纂，郑贞文改订	理化学初步	商务印书馆	此书初版时名为《理化学初步讲义》，1917 年 5 月第 6 版时仍然采用初版书名。1925 年 10 月改订本中含 1922 年 8 月 3 日郑贞文写的改订版绪言
1923 年 7 月，1925 年 11 月第 40 版	郑贞文	现代初中教科书·化学	商务印书馆	

续表

初版、再版年份及版次	著（译）者	书名（文章名）	出版商或刊名	备注
1924 年 10 月，1932 年 11 月国难后第 2 版	郑贞文、高铦、周昌寿	新学制初级中学教科书实用自然科学	商务印书馆	共 4 册。该书 1932 年 10 月国难后发行初版
1924 年	郑贞文	二十年来化学的新进步	《东方杂志》	第 21 卷第 2 期
1924 年	郑贞文	营养化学	商务印书馆	
1924 年	郑贞文、杜亚泉	有机化学	商务印书馆	中等学校教科书
1924 年	郑贞文	康德之天体论（附照片）	《学艺》	第 6 卷第 5 期
1925 年、1928 年第 27 版	郑贞文、郑尊法	新撰初级中学教科书化学	商务印书馆	商务印书馆推出的"新撰教科书"系列采用浅近文言编写，是为适应部分学校的文言教学需求
1925 年	郑贞文	原子构造浅说（附表）	《晨报七周年增刊》	第 12 期
1925—1929 年	郑贞文译	少年自然科学丛书	商务印书馆	共 12 编
1927 年 3 月，1934 年 10 月国难后初版	罗素著，郑贞文译	原子说发凡	商务印书馆	1926 年 3 月 18 日郑贞文序
1926 年	罗素著，郑贞文译	新物理学与光之波动说	《学艺》	第 8 卷第 3 期
1926 年	罗素著，郑贞文译	新物理学与相对性	《学艺》	第 8 卷第 3 期

续表

初版、再版年份及版次	著（译）者	书名（文章名）	出版商或刊名	备注
1926 年 9 月	郑尊法、胡荣铨编纂，郑贞文校订	近世无机化学	商务印书馆	1926 年 4 月 15 日郑贞文序
1926 年 11 月，1931 年 4 月再版	大町文卫著，刘文艺译，郑贞文校	最近自然科学概观	商务印书馆	1926 年国庆日郑贞文序
1927 年	郑贞文等	综合英汉大辞典	商务印书馆	
1927 年 10 月	高田德佐著，张资模译述，郑贞文、郑尊法校订	化学精义	商务印书馆	1930 年 11 月再版，1933 年 3 月国难后初版，1933 年 10 月国难后第 2 版
1928 年	郑贞文	化学小史	《学艺》	第 9 卷第 3 期
1929 年，1930 年第 3 版	郑贞文	新时代高中教科书·化学	商务印书馆	
1930 年	郑贞文	中国化学史的一瞥	《中学生》	第 6 期
1931 年	郑贞文	化学之起源	《民立学生》	第 1 期
1931 年	郑贞文	中国炼丹术史的研究	《中华学艺社报》	第 2 卷第 1 期
1931 年	郑贞文	请由总分社创办自然科学公共实验所以普及科学教育案	《中华学艺社报》	第 2 卷第 1 期

续表

初版、再版 年份及版次	著（译）者	书名（文章名）	出版商 或刊名	备注
1931 年	周昌寿、郑贞文、马宗荣、范寿康	请本社设法筹设留日高等预备学校案	《中华学艺社报》	第 2 卷第 1 期
1931 年	郑贞文	读天工开物有感	《中国新书月报》	第 1 卷第 2 期
1931 年	郑贞文、范寿康、周昌寿、马宗荣等	请本社发起影印四库全书发扬我国固有文化案	《中华学艺社报》	第 2 卷第 1 期
1933 年	郑贞文	化学命名法草案初稿	《学艺》	学艺百号纪念增刊
1934 年	郑贞文	复兴高级中学教科书·化学	商务印书馆	
1939 年	片山正夫著，郑贞文、张定钊、陈之霖译	化学本论	商务印书馆	含"译者附言"（张定钊记于民国二十六年三月），记述本书翻译经过

从表 7-1 可以看出，在《现代初中教科书·化学》初版之前，郑贞文发表的论著涉及面很广，如关注科学前沿，及时译介科学新动态，在《学艺》上发表《周期律说》《原物（附图）》《电子》等文章，编译《最近物理学概观》一书；对中文化学命名颇为关注并提出命名方案，如发表《化学定名说略》《无机化学命名规约》《有机化学命名之讨论》等文章，出版《无机化学命名草案》等专著；对"壬戌学制"的拟订过程很清楚，参与了数次会议；对理化教授方法提出建设性意见，主张发现的教授法；对科学教育具有独到见解，主张从语言文字入手进行改革；对科学的局限性有所注意，如发表《最近自然观之批

判》一文；对中国学术界、科学界的状况有清醒的认识，如在《学术界的新要求》中有所论述。

第三节 郑贞文《现代初中教科书·化学》评析

一、"现代初中教科书" 系列

1922 年 11 月 "壬戌学制" 公布之后，新学制课程标准起草委员会于 1923 年 6 月颁布了《新学制课程标准纲要》，对中小学的课程设置作出规定。其中，初级中学课程分为社会科（公民、历史、地理）、言文科（国语、外国语）、算学科、自然科、艺术科（图画、手工、音乐）、体育科（生理、卫生、体育）等六门学科。自然科包括动植物、矿物、理化学、天文、气象、地质等，采用混合法教授。混合法教授对教师要求较高，不少学校根据实际情况，仍然采用分科法教授。

为了兼顾混合法教授和分科法教授的需求，商务印书馆分别推出了 "新学制初级中学教科书" 和 "现代初中教科书" 两个系列。这两个系列的各科教科书都是从 1923 年开始陆续出版。如段育华编《新学制混合算学教科书》（共 6 册）与郑贞文、高铦、周昌寿合编的《新学制初级中学教科书实用自然科学》属于前一个系列，适用于混合法教授的中学；周昌寿《现代初中教科书·物理学》与郑贞文《现代初中教科书·化学》（图 7 - 2）属于后一个系列，适用于分科法教授的中学。"现代初中教科书" 系列除《现代初中教科书·物理学》《现代初中教科书·化学》外，还有《现代初中教科书·国文》《现代初中教科书·世界史》《现代初中教科书·本国地理》《现代初中教科书·世界地理》《现代初中教科书·矿物学》《现代初中教科书·动物学》《现代初中教科书·植物学》《现代初中教科书·生理卫生学》《现代初中教科书·算术》《现代初中教科书·代数学》《现代初中教科书·几何》《现代初中教科书·三角术》《现代初中教科书·英语》《现代初中教科书·注音英语》《现代初中教科书·英文法》《现代初中教科书·水彩画》。该系列教科书虽然分科细致，但仍遵循新学制的一些精神，如注重各学科在整体上的相互关联和激发学生的学习兴趣，关注生活常识，重视实践、实用等。

郑贞文《现代初中教科书·化学》自初版以来，不断再版，颇为流行，其出版情况为：1923 年 7 月初版，1925 年 11 月第 40 版，1928 年 9 月第 75 版，1932 年 5 月国难后第 1 版，1932 年 6 月国难后第 15 版，1932 年 10 月国难后第 40 版。以 1925 年第 40 版的《现代初中教科书·化学》为例，此书总发行所、印刷所皆为上海商务印书馆，分售处为北京、天津、保定、奉天、吉林、龙江、济南、太原、开封、郑州、西安、南京、杭州、兰溪、安庆、芜湖、南昌、汉口、长沙、常德、衡州、成都、重庆、泸县、福州、广州、潮州、香港、梧州、云南、贵阳、张家口及新嘉坡各地的商务印书馆分馆。销售范围遍及全国，甚至海外，影响广泛。

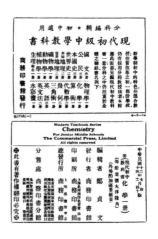

图 7-2　郑贞文编撰的《现代初中教科书·化学》

二、 成书溯源

王季烈在编写《共和国教科书·化学》时特别注重从学生的角度出发，其章节的编排顺序亦经过深思熟虑。朱昊飞对该书颇为赞赏："王季烈之书，足为旧制中学用书之代表。"[①] 王季烈在编书时，深感自主编书有三难：开篇入手难、材料排序难、中文表述难。10 年后，从东北帝国大学学成归国、在商务印书馆编译所任理化部主任的郑贞文，因商务印书馆策划"现代初中教科书"系列的需要，必须编写初中化学用书。

对郑贞文来说，王季烈提出的"三难"中的第三难已经减轻不少。此前，郑贞文对化学名词素有研究，当时成果已经或即将问世，如《现代初中教科书·化学》编辑大意第七条所言："本书所用名词概取有系统的学名，无机有机名词，概准著作所拟之无机化学命名草案（已出版），和有机化学命名草案（印刷中）。"[②] 因此，较王季烈而言，郑贞文拥有更好的思想表达工具来传播西方化学知识。

前两难对于写书的作者而言，大体都存在。与王季烈不同的是，郑贞文所处的时期正值学界热烈讨论学制改革之际，后来促成了"壬戌学制"的诞生。郑贞文对"壬戌学制"的拟订过程及其精神相当了解，他曾作为福建省教育会代表出席全国教育会联合会第四次（1918年 10 月，上海）、第五次（1919 年 10 月，太原）、第六次（1920 年10 月，上海）、第七次（1921 年 10 月，广州）会议，并发表了《学制系统案会议之经过及进行之讨论》（1921）一文。"壬戌学制"规定，中学修业年限为 6 年，分为初级和高级，初级 3 年，高级 3 年。但依设科性质，须定为初级 4 年，高级 2 年，或初级 2 年，高级 4 年。初级中学须单独设置。初级中学施行普通教育，但须视地方需要，兼设各种职业科。中等教育应用选科制。

---

①朱昊飞：《批评中等化学教科书之重要结论》，《新教育评论》1927 年第 12 期。
②郑贞文：《现代初中教科书·化学》，商务印书馆，1925，40 版，编辑大意第 2 页。

1923 年《新学制课程标准纲要》规定，初级中学授课以学分计。每半年每周上课 1 小时为 1 学分。自然科是必修科目，学分是 16 分。《初级中学自然课程纲要》规定，自然科采用混合法教授，分四段进行。第一段以生物为主，其他各科为辅。第二段以物理为主，其他各科为辅。第三段以化学为主，其他各科为辅。第四段以理化为主，其他各科为辅。主辅分量比例为 3∶1～2∶1。《初级中学自然课程纲要》没有具体规定各自然科目的时间分配，只建议主辅科目的大致讲授比例。

"壬戌学制"时期，初中一年级学生的年龄大约是 12 岁。王季烈编《共和国教科书·化学》时实行"壬子·癸丑学制"，中学的修业年限为 4 年，化学在第四学年讲授，学生的年龄大概是 16 岁。郑贞文《现代初中教科书·化学》虽然是为分科讲授的初中学校而编，但根据上述各项规定，无论各校情况实际差异如何，他面对的初中生的年龄都较王季烈时期小。因此，郑贞文不得不更加注重从学生的角度出发。此外，体现儿童本位的教育观念，顾及儿童的经验、兴趣、能力和需要，也是新学制的一大特色①。

总而言之，郑贞文对于新学制之精神实质、商务印书馆"现代初中教科书"系列定位的对象群、《现代初中教科书·化学》面对的读者群等，都有充分的认识。他在《现代初中教科书·化学》编辑大意第一条中明确宣称："本书鉴于学生的年龄和教授的时数，选择教材和配列次序，特加严密的注意。务使学生能得正确的化学观念，避却繁重的演算，和复杂的方程式，以免学生难解以及强记的痛苦。"② 这表明，他在编书时注重从学生的角度考虑。那么，郑贞文如何严密注意"选择教材和配列次序"呢？又参考了哪些书籍？

首先，从国内中学化学教科书的出版情况来看。作为商务印书馆

---

① 王伦信、樊冬梅、陈洪杰、解亚：《中国近代中小学科学教育史》，科学普及出版社，2007，第 113 页。

② 郑贞文：《现代初中教科书·化学》，编辑大意第 1 页。

编译所理化部主任，郑贞文对于国内已出版的中学化学教科书应当有不错的了解。王季烈在编写《共和国教科书·化学》时特别注重从学生的角度出发，其章节的编排顺序亦经过深思熟虑。朱昊飞在 1926 年评论此书时颇为赞赏："王季烈之书，足为旧制中学用书之代表。"郑贞文曾校订王季烈的《共和国教科书·化学》，对此书的编排顺序及内容十分熟悉，因此他应该会参考该书。除王季烈《共和国教科书·化学》外，郑贞文对由龟高德平著、虞和钦翻译的《中学化学教科书》（1906）应当也有参考。虞和钦的《中学化学教科书》是 1908 年学部颁布的《审定中学暂用书目表》中唯一通过学部审定的中学化学教科用书，是"癸卯学制"时期中学化学教科书的优秀代表，郑贞文对此书想必并不陌生。

况且，郑贞文跟留学日本东京帝国大学的虞和钦也有私交。二人同为留学日本的中国学生，对中文化学名词志趣相投，郑贞文很可能读过虞和钦的译著《中学化学教科书》。郑贞文所著《无机化学命名草案》（1920）的序言之一，就是虞和钦所作。虞和钦称："余同学郑君心南，实有志化学名语者也。己未秋（笔者注：1919 年），因事过晋。执其所著命名草示余曰，既竭吾力矣，顾尚有未称者乎？因为余殷勤反复，道其旨者竟日。"[1] 这里的"因事过晋"，即虞和钦以时任山西省教育厅厅长的身份出席在太原召开的全国教育会联合会第五届年会之开幕式与闭幕式。郑贞文作为福建省教育会代表也参加了这次会议。

其次，从日本中学化学教科书的出版情况来看。郑贞文在日本东北帝国大学留学时，其老师片山正夫教授称他是一位不可多得的人才。片山正夫是龟高德平的同门学弟，他们都是日本著名化学家、理论化学和物理化学之鼻祖樱井锭二的学生。龟高德平是日本知名的中学化学教科书著作者，1897 年毕业于东京帝国大学化学专业，曾任仙台第二高等学校、东京高等师范学校等学校的教授，留学瑞士、德国、英

---

①郑贞文：《无机化学命名草案》，商务印书馆，1920，序。

国时从事有机化学研究，亦十分关心科学知识的普及。前述他的化学教科书多数被译成中文，其《普通教育化学教科书》的中文译本尤多。该书在编排顺序方面非常考究："自生徒日常亲炙之物质，而用及于未知之物质"，"先述空气、水及此等之组成成分，次述盐类，又必先以食盐为其标本，后及于他盐类"。关于金属部分的讲述顺序，则与其他书大有不同："至金属之部，则以生徒最易知之重金属为始，最后述碱金属。"[1] 郑贞文及时跟进日本教育界的新动态，龟高德平《普通教育化学教科书》在日本颇有口碑，应该也是郑贞文编书时合适的参考对象。

朱昊飞，字谨良，亦称朱景梁，浙江乐清磐石镇南门人，1917年于北京师范大学堂毕业，任教直隶第一女子师范学校（天津女子师范学校）；1922年到德国留学，在柏林大学钻研化学4年，获化工博士学位；回国后，历任北京大学、中山大学、武汉大学、浙江大学等大学理化教授；1933年任世界书局编辑。朱昊飞编著有物理、化学专著和中等学校教科书多种，另著有理化小丛书30种，可惜未出版。1934年，朱昊飞卒于杭州寓舍。

朱昊飞于1926—1927年对国内诸多有代表性的中学化学教科书，如王季烈《共和国教科书·化学》、王兼善《民国新教科书·化学》、郑贞文《现代初中教科书·化学》等进行了考察，发表了颇有见地的评论，尤其重视从学童认知和心理特点来编写教科书。他编写的《中等化学教科书》出版于1920年，这个时间虽然较上述评论的发表时间远远为早，且也早于"壬戌学制"之颁布，但当时正值国内讨论学制改革的时机，因此朱昊飞也颇能注意从学生的角度考虑。朱昊飞直言不讳地在其书编辑大意中述及从王季烈《共和国教科书·化学》和龟高德平的化学教科书中受益良多："本书之编辑，参考书籍颇多，而以商务印书馆出版王君季烈著之共和国化学教科书，及日本理学博士龟

---

[1] 龟高德平：《中学化学教科书》，虞和钦译，文明书局，1910，4版，绪言第1页。

高德平著之化学教科书，尤有裨助，不敢掠美，特此致谢。"①

比对朱昊飞《中等化学教科书》、王季烈《共和国教科书·化学》、龟高德平《普通教育化学教科书》的虞和钦译本《中学化学教科书》可以发现，朱昊飞《中等化学教科书》的目录编排在非金属部分大体以王季烈《共和国教科书·化学》为依据，金属部分则大致参考龟高德平的《普通教育化学教科书》，正如其编辑大意所言，"本书之编辑"，以此二书"尤有裨助"。朱昊飞《中等化学教科书》在具体章节的内容叙述上，亦参考王季烈《共和国教科书·化学》较多。

王季烈《共和国教科书·化学》与龟高德平《普通教育化学教科书》都是从学生的角度着眼编写的优秀化学教科书代表。不仅朱昊飞《中等化学教科书》参考以上两本书，经考证，郑贞文的《现代初中教科书·化学》在编目顺序上，也综合考虑了以上两本书的编排顺序，与朱昊飞《中等化学教科书》的目录顺序比较接近，即在非金属篇，依次讨论空气、水、碳、卤素、氧硫、氮磷、硅硼；在金属篇，依次讨论铜和贵金属、铁镍锰铬、镁锌鉨、锡铅、铝、碱土金属、碱金属。虞和钦、王季烈、朱昊飞、郑贞文编译的中学化学教科书的目录对比及异同详见表 7-2。

①朱昊飞：《中等化学教科书》，中华书局，1921，2 版，编辑大意第 2 页。

表 7－2　虞和钦、王季烈、朱昊飞、郑贞文编译的中学化学教科书目录对照表

虞和钦《中学化学教科书》（1910）	王季烈《共和国教科书·化学》（1925 年 1 月改订第 23 版）	朱昊飞《中等化学教科书》（1921）	郑贞文《现代初中教科书·化学》（1925）
绪论	上篇　化学通论及非金属	第一编　非金属	绪论
第一编　化学本论及非金属	第一章　化学变化及燃烧	第一章　空气及其成分	物质　物质的变化　物理学和化学　化学的目的
第一章　空气	第一节　化学变化	第一节　空气	**第一篇　非金属**
第二章　养气、养化及燃烧	第二节　质量不灭之定律	第二节　淡气　养气　空气为混合物	第一章　空气　养气　淡气
第三章　淡气　附氩气	第二章　空气　养气　淡气	第二章　水及其成分	第一节　空气
第四章　水及轻气	第三章　水　轻气　定数比例之定律	第一节　水　水之分解	空气的存在　空气的性状　燃烧的观察　化学史上一个有名的实验　空气与分解　空气的组成　空气的成分
第五章　质量不变定律及定数比例之定律	第一节　水	第二节　轻气　水之组成	第二节　养气
第六章　化合物、单体及原质	第二节　定数比例之定律	第三章　无水炭酸　养化炭　质量不变定律	第三节　淡气
第七章　无水炭酸、养化炭及倍数比例之定律	第四章　二氧化碳　一氧化碳　倍数比例之定律	第四章　定数比例之定律　倍数比例之定律　气体反应之定律	第二章　水　轻气　元素
第八章　绿化轻及绿气	第一节　二氧化碳　一氧化碳	第五章　化合物单体原质	第一节　水
第九章　阿摩尼亚及绿化阿摩尼亚	第二节　倍数比例之定律　气体反应之定律	第六章　分子及原子	第二节　轻气
第十章　气体反应之定律及体之通性	第五章　单体　元素	第一节　分子说及原子说	第三节　化合物　单质及元素
第十一章　分子量及原子量	第六章　分子及原子之假说	第二节　分子量及原子量	
第十二章　化学记号		第七章　化学记号	

续表

虞和钦《中学化学教科书》（1910）	王季烈《共和国教科书·化学》（1925 年 1 月改订第 23 版）	朱昊飞《中等化学教科书》（1921）	郑贞文《现代初中教科书·化学》（1925）
第十三章　原子说、分子说	第七章　分子量　原子量　化学记号及方程式　原子价　当量	第一节　原质记号　分子式　化学方程式	混合物和化合物　成分和单质　元素　素的种类　金属和非金属
第十四章　原子价、当量、构造法		第二节　原子价	
第十五章　造盐原质及造盐原质化合物	第八章　成盐原质元素及其化合物	第八章　绿溴碘弗及其化合物	第三章　碳及其化合物
第十六章　养气、硫黄及此等之化合物	第一节　氯　氯化氢	第九章　养气　臭养　过养化轻	第一节　碳
第十七章　淡气、燐、砷、铁及此等之化合物	第二节　溴碘氟及其化合物	第一节　臭养	第二节　二氧化碳
第十八章　炭、矽、硼及此等之化合物	第九章　氧族元素及其化合物　硫	第二节　硫黄　硫化轻	第三节　一氧化碳
第十九章　溶液	第一节　硫黄　硫化氢　硫化碳	第三节　化炭　硫黄之养化物	第四节　焰
第二十章　电解及电离	第二节　硫之氧化物	第十章　淡磷砒锑铋及其化合物	第四章　造盐素及其化合物
第二编　金属	第十章　氮族元素及其化合物	第十一章　炭矽及其化合物	第一节　食盐
第一章　金属与非金属之别及合金	第一节　碘精及其化合物	第十二章　硼及其化合物	第二节　绿气
第二章　铜、银、金、铂（白	第二节　磷及其化合物	**第二编　金属**	第三节　氯化氢　盐酸
	第三节　砷锑铋及其化合物	第一章　金属与非金属　合金	第四节　酸　碱　盐
	第十一章　碳族元素及其化合物	第二章　金白金及其化合物	第五章　造盐素　定律　假说　化学记号
	第一节　碳及其化合物	第三章　铜银及其化合物	第一节　重量不变　定比倍
	第二节　火焰	第五章　镁锌汞及其化合物	

续表

续表

虞和钦《中学化学教科书》（1910）	王季烈《共和国教科书·化学》（1925年1月改订第23版）	朱昊飞《中等化学教科书》（1921）	郑贞文《现代初中教科书·化学》（1925）
第三章　有机酸及其矫基盐	第二节　锰铬及其化合物	第二章　炭化轻	**第二篇　金属**
第四章　啃化合物及尿质	第七章　锡族元素及其化合物	第一节　沼气族之炭化轻	第一章　金属的性质
第五章　炭水化合物	第八章　铜族元素及其化合物	第二节　爱菌各类及爱菌贪	第二章　铜和贵金属
第六章　轮化质及其诱导体	第九章　贵金属元素	各类之炭化轻	第一节　铜
第七章　四养易十四炭轮化质及	第十章　放射性元素	第三章　酒精类	第二节　银
靛青	第十一章　元素之周期律	第一节　木精　酒精　夫赛	第三节　金
第八章　植物碱类	**下篇　有机化合物**	尔油	第四节　白金
第九章　松油精类及樟脑	第一章　饱和碳化氢	第二节　洋蜜	第三章　铁
第十章　蛋白质及滋养质	第二章　不饱和碳化氢	第四章　以脱类	第一节　铁
第十一章　发酵及腐败	第三章　醇	第五章　有机酸　有机盐	第二节　镍
第十二章　物质之循环	第四章　碳化轻之多价化合物	第一节　醋酸及蚁酸附醛	第三节　锰
	第五章　醛　醚　酮　醛	第二节　有机盐	第四节　铬
	第六章　有机酸	第三节　高级之脂肪酸	第四章　镁
	第一节　醋酸及蚁酸	第四节　多价之有机酸	第一节　镁
	第二节　高级之脂肪酸	第六章　炭水化物	第二节　锌
	第三节　多价之酸	第七章　衰化质　尿质	第三节　铼
	第七章　碳水化物	第八章　煤胶之蒸馏　六炭环	第五章　锡
	第八章　靛化物　尿质　碱属	及其诱导体　二重六	第一节　锡

续表

虞和钦《中学化学教科书》(1910)	王季烈《共和国教科书·化学》(1925 年 1 月改订第 23 版)	朱冔飞《中等化学教科书》(1921)	郑贞文《现代初中教科书·化学》(1925)
	第九章 烯及其诱导体 第十章 骈烯馢编及其诱导体 第十一章 香精类之化合物 第十二章 植物盐基 第十三章 蛋白质	炭环三重六炭环及其诱导体 第九章 松香油类 第十章 植物盐基 第十一章 蛋白质	第二节 铅 第六章 铝 第七章 碱土金属 第一节 钙 第二节 钡 第八章 碱金属 第一节 钾 第二节 钠 第三节 锂 第九章 元素的周期律 **第三篇 有机化合物** 第一章 碳化氢 第一节 沼气 成油气 电石气 第二节 石油 第三节 煤气 第二章 木材干馏 第一节 木醇 蚁醛液 蚁酸

续表

虞和钦《中学化学教科书》（1910）	王季烈《共和国教科书·化学》（1925 年 1 月改订第 23 版）	朱昊飞《中等化学教科书》（1921）	郑贞文《现代初中教科书·化学》（1925）
			第二节 醋酸
			第三章 醇 醚 醌醇
			第一节 酒 酒醇
			第二节 醚 醌醇
			第四章 实验式 示性式 命名法
			第一节 实验式 示性式
			第二节 命名法
			第五章 脂肪 甘油
			第一节 甘油
			第二节 脂肪 石碱
			第六章 植物酸类
			第七章 碳水化物
			第一节 糖类 淀粉
			第二节 淀粉 糊精
			第三节 纤维
			第八章 煤焦油的生成物及其诱导体

续表

虞和钦《中学化学教科书》（1910）	王季烈《共和国教科书·化学》（1925 年 1 月改订第 23 版）	朱昊飞《中等化学教科书》（1921）	郑贞文《现代初中教科书·化学》（1925）
			第一节　安息油及其诱导体 第二节　焦油脑绿油脑及其诱导体 第九章　植物碱类 第十章　精油　松脂油　弹性树胶　樟脑　漆 第十一章　蛋白质 第十二章　食物 第十三章　肥料　物质的循环

从表 7-2 来看，郑贞文《现代初中教科书·化学》的目录关于元素知识的介绍比王季烈《共和国教科书·化学》略有删减，如砷、锑、铋、钴、锶等元素被删除。王季烈《共和国教科书·化学》是为"壬子·癸丑学制"四年制中学而编，教材分量相对较重，介绍元素种类较多。"壬戌学制"有初中、高中之分，郑贞文《现代初中教科书·化学》是初中化学用书，因此删减部分元素知识是合理的。

三、　特点评析

王季烈《共和国教科书·化学》和郑贞文《现代初中教科书·化学》都是从学生的角度编写的教科书。在前者，这种考虑主要表现在对章节目录的用心排序上。在后者，这种考虑体现在更多方面。除上节已论述的在"配列次序"上综合王季烈《共和国教科书·化学》和龟高德平《普通教育化学教科书》两本书的目录外，郑贞文在教学方法、注重日常生活知识、插图、习题、化学史等诸多方面都尽可能地激起学生的兴趣。《现代初中教科书·化学》虽然是为采用分科法教授的初中学校而编，但仍颇有新学制之气息，较"壬子·癸丑学制"时期的王季烈《共和国教科书·化学》有很大的不同。

（1）强调使用发现的教授法来讲解知识，并注重引导学生掌握研究科学的方法。这在编辑大意第二条中清楚地给出了说明："本书编辑以采用发见的教授法为主，每述一事理，必先由观察自然现象入手，然后征诸实验，由其结果推出论断。更将应用实例，列举一二于后，使学生于明瞭本书所叙述的事理之外，并得知研究自然科学的方法。"①

郑贞文对欧美、日本诸国的理化教授法非常关注，对讲演式教授法、教科书式教授法、复习式教授法、探究式教授法 4 种主要教授法

①郑贞文：《现代初中教科书·化学》，商务印书馆，1925，40 版，编辑大意第 1 页。

的利弊均有认识。他在《中等学校理化教授的改进》（1922）一文中指出，前两种方法的长处"在能够授学生以较有系统的知识；然学生全处于受动的地位"。后两种方法"纯以学生自动为主，而教师居辅导的地位；故所得的知识较见切实"①。

探究式教授法是"用科学的方法，使学生自行观察、推理、说明、论证，以解决种种问题，故多用课题和问答的形式。亚门司徒龙所提出的'发见的教授法'是'探究式教授法'的一种：因为注重学生实验，所以又称为'实验室教授法'（Laberatory method）。此法是使学生以科学研究者的态度，用科学的方法，由实验以发见事理。所谓发现，当然不是严格意义的发现；不过循前人发见事理的途径，由自己观察实证以达到同一的结果而已"②。

> "发见的教授法"不注入学生以科学的事实，是使学生理
> 解科学的方法；与其说授学生以科学的知识，不如说给学生
> 以科学的训练。故他的长处在能养成学生科学的习惯。但所
> 得的知识，不免多属于断片的，而乏系统。即"复习式教授
> 法"，亦易犯这个弊病。我想各种教授法，俱不宜偏用，似当
> 以学生实验为中心，而副以教师的讲授。重要的事理，容易
> 由简单的实验而证明的，可使学生自行发见，以发挥其天赋
> 的能力，并养成独立的精神；更由教师于讲义室内，就其所
> 习，扩充之，整理之，使得有系统有组织的知识，而后理化
> 教授的任务才能完成③。

不难看出，发现的教授法的特征正是以学生为主体，通过学生的亲身实验，教师的辅助引导，学生像科学研究者那样做出科学发现，并由此领会科学的方法。

---

① 郑贞文：《中等学校理化教授的改进》，《教育杂志》1922 年第 6 期。
② 同①。
③ 同①。

（2）有意识地使用插图和肖像，以激发学生的学习兴趣。如今，插图已成为教科书中必不可少的组成部分，其教学价值已毋庸置疑。然而，在中国中学化学教科书建设的初始阶段，教科书的编写者对其并不是很重视。虽然没有插图的中学化学教科书是极少的，但在清末时期，明确指出插图之功能的教科书罕见。据考察，曾贞在《中等化学教科书》（1907）中明确指出了插图的重要性："编中插图百六十余面，图解详明，学者按图试验，趣味甚长，新理无穷，最足发起化学思想。"①

"壬子·癸丑学制"时期，对插图重视的教科书仍不多，不过科学家肖像画作为插图的一种类型开始出现在少数中学化学教科书中。如虞和钦《新制化学教本》（1917）的编辑大意中提到："书中插图，于品物及装置外，又列入化学名家肖像若干，增进学生化学上历史的兴味，且一展卷而瞻对及之，可由向往之心，引起其好学之念。"② 该书插图共计 131 幅，其中有卡文迪许、普利斯特里、莱姆塞、拉瓦锡、道尔顿、莫瓦桑、戴维、本生、门捷列夫、李比希、维勒等科学家的11 幅肖像画。这些肖像画虽然完全从龟高德平原著移植而来，但虞和钦没有删除它们。朱昊飞在 1926 年评论中国的中等化学教科书时，曾大力痛斥国内有些译本把原著的插图全部删除的做法："此书③商务印书馆有其翻译本，与原书比较，相差甚远。译笔为外国文构造所拘束，佶倔聱牙，不可卒读。且译本中，将原书内所有之插图，一律删去，遂令全书只剩得骨骼，毫无生趣。不知插图一节，若得其当，则效力极大，固未可以随便删削也。"④

---

①曾贞：《中等化学教科书》上卷，中国公学/中国留学生会馆，1907，例言第 1 页。

②虞和钦、华襄治：《新制化学教本》，中华书局，1917，编辑大意第 1-2 页。

③指 Mcpherson 和 Handerson 合著之《基础化学学习》一书。

④朱昊飞：《中等化学教科书之批评（书评）（续）》，《新教育评论》1927 年第11 期。

朱昊飞精辟地道出插图的重要性："中学校教科书内之插图，不是随便填塞之物，其影响教育效力极大。故编辑中等教科书时，其搜罗图片之费时与力，有时竟十倍于本文之著述也。国内现行之教科书，对于插图一层，鲜有能注意之者。殊不知，此事与其他教材有同等之效率，有时若选择得当，其增大本科教授上之价值，实有不可思议者。"① 在朱昊飞的《中等化学教科书》（1920）正文中，收入了普利斯特里、拉瓦锡、卡文迪许、阿伦里乌斯、门捷列夫、居里夫人、维勒、帕金（William Henry Perkin，1838—1907）8 位化学家的肖像画，但他尚未在编辑大意中特别指出插图及肖像画的重要性。

该时期的畅销书王季烈《共和国教科书·化学》和王兼善《民国新教科书·化学》中没有科学家的肖像画，其编辑大意中也没有指出插图的重要性。前者插图 80 幅，后者插图 63 幅，较朱昊飞《中等化学教科书》中插图总数 112 幅（把肖像画计算在内）要少得多，也比虞和钦《中等化学教科书》（1910）中的插图（共计 90 幅）要少。

进入"壬戌学制"时期，插图及肖像画为越来越多的教科书作者所强调。如郑贞文《现代初中教科书·化学》编辑大意第五条指出插图的功能并不仅仅在于美学享受，更多的是为了吸引学生的兴趣："本书选用精美的插图，多至百余种，又插有三色版一张，表示化学上色的反应，以为实物教授的辅助，并引起学生研究化学的乐趣，非徒为观美而已。"② 第六条特别强调了肖像画的重要性："本书引用各专家人名，皆将其肖像插入，并附小传，使读者得仰见其丰采和其为人，对于所有事项，当可得更深一层的印象。"③ 郑贞文《现代初中教科书·化学》中插图共计 111 幅，其中包括拉瓦锡、普利斯特里、莫瓦桑、道尔顿、阿伏伽德罗、范霍夫、阿伦尼乌斯、尼古拉斯·勒布朗

---

①朱昊飞：《中等化学教科书之批评（书评）（续）》，《教育新评论》1927 年第 10 期。
②郑贞文：《现代初中教科书·化学》。
③同②，编辑大意第 2 页。

（Nicolas Leblanc，1742—1806）、门捷列夫 9 位科学家的肖像画。29号教科书阎玉振、王鹤清合编的《高级中学化学教科书》（1931）也借鉴了郑贞文的这一做法，其编辑大意第六条指出："本书插有化学家肖像，并附小传，使学者仰见其风采，想见其为人，藉对于化学家所发明之事实，得有更深之印象。"①

同时期的其他中学教科书也大多认识到插图的重要性。如 31 号教科书王鹤清《初级中学化学教科书》（1932）编辑大意第五条指出："本书插图百余幅，为实物教学之补助。"② 28 号教科书徐镜江《初级中学混合理化教科书》编辑大意第五条同样强调插图帮助理解实物的功能："本书上下二册，选用插图二百余种，以为实物教学之补助。"③

（3）编写的习题特别贴近日常生活，极有趣味。郑贞文在编辑大意第六条中指出："本书多取有趣味而易解答的事项，尤以和日常生活有关系的事项，以为问题，以养成科学的常识。"④ 习题是教科书的重要组成部分，是用来检测学生学习效果的重要手段之一。我国中学化学教科书中最早设有习题的可能是中西译社 1903 年编译的《最新中学化学教科书》。此书底本取自 19 世纪末美国著名教育家史砥尔博士的《大众化学》。原著中的问题特别丰富，有两种类型：一种类型是章节正文后的 Practical questions（习题），用于检测学生的知识掌握情况；另一种类型是附录后的 Questions for class use（供课堂使用的问题），主要供上课时教师提问使用。原著中的 Suggestions to teachers 被中译本翻译为"教授要言"，对第二类问题的使用方式提出了建议："是书论化学各事，俱分段落，如论原质，则来原取法性情功用诸节，依次

---

①阎玉振、王鹤清：《高级中学化学教科书》，文化学社，1931，4 版，编辑大意第1-2 页。

②王鹤清：《初级中学化学教科书》，文化学社，1932，3 版，编辑大意第 1 页。

③徐镜江：《初级中学混合理化教科书》（上册），文化学社，1931，5 版，编辑大意第 1 页。

④郑贞文：《现代初中教科书·化学》，编辑大意第 2 页。

不紊，以便背诵之时，教习可以循序发问……当全班学生背诵时，可令数人答教师之问，又令数人同时于黑板上，写某事某物之性理，写毕，又令通班学生，评其所述之是非，文章之优劣，字画之正讹。一班内生徒之数甚多者可用此法。"① 可见，不只中国，美国中学生在学习化学时也少不了死记硬背。对于第一类问题，即习题，编译者并没有特别强调其重要性。对习题的重视度不够，在清末中学化学教科书中司空见惯。此时期绝大部分教科书中根本没有习题。

"壬子·癸丑学制"时期，对习题的重视仍然不够，但较清末较为好转。王季烈《共和国教科书·化学》和王兼善《民国新教科书·化学》中都没有习题，但王兼善《民国新教科书·化学》每章结尾都提醒教师自己出习题："注. 本章既终，教师当设为问题，使诸生对答，以资练习。"少数中学教科书在编辑大意中明确提到习题。如 19 号教科书虞和钦《新制化学教本》（1917）称："应用问题及计算问题，本听教师自行选择。今于各章之末，将正文所省略之事项及有兴味者，设题若干，以备教师采用。"② 这一说明译自龟高德平的原著，19 号教科书中的习题也译自原著。20 号教科书银凤阁《新体化学教科书》（1919）称："凡难解之定律，及必要之课，皆设问题，以便解释，且明确其概念。"③

"壬戌学制"时期，大多数中学教科书都设有习题，并在编辑大意中做特别声明。如 22 号教科书阎玉振《中学校教科书·化学》（1923）称："重要习题百余问，分插书中，使学生有课外练习之标准。"④ 28 号教科书称："本书每章附有问题，以便学者随时练习。"⑤ 除强调习

---

① 中西译社：《最新中学化学教科书》，商务印书馆，1906，6 版，教授要言第 1 页。
② 虞和钦、华襄治：《新制化学教本》，编辑大意第 1 页。
③ 银凤阁：《新体化学教科书》，新华书局，1919，编辑大意第 2 页。
④ 阎玉振：《中学校教科书·化学》，求知学社，1923，编辑大意。
⑤ 徐镜江：《初级中学混合理化教科书》（上册），编辑大意第 1 页。

题的练习功能外，该时期的习题在取材上还注重实用性并引起学生兴趣，均与新学制的精神契合。如 29 号教科书称："本书每章之末，附以纲要及习题，以便记忆，且资练习；且习题取材，注重应用，使学者乐于从事。"① 31 号教科书称："每章附有问题，以便随时练习。书末另附总习题，以收融会贯通之效。且习题取材，注重实用，使学者乐于运算。"② 27 号教科书郑贞文和郑尊法合编的《新撰初级中学教科书·化学》（1928）称："本书练习问题，除少数必不可少之演算外，注重于理解方面，期以鼓舞学者之兴味，而养成活用科学之习惯。"③

下面列举《现代初中教科书·化学》中若干习题，以管窥其趣味性及与生活相关之特色。

p.3　问题 2. 摇铃发声；擦火柴发火；酿米作酒；磨玻璃作镜，那一件是物理学变化？那一件是化学变化？

p.21　问题 1. 夏天饮冷水每易生病何故？

p.32　问题　墨写的字何以历久不变？

p.38　问题 1. 北方各省，冬天往往有人睡死房中，是何缘故？

p.72—73　问题 2. 戴银边眼镜入含硫的温泉洗浴时，镜边忽然变黑；脸擦铅粉的人亦然，是什么缘故？试用方程式表示这个变化。

p.88　问题 1. 我国农夫耕田，常用牛骨灰为肥料，是取其中何种成分？

p.100　问题 1. 旧称氧为酸素，报纸上讥人吃醋，常用"酸素作用"的一句话，这句话有无误谬？应当如何更正方可？

---

① 阎玉振、王鹤清：《高级中学化学教科书》，编辑大意第 2 页。
② 王鹤清：《初级中学化学教科书》，编辑大意第 1—2 页。
③ 郑贞文、郑尊法：《新撰初级中学教科书·化学》，商务印书馆，1928，27 版，第 1—2 页。

p.130　问题 1. 试就白色颜料比较锌白和铅白的优劣。

问题 2. 欲验化妆用白粉里面有无铅质，常用何法？

p.135　问题 1. 用以下诸金属制造日用器具时，是利用各金属的哪种性质？

（a）铝　（b）锡　（c）锌

p.143　问题　旧时有用灰汁洗衣的，是利用其中那一种成分？

p.149　问题　硫酸铵和智利硝石对肥料的价值，由含氮的分量而定，试比较此两种物质的肥料价值。

p.154　问题 2. 前年唐山炭坑忽然爆发，死伤数百工人，试推测其故；事前有无预防方法？

p.197　问题　花何以有香气？

（4）极富本国色彩。中国早期的中学化学教科书多译自国外，外文书自然述及本国物产、工业等知识为多。中译本相应地也带着外国特色。使用这类教科书，对于中国的中学生来说，显然是不亲切的。随着教科书著者群体水平的提升及国内科学的逐渐起步，在"壬戌学制"时期，教科书编写者已经有意识地在书中编入一些极具中国特色的内容。郑贞文的《现代初中教科书·化学》就是一个典型代表。

譬如，使用许多中国物质俗名，如三仙丹、铅丹、铅白、密陀僧、绿矾、胆矾、明矾等。如"二氯化銾（Mercuric chloride）俗称升銾（Corrosive sublimate）""天然产的辰砂即为一硫化銾（Mercuric sulphide）……我国古来所用的银硃，即是此质"[1] 等表述，在介绍化学知识时，适当引入中国俗名，不仅让学生感到亲切，还能增强民族自信心。

如在第二篇金属部分第一章"金属的性质"中介绍合金时，结合

---

[1] 郑贞文：《现代初中教科书·化学》，第 127 页。

当时我国的情况，列入了我国一圆银币、五角银币、二角银币、一角银币、五分镍币、二分铜币、一分铜币中各金属的成分及含量。这在此前及同时期的其他化学教科书中少见。另外，该书在讲述合金之后，在第二章"铜和贵金属"中就势引入铜、银、金等中国人日常熟知的金属，很容易为学生所接受。相较而言，许多中学化学教科书在介绍金属的性质后，随即讨论碱金属元素。钾、钠是碱金属中的重要元素，由英国化学家戴维借助强大的伏打电堆于 19 世纪初发现，这些新元素对于中学生来说显然比铜、银、金要陌生得多。因此，郑贞文的《现代初中教科书·化学》论述金属的次序更从学生的角度考虑。当然，这一次序是借鉴了龟高德平的《普通教育化学教科书》（1902 年 1月）。

再如，介绍食盐时，郑贞文的《现代初中教科书·化学》结合我国实际情况论述的文字较多。下面列出几本具有代表性的中学化学教科书中述及食盐的情况（表 7-3），以兹比较。

表 7-3 王季烈、虞和钦、王兼善、朱昊飞、郑贞文编译的中学化学教科书中关于食盐的论述

书名	在书中的位置	涉及我国实际情况的相关文字
王季烈《改订近世化学教科书》(1908)	第二篇第五章"钠"，先论"钠"，再论"绿化钠"	—
虞和钦《中学化学教科书》(1910)	第十五章"造盐原质及造盐原质化合物"中，第一节论"造盐原质"，第二节论"造盐原质化轻"，第三节论"食盐"	没有谈及中国产盐情况，甚至有"又于欧洲德国地方，其食盐有为大矿脉者，故取之甚易，名曰岩盐"等描述外国产盐情况的文字没有删除，这些文字来自日文原著

续表

书名	在书中的位置	涉及我国实际情况的相关文字
王季烈《共和国教科书·化学》(1921)	在中篇金属部分第二章"碱金属及其化合物"中，第一节论"钾及其化合物"，第二节论"钠及其化合物"，先谈钠、"轻养化钠"，再谈"绿化钠"	由海水或盐井盐池之水制盐之法，因各处之气候而不同。如直隶奉天山西等处气候干燥，则辟广阔之地为盐场，汲含盐之水，浇于其上，藉风日之力，使水分蒸发，则食盐渐成结晶形而析出。（图58）如此者，名曰晒盐。在南方多雨之区，则不能得晒盐，而将含盐之水煮沸，使其水分蒸发，而得食盐之结晶，名之曰煎盐。煎盐费燃料甚多，故其价比晒盐为昂
王兼善《民国新教科书·化学》(1922)	在第十三章"周期表第一类甲族原质之研究（又名碱金族 Alkali metals）"中，先论述"此族原质之比较"，再依次论述钾和钠。论述钠时，先讲"钠之来源及制法"，再论"钠之紧要化合物"，包括氢氧化钠、氯化钠、硝酸钠、碳酸钠	—
虞和钦《新制化学教本》(1917)	在第十六章"造盐原质造盐原质化轻"中，第一节论"造盐原质"，第二节论"造盐原质化轻"，第三节论"食盐"	没有谈及中国产盐情况，甚至有"又在欧洲德国地方，其食盐有成大矿脉者，名曰岩盐"等描述外国产盐情况的文字没有删除，这些文字来自龟高德平的《普通教育化学教科书》(1912)

续表

书名	在书中的位置	涉及我国实际情况的相关文字
朱昊飞《中等化学教科书》(1921)	在第八章"绿溴碘弗及其化合物"中,第一节论"绿气及其化合物",第二节论"食盐"	内地之井池等水,亦多含之,由海水或盐井盐池之水以制盐,其法因地方之气候不同而各异。如直隶奉天山东(池盐)等处,气候干燥,则辟广阔之地为盐场,汲含盐分之水浇于其上,藉风日之力,使水分蒸发,则食盐渐成结晶形而析出,名曰晒盐。在南方如江浙闽粤四川等多雨之区,则煮含盐之水以得盐,名曰煮盐。其他甘肃山西陕西等处,则产有岩盐 Rock-salt。惟其量不甚多耳。世界产岩盐最著者,首推德意志,曾发见大地层之岩盐,质甚纯粹,为白色正立方形之大结晶体
郑贞文《现代初中教科书·化学》(1925)	在第四章"造盐素及其化合物"中,第一节论"食盐"	我国蒙古甘肃陕西山西有盐池;四川云南有盐井……我国制盐,海盐区如东三省直隶山东福建两广等处,皆用晒法;两淮两浙则煎法和晒法并用;池盐区用晒法;井盐区用煎法

　　从表7-3可以看出,其一,王季烈早期的译著《改订近世化学教科书》(1908)中没有提到中国产盐的情况,但在自主编写的《共和国教科书·化学》中则有述及。而与《共和国教科书·化学》同时期的王兼善《民国新教科书·化学》、虞和钦《新制化学教本》均未论述中国的产盐情况。虞和钦《中学化学教科书》和《新制化学教本》中论述欧洲产盐情况的文字,均来自龟高德平的原著。在《中学化学教科

书》中，虞和钦在译例中指出："原书第二编记述金属矿物处，多附记其本国产地，今既译成汉文，本宜以中国产地易之，惟因我国矿产，一时未易调查，姑从省略。"[①] 然而，在 10 多年后的《新制化学教本》中，他也并未增补我国的产盐情况。如果我们注意到虞和钦与王兼善都曾在国外受过专门的化学教育，而王季烈只是自学成才，那么从这一文字对比中我们更能感受到王季烈编书之用心。

其二，朱昊飞《中等化学教科书》在论述食盐时，参考王季烈《共和国教科书·化学》较多，甚至在文字表述上也有颇多相似甚至相同之处，这与他在该书编辑大意中申明的"本书之编辑"以"王君季烈著之共和国化学教科书，及日本理学博士龟高德平著之化学教科书，尤有裨助"相吻合。不过，朱昊飞论述中国盐产地的地理分布范围较王季烈多，而郑贞文的《现代初中教科书·化学》论述的范围又比朱昊飞多一些。

其三，关于食盐的知识讲述，或放在碱金属部分，或放在卤素部分。王季烈《共和国教科书·化学》和王兼善《民国新教科书·化学》均在碱金属部分论及"绿化钠"和"氯化钠"，并没有在小标题上直接使用更通俗的"食盐"一词。虞和钦的《中学化学教科书》和虞和钦《新制化学教本》论述食盐都是放在卤素部分的第三节中讲解，论述的文字基本相同。朱昊飞《中等化学教科书》和郑贞文《现代初中教科书·化学》也是放在卤素部分讲解，但朱昊飞《中等化学教科书》在第二节论述食盐，郑贞文《现代初中教科书·化学》在第一节论述食盐，顺序有所提前。郑贞文《现代初中教科书·化学》在第四章"造盐素及其化合物"第一节"食盐"中直接切入主题："食盐是我们日常必需的调味剂，而且是工业上重要的原料，可制盐酸、碱、石碱、漂

---

①龟高德平：《中学化学教科书》，虞和钦译，文明书局，1910，4 版，译例第 1 页。

白粉等。"① 这凸显出郑贞文重视从生活中习见的化学物质出发来讲述化学知识的编写思想，并且由食盐入手论述氯，再推及其他卤族元素，也较在对学生而言更为陌生的碱金属部分，从钠切入论述食盐更为亲切。

除食盐外，郑贞文《现代初中教科书·化学》也谈到了中国石油产地的情况："我国石油产地，以陕西延长县为最有名"，并在脚注中写道："陕西石油中含挥发油 16.5%，灯油 62.0%，重油 10.0%，石蜡 2.0%，沥青 9.5%。"② 虽然文字不多，但颇有价值。而王季烈《共和国教科书·化学》和朱昊飞《中等化学教科书》中论述石油的段落，皆未谈及中国的情况。

第四节 《现代初中教科书·化学》的
使用情况及评价

《现代初中教科书·化学》自 1923 年 7 月初版以来，不断重印再版，颇受欢迎。据郑贞文于 1930 年 2 月 25 日所写的"改订版序"称："本书自发行至今，不及七年已再印到一百〇五版了。这是编者无限的荣幸。"③ 1932 年，"一·二八"事变后，该书国难后第 1 版在 5 月发行。到同年 10 月，短短 5 个月的时间，已发行至第 40 版，亦可见该书之流行。

根据张文昌对 1930 年和 1931 年全国初中 50 所学校化学课本使用情况的调查结果，郑贞文的《现代初中教科书·化学》位居榜首，使

---

① 郑贞文：《现代初中教科书·化学》，1925，40 版，第 41 页。
② 郑贞文：《现代初中教科书·化学》，1925，40 版，第 155 页。
③ 郑贞文：《现代初中教科书·化学》，1932，国难后 40 版，改订版序。

用频次高达 21 次，远远超过位居第二的王兼善《民国新教科书·化学》的使用频次 7 次。郑贞文与郑尊法合编的《新撰初中化学》（全称《新撰初级中学教科书化学》，1925 年 9 月初版）位居第三。1920 年 4月，教育部规定，截至 1920 年，凡用文言文编写的教科书分期作废，逐渐改用语体文。"然各地学校，为适应环境之要求，仍多采用文言教本者"①。商务印书馆的"新撰教科书系列"均用浅近文言编辑，正是为了满足部分学校的需求而推出。《新撰初中化学》正是该系列中的一本。

戴安邦曾对二十世纪二三十年代中国 21 个省、市的初中、高中、师范学校的化学教育情况做过调查。此次调查涉及南京、北平、上海、青岛、安徽、浙江、福建、河南、河北、湖南、湖北、甘肃、江西、江苏、广西、广东、山西、山东、四川、察哈尔（民国时期"塞北四省"之一）、云南等 154 所学校。其中，高级中学 103 所，初级中学 29 所，师范学校 22 所。调查时间起于 1926 年冬，调查报告于 1937年 7 月完成。初中化学课本的使用情况见表 7-4。

表 7-4　戴安邦二十世纪二三十年代对我国初中化学课本使用情况的调查结果②

课本名称	编著者	出版处	采用校数	出版时间③
初中化学	钱梦渭	世界书局	2	1930 年 8 月
初中化学	赵廷炳	开明书局	15	1934 年 8 月
化学	周毓莘	大东书局	3	1933 年 2 月（第 6 版）
初中化学	朱昊飞	世界书局	9	1933 年 7 月

---

① 石鸥、吴小鸥：《中国近现代教科书史》（上），湖南教育出版社，2012，第 236页。

② 戴安邦：《中国化学教育之现状》，《科学》1940 年第 2 期。

③ 戴安邦的调查结果中没有注明出版时间，此栏为笔者所加。

续表

课本名称	编著者	出版处	采用校数	出版时间③
初中化学	蒋拱辰	中华书局	6	1934 年 4 月
新标准初中化学	程祥荣	开明书店	16	1933 年 9 月
化学	王鹤清	北平文化学社	2	1930 年 5 月
初中化学	黄德溥	中华书局	3	不详
新撰初中化学	郑贞文、郑尊法	商务印书馆	4	1925 年 9 月
复兴初中化学	韦镜权、柳大纲	商务印书馆	42	上册 1933 年 7 月，下册 1933 年 11 月
初中化学	阎玉振	理科丛刊社	1	1936 年
初中化学	吕冕南	北新书局	2	1933 年 4 月
建国初中化学	王义珏	正中书局	15	1935 年 8 月
简师化学	常伯华	正中书局	4	1935 年 10 月

从表 7-4 来看，全国各所学校采纳的初中化学课本大多是 1933 年以后初版的。戴安邦的调查虽然时间跨度大，但大体上更多地反映了 1932 年《初级中学化学课程标准》颁布之后、1936 年《中学化学课程标准》颁布之前初中化学课本的使用情况。郑贞文《现代初中教科书·化学》并未上榜，恐怕是由于该书初版于 1923 年，相较 20 世纪 30 年代新推出的教科书而言已显落后的缘故。但郑贞文与郑尊法合编的《新撰初中化学》于 1925 年初版，远远早于其余化学教科书，却也被 4 所学校采用，可能是因为该书的"浅近文言"特色符合了少数学校的需求。表 7-4 中使用最多的教科书是韦镜权和柳大纲合编的《复兴初中化学》（全称《复兴初级中学教科书化学》，1933 年初版）。"一·二八"事变中，商务印书馆遭日军轰炸，损失惨重。为了不让日本人毁灭中国文化的阴谋得逞，商务印书馆积极筹备，在同年 8 月就宣布复业，并喊出"为国难而牺牲，为文化而奋斗"的口号，推出

"复兴教科书""复兴丛书"等，以表达中国人复兴文化的坚强意志。《复兴初中化学》便是"复兴教科书"系列中的一本。

戴安邦客观地指出，统计结果中"所列之化学课本或可包括近年来所出版者，各课本之流行广狭不一，惟根据采用者之意见，流行最广之课本不必为最满意之课本，如采用最多之初中课本，对其发表意见者27人中，有10人认之为善本，3人认为有不尽善之处，14人则表示完全不满意。对于流行最广之一高中教本，发表意见20人中，认之为善本者仅1人，表示不甚满意者4人，完全不满意者15人。"①

1936年6月30日，北平的华北基督教教育协会出版了汪祥庆编的《中等学校各科教学用书调查报告》。该调查是汪祥庆用了1年的时间，"藉着冀、鲁、晋三省，和平、津、青三市最大多数的教会中等学校底合作"② 完成的。调查对象涉及华北42所教会中学。根据化学学科的统计数据，收到反馈表格的有37所学校，通县富育女中（初）等5所学校未提交表格。这些教会中学采用化学教科书的情况见表7-5。

表7-5　汪祥庆20世纪30年代对华北教会中学使用化学教科书的调查结果③

课本名称	编著者	采用校数
实用化学（英文及中译本）	Black and Connant	8
化学通论或化学概论（英文及中译本）	Mcpherson and Henderson	4
复兴初中化学教科书	韦镜权、柳大纲	11
开明化学教本（初中）	程祥荣	5
现代初中教科书·化学	郑贞文	3
初中化学	王鹤清	3

①戴安邦：《中国化学教育之现状》。
②汪祥庆：《中等学校各科教学用书调查报告》，华北基督教教育协会，1936，序四第6页。
③同②，第71-80页。

续表

课本名称	编著者	采用校数
初中化学教本	赵廷炳	2
高中化学	王鹤清	4
复兴高中化学	郑贞文	2
高中化学	朱昊飞	1

　　表7-5中，虽然在教会中学使用英文化学教科书或其他译本的现象依然存在，但使用最多的初中化学教科书，是韦镜权和柳大纲合编的《复兴初中化学教科书》（即《复兴初级中学教科书化学》），与戴安邦的调查结果一致。该结论表明，20世纪30年代中期，即使是在教会中学，使用中国人自主编写的初中化学教科书的学校也占多数。这说明了中国人自主编写教科书的进步。与戴安邦的调查结果不同的是，采用郑贞文《现代初中教科书·化学》的学校数量有3所，分别是烟台培真女中（初）、天津新学中学、平度崇真学社（初）①。这3所学校的教员依次是李书亭、朱武英、侯水心，他们对郑贞文《现代初中教科书·化学》的评价都不错。其中，李书亭的评价最高："本书对于初中化学程序最为适当，且简而不繁，堪称完善之教科书。"② 侯水心对于实验部分提出了教学应注意的地方和改进的意见："本书内容颇佳，惟将实验手续编入课文中，教者须特别提出说明，或为学生另编实验指导，务使与该书相联络符合。"③ 朱武英认为郑贞文《现代初中教科书·化学》"尚完善"，但太简略，还须参考其他书籍，并且提出改进建议："但甚简，须加参考，应校正错误及加添计算。"④

---

① 著名校友有刘思齐（毛岸英妻子）的父亲刘谦初。
② 汪祥庆：《中等学校各科教学用书调查报告》，第77页。
③ 同②，第79页。
④ 同②，第78页。

值得指出的是，同一所中学，同一个教员会使用不止一种教科书。如林徽因（1904—1955）曾就读的英国教会办的北平培华女中，周子强教员使用郑贞文《复兴高中化学》（1935，商务印书馆）、王鹤清《实用高中化学》（1935，北平师大附中）、曹元宇《初中化学》（1935，南京钟山书局）和程祥荣《开明初中化学》（1935，开明书店）多种教本①。同一所中学，不同的教员有时采用的化学教科书也有差异。如梁启超次女梁思庄（1908—1986）曾就读的美国美以美会传教士创建的天津中西女中，刘美殊教员使用朱昊飞《朱氏初中化学》（世界书局），曲民新教员使用 Black 和 Conant 合编的英文教本 *Practical Chemistry*②。

有些中学既有初中部，也有高中部，也采用不同的教科书。如由英国基督教中华圣公会 1911 年创办的男中北平崇德中学，其初中部使用王鹤清的《初中化学》（北平文化学社），高中部使用朱昊飞的《高中化学》（世界书局)③。著名物理学家杨振宁和著名核物理学家邓稼先都是该校校友。杨振宁于 1933 年秋至 1937 年夏在该校度过了初中3 年及高一时光。邓稼先于 1936—1939 年也在该校度过了初二、初三及高一的生活。

虽然朱武英认为《现代初中教科书·化学》"甚简"，然而，对于朱昊飞来说，该书分量太重。

> 三三制初中化学教授时间，以定为一学年每周二时为最合式。若扩为每周三时，已觉与同时所课各学科有时间上争执之虑，若仍照旧制中学定为每周四时，直于实际上，万不可能；于理论上，万无存立之根据矣。此书中教材分量，较旧制中学适用之王季烈编者尚为宏富……此书若用之于旧制中学，每周四时，一学年尚可授毕。今乃定名为现代初中教

---

① 汪祥庆：《中等学校各科教学用书调查报告》，第 72 页。
② 同①，第 73 页。
③ 同①，第 80 页。

科书，而其内容及分量，则仍然与旧制用书，毫无区别，正不知编辑者，何所据而作此也。中等学校，由旧制改为新制，在理论及事实上，其所采用之教科，当然要有多少之差异。就理化教授论，学生年龄，经验基础，常识及其所受同类科学之训练，旧制新制廻不相符。岂能强用同一之教材而施教乎？即使其可，则高中方面，自宜用程度较高，分量较多之理化学书矣。如是以新制六年中学校旧制四年中学，实际上只增多一学年之修业期间，而理化程度遂可曾①高一倍，或至一倍以上，有是理乎？编者于新制初中用书，不能从实际着想，仅取旧制教科书，改头换面，践实而务避名，其亦滑稽之甚者矣②！

朱昊飞辞严义正，但以郑贞文对新学制之熟稔论，他未必没有考虑到朱昊飞指出的问题。《现代初中教科书·化学》是为分科教授的学校准备的教科书，郑贞文作为商务印书馆的资深编辑，不仅要考虑到学生的需求，也要兼顾市场和教师需求。在教师方面，"现时一般教师学者，每好高骛远，不求实际，以采用高级教本为荣……故有初中而采用高中教本者，高中而采用大学教本者"；在学校方面，"有些好高骛远的学校，在高中时代便采用大学教科书，以表示他们程度的高深"③"为了学生升学就尽量把教材求其完备"④。这些因素都会在不同程度上影响教科书的文本样态。王兼善《民国新教科书·化学》以元素周期律统领全书的演绎法编写方式，虽然颇不照顾学生，但却很受教师欢迎。此书在"过渡时代"之畅销，也正是因为它迎合了教师和市场的需求。作为出版业的巨擘，商务印书馆无疑深谙经销之道。王

①此处"曾"字疑为"增"字之误写。
②朱昊飞：《中等化学教科书之批评（书评）（续）》，《新教育评论》1927 年第 6 期。
③任鸿隽：《一个关于理科教科书的调查》，《科学》1933 年第 12 期。
④黄新民：《中学化学教学问题》，《化学通报》1951 年第 4 期。

兼善《民国新教科书·化学》风格迥异于王季烈《共和国教科书·化学》，有可能是商务印书馆从营销角度设计的结果。

不过朱昊飞对郑贞文《现代初中教科书·化学》也有不少正面评价："就其所选教材之本身论，尚能留意制造工艺，日常生活及应用方面，不能不谓之有特具之优点焉。""开端插入之着色反应图，对于初学者，极有教育上之价值。"① "有机化学之编制，似较王季烈编者为出色。能以实用物为中心，而后旁及分类统系与理论。除第四章外，其余各种之组织，均极合式。""书中第七页内有'俗称三仙丹'，第九一页中有'俗称硼砂'，第一〇四页有'俗称合金'，第一二〇页中有'俗称绿矾'，第一二六页有'俗称皓矾'，第一二九页有'俗称蜜陀僧'等等，此种称谓在教育上极有价值，编者能随时提出可谓独具双眼。"②

---

①朱昊飞：《中等化学教科书之批评（书评）（续）》。
②同①。

结　语

在本书结尾，让我们回到任鸿隽 1933 年的调查，来对任鸿隽所说中国的教育家在教科书编写上"还不曾有相当的努力"作一回应。笔者将对不同时期不同教科书作者在编译教科书时所作的努力再作进一步评述，同时也对中国近代中学化学教科书编译者在构建知识体系时是否关注元素分类问题、元素周期律在教科书的编次中起到何种作用、中国人在编写教科书时表现了多大程度上的创新性、日本对中文化学教科书的影响等进行总结和讨论。

在中华民国成立以前，中国人很少能自主编写具有影响力的中学化学教科书。杜亚泉译著《化学新教科书》（1905）的努力和创新主要体现在他提出的类属式中文无机化合物命名方案及用单个汉字音译的方法对部分开链烷烃、烯烃、炔烃予以命名。曾贞编《中等化学教科书》（1907）的努力主要体现在他能依据 7 本日文原著编辑中学化学教科书，而不仅仅是翻译 1 本日文化学教科书，并且能把书中无机矿物质和植物的产地结合中国实际情况进行说明。

虞和钦译著《中学化学教科书》初版于 1906 年，其努力之处主要体现在化学名称"融会新旧，参酌得宜，非他书所及"。由于虞和钦于 1908 年出版《中国有机化学命名草》，在虞和钦《中学化学教科书》的后来版本中，有机物名词较一般化学教科书更明畅清晰。然而，虞和钦的《新制化学教本》（1917）其实是龟高德平《普通教育化学教科书》1912 年版的中译本，与他同样译自龟高德平《普通教育化学教科书》1902 年 1 月初版的《中学化学教科书》（1906）相比改动并不多。作为日本东京帝国大学理科的毕业生、"创造多项中国之最"的中国早期科学事业的开路先锋，虞和钦完全有实力自主编写更好的教科书，然而《新制化学教本》不是一本自主编写的教科书，虞和钦几乎没有对此书付出努力。虞和钦兴趣广泛、公务繁忙，可能限制了他在教科书创作中的投入。不管怎么说，一本改头换面的《新制化学教本》仍能在民国时期占据一定市场，确实折射出在"过渡时代"的教科书市场中各种"不合理"的教科书存在的"合理性"。

在本书考察的 4 位人物中，王季烈的背景经历最特殊，江南名门望族的后裔，忠君思想浓厚，为保全清廷积极自学、译介西学，有丰富的中学教学经验，但没有留学经历，对编写中学化学教科书之"三难"有切肤体验。其自主编写《共和国教科书·化学》的努力程度体现在该书超越了其早期译著的知识框架，综合参考了吉田彦六郎、大幸勇吉等化学教科书中的长处，能尽量从学生的角度出发，开篇从日常可见的燃烧现象而非看不见的空气入手，注意到日文化学教科书目录中的元素分类与元素周期律的分类的不一致，在编辑大意中明确提出对"各种原质及化合物略依周期表之分族"的编排原则，在非金属和金属元素讲完后引入元素周期律等等方面。与西方和日本化学教科书相比，《共和国教科书·化学》的整体知识架构算不上"创新"。但是，如果谈及"创新"一词时，并不仅仅指类似于科学发现的原创性①，而是考虑到王季烈在编书时所掌握的资料和西学知识的限制，那么，可以说他没有像虞和钦那样直接用译著充作自主编写的教科书，而是融会贯通所学知识、反复考量教科书的篇章结构，这是在他学识和能力范围内尽了"相当的努力"，并且也表现出了难能可贵的创新精神。

王兼善是本书考察的 4 位人物中唯一在西方国家留学的。其建构《民国新教科书·化学》知识体系的方式不同于王季烈。他校订过麦克弗森和享德森合著的 *An Elementary Study of Chemistry* 的中译本，

---

① Antonio García-Belmar, José Ramón Bertomeu-Sánchez and Bernadette Bensaude-Vincent, "The Power of Didactic Writings: French Chemistry Textbooks of the Nineteenth Century." in *Pedagogy and the Practice of Science: Historical and Contemporary Perspectives* (Boston: MIT, 2005), pp. 219 - 251.

并很有可能读过莱姆塞的《无机化学体系》。这两本英文化学书都明确阐述了基本但不严格按元素周期律的分类谋篇布局的原因，但王兼善没有接纳以上两本书的编排思想，而是严格以元素周期律的分类来组织全书，并且没有交代缘由。王兼善的编写思想或许受到他在英国爱丁堡求学时期会中文的化学老师布朗特别注重逻辑主线的讲课风格的影响，又或许纯粹是为了"敷陈事实"之"方便"。无论真相如何，《民国新教科书·化学》过早提出元素周期律，确实不顾及学生的理解和接受能力，但这种编写方式使全书论述清晰、极有条理，且该书在元素周期律、放射性元素等化学知识的介绍上比较完备和新颖，因此颇受教师欢迎，甚至在20世纪30年代，此书仍有一定市场。可以说，王兼善努力之程度不及王季烈，甚至是有点"投机取巧"，但其以元素周期律为纲的编写思想仍然具有创新性，因为这一特色在中国近代的中学化学教科书中是罕见的，并且它也不是直接照搬西方化学教科书知识体系的结果。

在编写《现代初中教科书·化学》之前，郑贞文在日本东北帝国大学以优异成绩毕业，被片山正夫赞誉为"不可多得的人才"，归国后一直在商务印书馆任职；当时已出版《无机化学命名草案》，拟制了《有机化学命名草案》并交付印刷。他编写的化学教科书在化学译名方面比虞和钦更胜一筹。他的劣势是没有中学教学经验。但郑贞文对教育问题一直非常关注，参与了促成"壬戌学制"出台的数次会议。他对新学制的精神非常熟悉，《现代初中教科书·化学》反映了其在采纳发现的教授法、选用精美插图和肖像、编写有趣味且贴近生活的习题、编入极具中国特色的内容，如使用"三仙丹"等中国俗名等方面做出的努力。在知识体系的建构方面，他遵循"壬戌学制"强调儿童视角的精神，汲取了前辈成果中的优势，大体继承了王季烈《共和国教科书·化学》中非金属部分的编排次序，袭用了虞和钦《中学化学教科书》中铜银金→铁→汞→锡铅→铝→碱土金属→碱金属、以常见金属元素为先的论述顺序。与王季烈"略依周期表之分族"及王兼善"严格以周期律为纲"的编写思想不同，元素周期律在《现代初中教科书·化学》中构建知识体系的作用并不明显。该书的章的标题中并没有出现《共和国教科书·化学》中类似"锌族原质"中表示元素分类的"族"字，也没有虞和钦译著中"及此等之化合物"等表述方式。元素周期律知识是在讲述非金属和金属元素之后引出的，介绍也比较简略。

总的来看，与西方国家不一样，中国近代中学化学教科书在构建知识体系时并不关注元素分类问题，因为中国没有西方意义上的近代化学教育传统。化学译名问题是中文教科书作者普遍关注的问题，但是在教科书中提出有创见的命名方案并不多见。杜亚泉的《化学新教科书》（1905）是个例外。虞和钦与郑贞文拟订的中文无机物和有机物命名方案并不是在教科书中提出的，但二人会在他们编译的化学教科书中使用各自的名词。

虽然门捷列夫在编写无机化学教科书时，为了解决元素分类问题而发现了元素周期律，但西方化学教科书并不热衷于采用元素周期律的分类作为组织原则。在近代中国，严格遵循元素周期律的分类来编写中学化学教科书的也很罕见。刘世楷、朱昊飞等反对《民国新教科书·化学》以演绎法的方式引介元素周期律，是中国化学界为数甚少的公开讨论元素周期律用于教学的评论。但是二者关心的问题不是化学教科书应该采用何种适宜的元素分类方式，以便如此讲述的元素知识能更好地为学生所掌握，而是认为这些"分类总归"术语贸然提出，没有元素知识的事实作为前提，是"毫无心理的价值"。这也提示了元素周期律在中国近代中学化学教科书知识体系的建构中并未发挥多大功效的原因。

1932 年 8 月 1—5 日，教育部在南京召开了中国化学界的首次全国范围内的讨论会，会上发起成立中国化学会，标志着中国现代化学共同体的形成。与会人员共计 45 人，其中 35 人有美国留学经历，获得美国博士学位者有 18 人。有法国、德国留学经历者各有 3 人；有日本留学经历者仅有 4 人，其中包括化学家郑贞文；有英国留学经历者仅有 1 人，但由于他同时也有美国留学经历，因此也计算在留学美国的 35 人之中。从人员构成来看，参会人员留学国家比例差别之悬殊，似乎让人以为此次讨论会通过的各项议决案，留学日本的化学家的影响会很小，实则不然。在此次讨论会上通过的各种议决案的基础上，教育部颁布了《初级中学化学课程标准》《高级中学化学课程标准》《化学命名原则》，三者的原型皆为郑贞文的提案。可以说，从甲午战争之后中国转向日本学习西学，直至 1932 年，中文化学教科书受日本的影响相当大。本书考察的虞和钦、王季烈、郑贞文所编的中学化学教科书即是例证。

参考文献

[1] BENSAUDE-VINCENT B. Textbooks on the map of science studies [J]. Science & Education, 2006, 15: 667 - 670.

[2] BENSAUDE-VINCENTAL B. Mendeleev's periodic system of chemical elements [J]. The British Journal for the History of Science, 1986, 19 (1): 3 - 17.

[3] BENSAUDE-VINCENTAL B. A view of the chemical revolution through contemporary textbooks: Lavoisier, Fourcroy and Chaptal [J]. The British Journal for the History of Science, 1990 (23): 435 - 460.

[4] BERTOMEU-SÁNCHEZ J R, GARCIA-BELMAR A, BENSAUDE-VINCENT B. Looking for an order of things: textbooks and chemical classifications in nineteenth century France [J]. Ambix, 2002, 49 (3): 227 - 250.

[5] BROOKE J H. Introduction: the study of chemical textbooks [C] // LUNDGREN A, BENSAUDE-VINCENT B. Communicating chemistry: textbooks and their audiences, 1789～1939. Conton: Science History Publications, 2000.

[6] CLARKE F W. The elements of chemistry [M]. New York: D. Appleton and Company, 1884.

[7] DAVIES A G. Alexander Williamson and the modernisation of Japan [J]. Science Progress, 2015, 98 (3): 276 - 290.

[8] GARCÍA-BELMAR A, BERTOMEU-SÁNCHEZ J R, BENSAUDE-VINCENT B. The power of didactic writings: French

chemistry textbooks of the nineteenth century [M] // KAISER D. Pedagogy and the practice of science: historical and contemporary perspectives, Boston: MIT, 2005: 219 - 251.

[9] GAUTIER A. Cours de chimie minérale, organique et biologique [M]. Paris: G. Masson, Éditeur., 1895.

[10] GILLISPIE C C. Dictionary of scientific biography: volume 2 [M]. New York: Charles Scribner's Sons, 1981.

[11] GILLISPIE C C. Dictionary of scientific biography: volume 11 [M]. New York: Charles Scribner's Sons, 1981.

[12] GILLISPIE C C. Dictionary of scientific biography: volume 14 [M]. New York: Charles Scribner's Sons, 1981.

[13] GORDIN M D. The organic roots of Mendeleev's periodic law [J]. Historical Studies in the Physical and Biological Sciences, 2002, 32 (2): 263 - 290.

[14] GORDIN M D. Translating textbooks: Russian, German, and the language of chemistry [J]. Isis, 2012, 103 (1): 88 - 98.

[15] H. E. A. The teaching of elementary chemistry [J]. Nature, 1888 (37), 265 - 268.

[16] HARROW B. Eminent chemists of our time [M]. New York: D. Van Nostrand Company. 1920.

[17] HEMELING K. English-Chinese dictionary of the standard Chinese Spoken Language （官话） and handbook for translators [R]. Shanghai: Statistical Department of the Inspectorate General of Customs, 1916.

[18] KAJI M. Chemical classification and the response to the periodic law of elements in Japan in the nineteenth and early twentieth centuries [M] //KAJI M, KRAGH H, PALLÓ G. Early

responses to the periodic system，2015：283 - 304.

[19] KAJI M. D. I. Mendeleev's concept of chemical elements and the principles of chemistry [J]. Bull. Hist. Chem.，2002，27 (1)：4 - 16.

[20] KAJI M，KRAGH H，PALLÓ G. Early responses to the periodic system [M]. New York：Oxford University Press，2015.

[21] KENDAL J. Sir James Walker 1863—1935 [J]. Obituary Notices of Fellows of the Royal Society，1935，1 (4)：536 - 549.

[22] KIKUCHI Y. Anglo-American connections in Japanese chemistry：the lab as contact zone [M]. New York：Palgrave Macmillan，2013.

[23] LUNGDGREN A. The transfer of chemical knowledge：the case of chemical technology and its textbooks [J]. Science & Education，2006，15：761 - 778.

[24] MCPHERSON W，HENDERSON W. An elementary study of chemistry [M]. London：Ginn & Company，1906.

[25] MCPHERSON W，HENDERSON W. A course in general chemistry [M]. London：Ginn & Company，1913.

[26] NEWTH G S. A text-book of inorganic chemistry [M]. London：Green & Co.，1894.

[27] NIETZ J A. The evolution of American secondary school textbooks [M]，Rutland，Vermont：Charles E. Tuttle Company，1966.

[28] Obituary：Alexander Crum Brown，M. D. Edin.，D. Sc. Lond.，F. R. S.，F. R. S. E.，F. R. C. P. E.，LL. D. Aberd.，Glasg，Edin.，St. And.，Emeritus professor of chemistry in the university of Edinburgh [J]. The British Medical Journal，

1922，2 (3227)：895 – 896.

[29] PALMER W P. A study of teaching and learninng about the paradoxical concept of physical and chemical change [D]. Curtin University of Technology，2003.

[30] RAMSAY W. A system of inorganic chemistry [M]. London：J. & A. Churchill，1891.

[31] ROLFE W J，GILLET J A. Handbook of chemistry (for school and home use) [M]. New York：Woolworth，Ainsworth，& Co.，1874.

[32] ROSCOE H E. Lessons in elementary chemistry：inorganic and organic [M]. London：Macmillan and Co.，1867.

[33] VICEDO M. Introduction：the secret lives of textbooks [J]. Isis，2012，103 (1)：83 – 87.

[34] VICEDO M. Playing the game：psychology textbooks speak out about love [J]. Isis，2012，103 (1)：111 – 125.

[35] WALKER J. On the periodic tabulation of the elements [J]. Chemical News，1891 (5)：251 – 253.

[36] 大幸勇吉. 近世化學教科書 [M]. 東京：東京富山房，1897.

[37] 高松豊吉，櫻井锭二. 化學語彙 [M]. 東京：內田老鶴圃，1900.

[38] 高松豊吉，櫻井锭二. 化學語彙 [M]. 增订 2 版. 內田老鶴圃，1906.

[39] 龜高德平. 普通教育化學教科書 [M]. 東京：東京開成館，1902.

[40] 安晋藩. 回忆太原成成中学片段 [M] // 政协太原市委员会文史资料研究委员会. 太原文史资料：第二辑. 太原：太原印刷厂，1984.

[41] 毕苑. 建造常识：教科书与近代中国文化转型 [M]. 福州：福建教育出版社，2010.

[42] 勃赖克，柯能. 实用化学 [M]. 3 版. 余兰园，译. 北平：斌兴印书局，1933.

[43] 长沙三益社. 最近普通化学教科书 [M]. 订正 3 版. 长沙：长沙三益社，1906.

[44] 窦维廉，曹惠群. 近世无机化学 [M]. 上海：中国博医会，1922.

[45] 曹惠群. 理化名词汇编 [M]. 上海：科学名词审查会，1940.

[46] 陈天嘉. 学科认同与变迁：论邦索德-樊尚和司汤热的化学史图景 [J]. 科学文化评论，2010，7 (3)：116-125.

[47] 陈廷缜. 忆贵州省立模范中学 [M] //中国人民政治协商会议贵州省贵阳市委员会文史资料研究委员会. 贵阳文史资料选辑：第九辑. 贵阳：贵州省邮电印刷厂，1983.

[48] 初级中学化学课程标准 [J]. 安徽教育行政周刊，1932，5 (47)：7-11.

[49] 初级中学自然科暂行课程标准（混合的）[J]. 河南教育，1930，2 (16)：24-27.

[50] 大幸勇吉. 最新化学教科书 [M]. 王季烈，译. 上海：文明书局，1906.

[51] 戴安邦. 中国化学教育之现状 [J]. 科学，1940，24 (2)：89-109.

[52] 党跃武. 张澜与四川大学 [M]. 成都：四川大学出版社，2013.

[53] 第二院注册课通告 [N]. 北京大学日刊，1921-01-24 (1).

[54] 杜亚泉. 化学新教科书 [M]. 4 版. 上海：商务印书馆，1906.

[55] 段发明，许玲. 新中国化学教科书 60 年之演进 [J]. 湖南师范大学教育科学学报，2011，10 (2)：23-26.

[56] 冯振文. 我国早期中学生物学教学 [J]. 生物学教学，1993 (1)：

10 - 11.

[57] 伏兴. 我国中学化学教科书实验六十年变迁的研究 [D]. 成都：四川师范大学，2014.

[58] 高级中学化学课程标准 [J]. 安徽教育行政周刊，1932，5 (49)：4 - 9.

[59] 龚克. 张伯苓全集：第九卷：规章制度 [M]. 天津：南开大学出版社，2015.

[60] 关婷婷. 中学化学教学与教材中化学史的研究 [D]. 广州：广州大学，2006.

[61] 关于指定标准元素名词商榷 [J]. 教育公报，1915，2 (6)：12 - 20.

[62] 龟高德平. 普通教育化学教科书 [M]. 2 版. 杨国璋，译. 北京：銮受书局，1914.

[63] 龟高德平. 中学化学教科书 [M]. 4 版. 虞和钦，译. 上海：文明书局，1910.

[64] 郭保章，梁英豪，徐振亚. 中国化学教育史话 [M]. 南昌：江西教育出版社，1993.

[65] 郭震. 化学与爱国：从近代化学教科书中看国情与爱国教育 [N]. 中华读书报，2012 - 04 - 25 (8).

[66] 郭震. 化学与爱国：从近代化学教科书中看国情与爱国教育 [J]. 教师博览，2012 (8)：54 - 56.

[67] 郭震. 近代中国化学教科书的出版与内容特点分析 [J]. 课程·教材·教法，2014，34 (2)：99 - 105.

[68] 郭震. 教科书中的有机化合物命名 [J]. 化学教学，2015 (6)：18 - 22.

[69] 郭震. 民国时期"复兴"初高中化学教科书述评 [J]. 化学教育，2015，36 (19)：77 - 81.

[70] 郭震. 我国中学化学教科书中化学实验的变迁研究 [J]. 教育理论与实践，2016，36（17）：45-48.

[71] 郭震. 变革时代中的科学启蒙：近代中国化学教科书的历史沿革 [J]. 科普研究，2017，12（1）：86-94.

[72] 郭震. 百年来我国中学化学教科书中有机化学内容的变迁 [J]. 教育理论与实践，2017，37（17）：46-49.

[73] 郭震. 我国高中化学教科书中栏目设置的变迁研究 [J]. 教学研究，2017，40（1）：106-109.

[74] 郭震. 中学化学教科书中"醇类"内容的百年变迁 [J]. 教学与管理，2021（5）：74-77.

[75] 郭震，钟晓媛. 化学教科书中的传统文化和国情教育变迁研究 [J]. 天津师范大学学报（基础教育版），2018（4）：46-51.

[76] 国立编译馆. 化学命名原则 [M]. 南京：国立编译馆，1933.

[77] 韩朝阳. 海濡拾遗 [M]. 宁波：宁波出版社，2015.

[78] 何涓. 清末民初化学教科书中元素译名的演变：化学元素译名的确立之研究（一）[J]. 自然科学史研究，2005，24（2）：165-177.

[79] 何涓. 清末民初（1901～1932）无机物中文命名演变 [J]. 科技术语研究，2006，8（2）：53-57.

[80] 何涓. 益智书会与杜亚泉的中文无机物命名方案 [J]. 自然科学史研究，2007，26（3）：389-400.

[81] 何涓. 中文化学名词的形成：1896—1932 [D]. 北京：中国科学院自然科学史研究所，2008.

[82] 何涓. 1908～1932年芳香族化合物与杂环化合物的中文命名 [J]. 中国科技史杂志，2013，34（4）：460-472.

[83] 何涓. 有机化合物中文命名的演进：1908～1932 [J]. 自然科学史研究，2014，33（4）：479-493.

［84］何涓. 中文化学名词烷、烯、炔之由来［J］. 化学通报，2016，79（7）：666-670.

［85］何涓. 中文化学名词醇醛酮醚酯之由来［J］. 化学通报，2021，84（6）：632-639.

［86］黄麟凯，聂馥玲.《化学鉴原》翻译中的结构调整与内容增删［J］. 自然科学史研究，2020，39（3）：321-335.

［87］黄新民. 中学化学教学问题［J］. 化学通报，1951（4）：184-190.

［88］吉田彦六郎. 中等最新化学教科书［M］. 6 版. 何燏时，译. 东京：教科书译辑社，1907.

［89］《吉水县人物志》编纂委员会. 吉水县人物志［M］. 吉水：《吉水县人物志》编纂委员会，2006.

［90］纪立生. 化学详要［M］. 上海：美华书馆，1905.

［91］纪立生. 化学详要［M］. 2 版. 上海：美华书馆，1909.

［92］江勇振. 舍我其谁：胡适（第二部　日正当中，1917—1927）：下篇［M］. 杭州：浙江人民出版社，2013.

［93］教育部中小学课程暂行标准起草委员会. 中小学课程暂行标准：第 2 册，初级中学之部［M］. 上海：卿云图书公司，1929.

［94］教育部中小学课程暂行标准起草委员会. 中小学课程暂行标准：第 3 册，高级中学之部［M］. 上海：卿云图书公司，1930.

［95］科学名词审查会. 科学名词审查会第一次化学名词审定本［J］. 东方杂志，1920，17（7）：119-125.

［96］孔伯陶. 王仲超先生传略［M］//中国人民政治协商会议乐清县委员会文史资料研究委员会. 乐清文史资料：第九辑. 乐清：乐清印刷厂，1991.

［97］库恩. 科学革命的结构［M］. 金吾伦，胡新和，译. 北京：北京大学出版社，2003.

[98] 拉瓦锡. 化学基础论 [M]. 任定成, 译. 北京：北京大学出版社, 2008.

[99] 来件：南京高等师范学校招考学生章程 [N]. 申报, 1919-06-27 (3).

[100] 冷燕平. 我国中学化学教科书中化学平衡内容的变迁 [J]. 中学化学教学参考, 2015 (11)：45-49.

[101] 冷燕平, 李田田. "文革"时期化学教科书的编写特点与变化 [J]. 中学化学教学参考, 2015 (1-2)：41-44.

[102] 李俊. 新中国化学教科书发展简述 [J]. 中学化学教学参考, 2005 (7)：7-9.

[103] 李俊. 百年中学化学教科书中元素化合物知识的变迁 [J]. 中学化学教学参考, 2016 (10)：42-45.

[104] 李俊. 百年中学化学教科书中元素化合物知识编排结构的变迁 [J]. 中学化学教学参考, 2017 (5)：34-37.

[105] 李鹏鸽. 基于建构主义理论的化学教科书设计：以鲁科版《化学1》中"物质的量浓度"一节内容为例 [J]. 化学教育, 2010 (11)：6-8.

[106] 李三虎. "热带丛林"苦旅：李比希学派 [M]. 武汉：武汉出版社, 2002.

[107] 李喜所. 清末的留学管理 [M] //张国刚. 中国社会历史评论：第一卷. 天津：天津古籍出版社, 1999.

[108] 李鑫. 高中化学教科书插图编排的策略 [D]. 哈尔滨：哈尔滨师范大学, 2013.

[109] 李艳梅, 郑长龙, 李德才. 义务教育化学教科书中化学史教育内容的选择与呈现 [J]. 化学教育, 2007 (5)：61-63.

[110] 理科布告 [N]. 北京大学日刊, 1919-09-25 (1).

[111] 梁英豪. 建国以来我国中学化学教育的回顾 [J]. 化学教育,

1982（4）：5-15.

[112] 梁英豪. 总结经验 继续前进：中学化学教材史略：上 [J]. 课程·教材·教法，1988（12）：22-26.

[113] 梁英豪. 总结经验 继续前进：中学化学教材史略：下 [J]. 课程·教材·教法，1989（1）：10-13.

[114] 梁英豪. 建国以来我国中学化学教育的回顾 [J]. 化学教育，1989（4）：1-5.

[115] 梁英豪. 我国近半个世纪中学化学教学大纲的回顾：上 [J]. 化学教育，2010（7）：11-15.

[116] 梁英豪. 我国近半个世纪中学化学教学大纲的回顾：下 [J]. 化学教育，2010（8）：12-16.

[117] 梁英豪. 化学教育留影 [M]. 北京：人民教育出版社，2002.

[118] 梁原草. 科技托起中国梦：钱学森从这里走来 [M]. 北京：科学普及出版社，2014.

[119] 刘世楷. 评王兼善先生编《民国新教科书化学》[J]. 理化杂志，1922，2（3）：1-3.

[120] 刘一兵. 新中国成立以来我国中学化学教科书发展中的问题审视 [J]. 化学教育，2013，34（1）：11-15.

[121] 吕冕南. 北新化学 [M]. 4版. 上海：北新书局，1933.

[122] 梅占魁. 评王兼善"民国新教科书化学" [J]. 理化杂志，1922，2（3）：1-4.

[123] 裴波，胡艳燕，季春阳. 基于心理学的化学教科书插图呈现形式研究 [J]. 化学教育，2013，34（3）：12-14.

[124] 钱学森. 关于思维科学 [M]. 上海：上海人民出版社，1986.

[125] 璩鑫圭，唐良炎. 中国近代教育史资料汇编：学制演变 [M]. 上海：上海教育出版社，1991.

[126] 全国教育联合会新学制课程标准起草委员会. 新学制课程标准

纲要［M］. 上海：商务印书馆，1925.

［127］人民教育出版社课程教材研究所化学课程教材研究开发中心. 普通高中课程标准实验教科书·化学 2：必修［M］. 北京：人民教育出版社，2004.

［128］人民教育出版社课程教材研究所化学课程教材研究开发中心. 义务教育教科书·化学：九年级：上册［M］. 北京：人民教育出版社，2012.

［129］任鸿隽. 一个关于理科教科书的调查［J］. 科学，1933，17（12）：2029－2034.

［130］任允. 无机化学［M］. 上海：中国图书公司，1913.

［131］山冈望. 化学史传：化学史与化学家传［M］. 廖正衡，陈耀亭，赵世良，译. 北京：商务印书馆，1995.

［132］山田董. 无机化学粹［M］. 余贞劻，译. 上海：宏文馆印刷部，1908.

［133］沈溯明. 无机化学［M］. 北京：和记印字馆，1923.

［134］石鸥. 百年中国教科书论［M］. 长沙：湖南师范大学出版社，2013.

［135］石鸥. 最不该忽视的研究：关于教科书研究的几点思考［J］. 湖南师范大学教育科学学报，2007（5）：5－9.

［136］石鸥，吴小鸥. 中国近现代教科书史：上［M］. 长沙：湖南教育出版社，2012.

［137］石鸥，张美静. 被低估的创新：试论教科书研制的主体性特征［J］. 课程·教材·教法，2019，39（11）：59－66.

［138］石肖岩. 中国现代名人辞典［M］. 太原：山西人民出版社，1989.

［139］孙青. 科学本质视域中我国高中化学教科书化学史内容呈现分析［D］. 长春：东北师范大学，2009.

［140］汪家熔. 民族魂：教科书变迁 ［M］. 北京：商务印书馆，2008.

［141］汪祥庆. 中等学校各科教学用书调查报告 ［R］. 北平：华北基督教教育协会，1936.

［142］王昌善. 我国近代中小学教科书编审制度研究 ［D］. 长沙：湖南师范大学，2011.

［143］王广超. 王季烈译编两本物理教科书初步研究 ［J］. 中国科技史杂志，2015，36（2）：191 - 202.

［144］王鹤清，魏元雄，程廷熙. 初中算术教科书：上卷 ［M］. 傅种孙，校订. 北平：算学丛刻社，1933.

［145］王鹤清. 初级中学化学教科书 ［M］. 3 版. 北平：文化学社，1932.

［146］王后雄，孙建明. 中学化学教科书插图中的隐性知识研究 ［J］. 化学教育，2013，34（6）：10 - 13.

［147］王季烈. 改订近世化学教科书 ［M］. 上海：商务印书馆，1908.

［148］王季烈. 共和国教科书·物理学 ［M］. 17 版. 上海：商务印书馆，1919.

［149］王季烈. 共和国教科书·化学 ［M］. 20 版. 上海：商务印书馆，1921.

［150］王兼善. 民国新教科书·化学 ［M］. 上海：商务印书馆，1913.

［151］王兼善. 民国新教科书·化学 ［M］. 20 版. 上海：商务印书馆，1922.

［152］王建军. 中国近代教科书发展研究 ［M］. 广州：广东教育出版社，1996.

［153］王晶. 百年中学化学教科书中"元素周期律"的呈现 ［J］. 中学化学教学参考，2015（12）：40 - 42.

［154］王伦信，樊冬梅，陈洪杰，等. 中国近代中小学科学教育史 ［M］. 北京：科学普及出版社，2007.

[155] 王确临. 通讯：王确临先生来函 [J]. 学艺，1921，3 (3)：1-4.

[156] 王绍松. 化学教授法之商榷 [J]. 理化杂志，1922，2 (2)：1-7.

[157] 王细荣. 清末民初新型知识分子科学中国化实践研究：以虞和钦为中心 [D]. 上海：上海交通大学，2012.

[158] 王细荣. 从文献统计看元素周期律在中国的传播 [J]. 科学技术哲学研究，2012，29 (3)：65-71.

[159] 王扬宗. 关于《化学鉴原》和《化学初阶》[J]. 中国科技史料，1990，11 (1)：84-88.

[160] 王扬宗. 江南制造局翻译书目新考 [J]. 中国科技史料，1995，16 (2)：3-18.

[161] 王扬宗. 近代化学的传入 [M] //赵匡华. 中国化学史：近现代卷. 南宁：广西教育出版社，2003：1-94.

[162] 王扬宗. 近代科学在中国的传播：下 [M]. 济南：山东教育出版社，2009.

[163] 温姣. 高中化学教科书插图设计研究 [D]. 宁波：宁波大学，2012.

[164] 吴玲. 永不褪色的优雅：杨绛传 [M]. 青岛：青岛出版社，2016.

[165] 吴小鸥，石鸥. 1912 年"共和国教科书"新文化标准探析 [J]. 课程·教材·教法，2013，33 (2)：78-85.

[166] 奚启新. 钱学森画传 [M]. 上海：上海交通大学出版社，2021.

[167] 谢振声. 创造多项中国之最的虞和钦 [J]. 宁波通讯，2006 (3)：60-61.

[168] 徐镜江. 初级中学混合理化教科书：上册 [M]. 5 版. 北平：文化学社，1931.

[169] 徐庆凯，秦振庭. 辞海论 [M]. 上海：上海辞书出版社，2015.

[170] 徐岩. 前言 [M] //王晶，中国百年教科书专题研究：化学卷.

北京：人民教育出版社，2022.

[171] 徐友春. 民国人物大辞典：上 [M]. 石家庄：河北人民出版社，2007.

[172] 许传音. 汉译麦费孙罕迭生化学 [M]. 5 版. 上海：商务印书馆. 1917.

[173] 许国培，梁英豪. 我国中学化学教材三十年 [J]. 课程·教材·教法，1981 (2)：75 - 79.

[174] 学部审定科. 化学语汇 [M]. 上海：商务印书馆，1908.

[175] 学部审定中学教科书提要（续）[J]. 教育杂志，1909 (2)：9 - 18.

[176] 闫蒙钢. 中学化学课程改革概论 [M]. 合肥：安徽人民出版社，2006.

[177] 阎玉振. 中学校教科书·化学 [M]. 北京：求知社，1923.

[178] 阎玉振，王鹤清. 高级中学化学教科书 [M]. 4 版. 北平：文化学社，1931.

[179] 杨振良. 近代曲学大师王季烈年谱 [J]. 人文论丛，2004 (1)：382 - 390.

[180] 姚远远，陈凯. 初中化学教科书中能量观的建构 [J]. 化学教育，2013，34 (5)：7 - 10.

[181] 叶景葵. 叶景葵文集：下 [M]. 上海：上海科学技术文献出版社，2016.

[182] 银凤阁. 新体化学教科书 [M]. 天津：新华书局，1919.

[183] 尹静. 清末中国初等化学教科书概念构成及特征研究 [D]. 上海：华东师范大学，2015.

[184] 樱井寅之助. 理科教科书：化学矿物编 [M]. 杨国璋，译. 北京：鑿受书局，1912.

[185] 有机化学要目命名例 [J]. 教育公报，1915，2 (6)：21 - 24.

[186] 于光远. 我的编年故事：1915—1935（20 岁以前）[M]. 郑州：河南教育出版社，1996.

[187] 于光远. 我的故事 [M]. 北京：大众文艺出版社，2000.

[188] 虞和钦. 化学周期律 [J]. 亚泉杂志，1901（6）：1-5.

[189] 虞和钦. 中国有机化学命名草 [M]. 上海：文明书局，1908.

[190] 虞和钦. 普通化学讲义 [M]. 上海：文明书局，1913.

[191] 虞和钦，华襄治. 新制化学教本 [M]. 上海：中华书局，1917.

[192] 袁翰青. 化学界的鲁殿灵光虞和钦先生 [J]. 化学通讯，1937，2（11）：87-91.

[193] 袁翰青. 从化学物质的命名看方块字的缺点 [J]. 中国语文，1953（4）：16-18.

[194] 袁翰青. 有关我国近代化学的零星史料 [M] //袁翰青. 中国化学史论文集，北京：生活·读书·新知三联书店，1956：288-301.

[195] 袁翰青. 我与商务印书馆 [M] //商务印书馆九十年（1897—1987）：我和商务印书馆. 北京：商务印书馆，1987：430-436.

[196] 袁振东. 1932 年教育部化学讨论会：中国现代化学共同体形成的标志 [J]. 自然科学史研究，2005（3）：236-248.

[197] 曾昭抡. 对于初级化学教学法之一建议 [J]. 科学，1924（5）：489-491.

[198] 曾贞. 中等化学教科书：上卷 [M]. 上海：中国公学，1907.

[199] 战海，刘舒展. 王季烈翻译《物理学语汇》对物理学传播的影响 [J]. 兰台世界，2014（24）：136-137.

[200] 张橙华. 清末民初物理教育家王季烈 [J]. 江苏地方志，1998（2）：37-38.

[201] 张慧. 王季烈研究 [D]. 苏州：苏州大学，2009.

[202] 张家治，张培富，张三虎，等. 化学教育史 [M]. 南宁：广西

教育出版社，1996.

[203] 张建国，周玲. 王季烈与晚清物理学的传播 [J]. 牡丹江大学学报，2011 (8)：59-60.

[204] 张建国，周玲. 论王季烈从近代物理教育家到昆曲大师的转型 [J]. 牡丹江大学学报，2012，21 (6)：3-5.

[205] 张建华，徐茂明. 清末民初江南士绅家族的"中西观"：以苏州东山莫厘王氏为中心 [J]. 苏州大学学报（哲学社会科学版），2009，30 (3)，92-96.

[206] 张藜.《化学新理》：物理化学在中国传播的起点 [J]. 中国科技史料，1996，17 (1)：92-95.

[207] 张世勇. 改革开放以来我国初中化学教科书习题的演变研究 [J]. 教育理论与实践，2012 (3)：44-47.

[208] 张世勇. 改革开放以来我国初中化学教科书插图的演变研究 [J]. 内蒙古师范大学学报（教育科学版），2012，25 (6)：104-108.

[209] 张世勇. 改革开放以来我国高中化学教科书习题的变化与评析 [J]. 教育测量与评价（理论版），2013 (5)：29-34.

[210] 张世勇. 我国初中化学教科书中 STS 的演变研究 [J]. 化学教学，2014 (1)：21-24.

[211] 张世勇，陈琪，李勋. 改革开放以来我国初中化学教科书中溶液内容的演变研究 [J]. 化学教育，2015 (9)：14-19.

[212] 张世勇，何燕. 改革开放以来我国初中化学教科书中物质结构内容的演变研究 [J]. 现代中小学教育，2014，30 (1)：24-28.

[213] 张世勇，李永红. 我国初中化学教科书中化学史的演变研究 [J]. 教育理论与实践，2013 (17)：40-43.

[214] 张世勇，李永红. 科学素养理念下我国初中化学教科书中化学

实验的演变研究 [J]. 教育理论与实践，2014，34（8）：31 -
34.

[215] 张世勇，李永红. 改革开放以来我国初中化学教科书"讨论"
栏目的演变研究 [J]. 教学与管理，2015（1）：66 - 69.

[216] 张世勇，谭育雷，谢丽萍. 改革开放以来初中化学教材中阅读
材料的演变 [J]. 教学与管理，2015（31）：57 - 60.

[217] 张世勇，闫淑惠. 改革开放以来我国中学化学教科书发展特点
[J]. 教育学术月刊，2014（2）：90 - 95.

[218] 张世勇，余丽林，彭雪丽，等. 六版人教版初中化学教科书中
"酸、碱、盐"内容的演变研究 [J]. 化学教学，2020（9）：
10 -14.

[219] 张树年. 张元济年谱 [M]. 北京：商务印书馆，1991.

[220] 张文昌. 中学教本研究 [M] //李文海. 民国时期社会调查丛
编：二编：文教事业卷：二. 福州：福建教育出版社，2014：
237 - 260.

[221] 张学星. 基于建构主义理论的高中化学教科书编制研究 [D].
济南：山东师范大学，2007.

[222] 张永双. 科学本质在化学教科书中的呈现特点与教学对策研究
[J]. 新课程（中学），2014（3）：176 - 179.

[223] 赵庆明. 南京国民政府时期中等化学教育研究（1927—1949）
[D]. 济南：山东师范大学，2019.

[224] 郑贞文. 周期律说 [J]. 学艺，1917，1（1）：117 - 136.

[225] 郑贞文. 周期律说（续前）[J]. 学艺，1917，1（2）：77 - 100.

[226] 郑贞文. 无机化学命名草案 [M]. 上海：商务印书馆，1920.

[227] 郑贞文. 中等学校理化教授的改进 [J]. 教育杂志，1922，14
（6）：1 - 8.

[228] 郑贞文. 理化教授的根本改革 [J]. 江苏省立第二师范学校校

刊，1922（17）：4-6.

[229] 郑贞文. 现代初中教科书·化学［M］. 40 版. 上海：商务印书馆，1925.

[230] 郑贞文. 新时代高中教科书·化学［M］. 3 版. 上海：商务印书馆，1930.

[231] 郑贞文. 现代初中教科书·化学［M］. 国难后 40 版. 上海：商务印书馆，1932.

[232] 郑贞文，郑尊法. 新撰初级中学教科书化学［M］. 27 版. 上海：商务印书馆，1928.

[233] 中国百年教科书整理与研究课题组. 知古鉴今，放眼未来："中国百年教科书整理与研究"课题结项［J］. 出版人，2016（1）：106-109.

[234] 中华民国医药学会. 化学命名草案［M］，北平：京华印刷局，［出版日期不详］.

[235] 中西译社. 最新中学化学教科书［M］. 6 版. 上海：商务印书馆，1906.

[236] 钟晓媛. 清末及民国我国中学化学教科书的变迁研究［D］. 北京：北京师范大学，2013.

[237] 钟晓媛. 民国的初中化学教科书［N］. 中华读书报，2014-09-17（14）.

[238] 钟晓媛. 百年中学化学教科书中的"学而时习之"［N］. 中华读书报，2016-11-09（14）.

[239] 钟晓媛. 我国中学化学教科书中核心概念的百年变化特点［J］. 课程·教材·教法，2017（7）：69-74.

[240] 钟晓媛，郭震. 中华优秀传统文化在中学化学教科书中的百年变迁研究［J］. 课程·教材·教法，2019（12）：133-138.

[241] 钟晓媛. 我国高中化学教科书中习题的变迁［J］. 化学教育（中

英文），2019（17）：26-30.

[242] 朱昊飞. 中等化学教科书之批评（书评） [J]. 新教育评论，1926，3（5）：11-15.

[243] 朱昊飞. 中等化学教科书之批评（书评）（续）[J]. 新教育评论，1927，3（10）：10-15.

[244] 朱昊飞. 中等化学教科书之批评（书评）（续）[J]. 新教育评论，1927，3（11）：15-18.

[245] 朱昊飞. 批评中等化学教科书之重要结论 [J]. 新教育评论，1927，3（12）：14-19.

[246] 朱景梁. 中等化学教科书 [M]. 2 版. 上海：中华书局，1921.

[247] 朱有瓛. 中国近代学制史料：第三辑：上 [M]. 上海：华东师范大学出版社，1990.

[248] 专载：高级中学普通科化学暂行课程标准 [J]. 湖南教育，1930（16）：9-11.

[249] 庄济华. 回忆吕玉堂、庄克明先生二三事 [M] //政协蓬溪县委员会文史组. 政协文史资料：第1辑. [出版地不详]：[出版者不详]，1985：6-9.

[250] 宗国庆. 高中化学教科书性别偏见比较研究 [D]. 重庆：西南大学，2017.

[251] 宗宇萍. 科学素养目标在初中化学教科书中的呈现研究 [D]. 长春：东北师范大学，2011.

后 记

这是我出版的第一本书。

科研是体力活。回首我的科研生涯，如果用体育竞技中的中长跑项目来打比方的话，以我个人的体会，产出一篇论文相当于女子 800 米中距离跑，完成博士论文相当于女子 3000 米长跑，出版这本专著则相当于女子四分马拉松。

写博士论文时，我 27 岁，很年轻，也没有什么可以分心的事；在真正着手写作后，我用了大概半年时间完成论文并通过答辩。在动笔写本书时，我已步入不惑之年，工作、孩子、亲人常需挂怀，我用了大概两年的时间才完成全书的写作。

在写作过程中，我深深地对本书中的人物产生了共情。当我发现，颇有实力的虞和钦将他清末的译著用新名更换，充作民国新政体的自编教科书时，我首先是感到震惊，觉得他是沽名钓誉之辈；待平静之后，我又给予了理解，他确实公务繁忙，没有时间去精心自编一本教科书。旧中国千疮百孔，虞和钦这些先进知识分子，有更多在他们当时看来更重要的事情要做。

王兼善，英国爱丁堡大学的高材生，以元素周期律为纲编写教科书，似乎并不在意以中学生的心智和认知，他们是否可以理解和接受。初始看来，我觉得他投机取巧，但在我为本书篇章结构的前后照应、逻辑一贯而屡屡陷入穷途末路之境时，我理解了，他为了保全全书的逻辑清晰，牺牲了学生的可理解性，也不失为一种方法；而且，在他所处的特殊时代，这样编写的书籍，教师更喜欢，也更有市场。存在即合理，近代中国教科书市场中的各种现象，甚至是怪象、乱象，都是可以理解的。

我对本书中的人物共情最深的是王季烈。王季烈在编书时，深感自主编书有三难：开篇入手难、材料排序难、中文表述难（因当时尚缺乏合适与标准的中文化学名词和术语）。他坦言，因此三难，时人"是以与其编纂新书，无宁翻译旧本"。我在写作此书时，也深深体会到前两难。于是，我宁愿写论文，而不愿出书。

出书对于我而言，是一件非常庄重的事。中学时期，我最喜爱的科目之一是数学。我喜欢数学的逻辑自洽、论证明晰，从公理推出定理，每一步清清楚楚、明明白白，我喜欢这种明畅和严谨。我理想中的书籍，应该像数学一样完美。然而，当我在驾驭本书的文献资料时，我常感力不从心。我不想出书，因为我知道它不能达到我心目中的标准。

硅谷风险投资人吴军在一封写给女儿的题为"最好是更好的敌人"家书中说道："世界上很多事情，其实本身很难一步到位。很多时候，一些人无所作为不是因为不想做事，而是一根筋地追求最好，最后什么也得不到……将一个比原来更好一点儿的版本按时提供给用户，总比为了追求一个完美的版本，最后什么都提供不了好得多。"这封家书出自吴军《态度》一书，本来是我买来给儿子读的，然而却让我受益匪浅。

是啊！如果因为追求最好而迟迟不出书，那近代中国的科学启蒙从何谈起？在当时的教科书市场，哪有堪称完美的教科书？名词术语混乱不堪，书中对同一个物质会有不同的名称，印刷错误，知识错误……怎一个乱字了得。正是因为虞和钦和王季烈没有提供最好的教科书，郑贞文才得以站在二人的肩膀上，提供了一本更好的教科书。

在我未出书之前，我看别人的书，不时能看到一些书中的明显错误，这个时候我的第一反应就是，作者或编辑也太粗心了；如果错误很多，我更是将之归为"粗制滥造"之列。我自认为自己是一个非常细心的人，然而在本书完稿进入编校阶段，我常常被编辑或自己发现的错误惊得一身冷汗。一本将近30万字的书稿，写完已经筋疲力尽，一而再，再而三的校对、修改，真是一件苦差事，再加上文献注释等细节令人不胜其烦，出错简直太正常了。

我需要跟自己和解。在这个时候，儿子又帮助了我。儿子喜欢科学知识，我给他买了一些科普杂志。他看得津津有味，时不时拿里面的科学知识来考我，发现我啥也不知道，然后他有点小得意。他也时不时过来跟我分享，同时哈哈笑道："妈妈，您看这书里有谐音梗，真有意思，'纤维'写成'先维'，'芒果'写成'忙果'，'最后'写成'醉后'。"我一脸晕地心里嘀咕："这本杂志翻译得也太烂了吧，这么不认真，简直是误人子弟啊！"但看着儿子丝毫不在意的样子，我问道："那你觉得这本杂志是不是很差，是不是要把错字改回去比较好，我以后是不是不用买了？"儿子继续笑嘻嘻地回答："不用改，反正也看得懂，还更好玩，增添了趣味性。"儿子的一番话让我感悟到：原来书中有错误存在，也并不一定是坏事呀，不仅不是坏事，换一个视角，反而能变成趣事。如果我们在工作和生活中，也能时常换个角度看问题，那将会少去多少焦虑和烦恼啊。

在本书四分马拉松行程的最后一站，我想深深感谢广西科学技术出版社的黄敏娴副总编辑和方振发、袁虹、苏深灿等编辑的辛苦付出。在数不清次数的沟通中，编辑们以职业特有的火眼金睛，发现了我这个自认为细心的人未能发现的诸多错误，让我深深钦佩和感动。由此，也希望借以表达我对编辑这一职业的崇高敬意！没有他们的协助，这部著作的出版也许遥遥无期！

回顾这本书的出版过程，我还要深深感谢我的博士导师王扬宗教授。一直以来，王老师都给予了我深深的信任。2008 年初从中国科学院自然科学史研究所博士毕业后，我先是在孙小淳教授的马普课题中承担炼丹术子课题的研究。在 2012 年我为这个课题完成英文论文的修改、画上句号的第二天，我的儿子出生了。自此以后，我的一切喜怒哀乐，都被他牵动。2015 年 8 月，我来到中国科学院大学人文学院开启新的生活。我先后开设了"自然辩证法概论"和"化学史"课程，并适应了教学工作。2017 年，王老师让我接下广西科学技术出版社《中国近代中学科学教科书研究》丛书中化学卷的撰写任务。尽管我并不喜欢在规定时间内完成书稿这种任务式的写作，然而我却对教科书研究并不反感。

2004 年，我在北京大学科学与社会研究中心任定成教授的指导下完成的硕士论文，就是关于清末民初化学教科书中元素汉译名的研究。2010 年，我参加过王老师组织的"中国近现代教科书读书班"。2011 年，我与同事王广超也短暂合作过教科书的研究。我本科毕业于华中师范大学化学系，到了中国科学院大学之后又成为一名教师，这都与教科书有着不解的缘分。想着王老师有意推我一下，而我当时在家庭与工作方面都已经理顺，于是，我答应了撰写书稿的任务。此后，王老师不再 push 我，这减轻了我不少压力。但是，当我需要他帮助时，他总是有求必应。我每次提交给他的草稿，无论多么粗糙，他都会给我反馈意见。感谢他的助推和无言的信任，促成了这本书的诞生。

从本科的化学专业转入化学史专业，我要深深感谢硕士导师任定成教授，是他彻底改变了我的人生方向。从理科转向文科，我并不自信。许多年以后，我仍记得任老师对我一次次的鼓励和夸赞，给予了当时的我无穷的力量！我也深深感谢袁江洋教授在我攻读硕士和博士期间给予的表扬和认可，为我在学术道路上树立信心助力不少！我还要深深感谢孙小淳教授邀请我加入他的马普课题，从而让我能够顺利留所，继续我的科研生涯！

此外，在疫情期间，中国科学院大学人文学院已毕业的吴培熠博士和肖尧博士提供了文献资料的帮助，中国国家图书馆袁春艳女士为我复制并邮寄了一本英文图书，感谢他们的帮助让我的书稿写作免于为查找文献所困。我还要感谢王广超教授、柯遵科副教授、廖育群研究员、张欣怡博士、徐光惠博士、华中师范大学化学系的同学毛海兰、姜宏文两位优秀的高中教师，远在英国的朋友王巍，他们在不同程度上都帮助了我或给予我启发。

感谢"自然辩证法概论"和"化学史"课程的历届全体学生，他们让我感受到了教学的快乐，也让我在教科书研究中的体会更深刻！

感谢中国科学院大学人文学院的全体同事，让我在这个大集体中倍感温暖！"遇见国科大，遇见未来不可思议的自己"。感谢中国科学院大学提供的平台，在这里，我见证了自己。

我还要深深感谢我的公婆和父母。他们帮助我照料家庭，任劳任怨，展现了为人父母的宽容和大度。没有他们的爱，这部著作无法出版。我还要深深感谢我的丈夫胡予，不管我遇到什么困难，我都能从他那里得到启发或找到解决方案，他是我最坚实的后盾。特别要感谢我可爱的儿子胡屹，他给我的生活带来了诸多快乐，因为他，我变得更成熟、更智慧、更美好。我还要感谢我的妹妹妹夫和小外甥，他们帮助我分担了我对父母的挂念，让我能更安心写作。

最后，我要感谢自己！感谢我克服一切困难，最终完成这部著作。现在呈现在读者面前的这本书，虽然也不尽完美，但它是我在交卷时间内所能给出的最努力的答卷。感谢我生命中遇到的一切，因为这成就了今天的我。